U0089432

古代歷史文化 研究輯刊

二六編

王明蓀 主編

第 4 冊

狄宛第一期以降瓬疇曆圖與流變體釋
——狄宛聖賢功業祖述之三（第四冊）

周興生 著

國家圖書館出版品預行編目資料

狄宛第一期以降瓬疇曆圖與流變體釋——狄宛聖賢功業祖述
之三（第四冊）／周興生 著 -- 初版 -- 新北市：花木蘭文化
事業有限公司，2021〔民 110〕
目 4+242 面；19×26 公分
（古代歷史文化研究輯刊 二六編；第 4 冊）
ISBN 978-986-518-587-9（精裝）
1. 天文學 2. 中國
618   110011815

ISBN-978-986-518-587-9

9 789865 185879

古代歷史文化研究輯刊
二六編 第 四 冊   ISBN：978-986-518-587-9

狄宛第一期以降瓬疇曆圖與流變體釋
——狄宛聖賢功業祖述之三（第四冊）

作　　者　周興生
主　　編　王明蓀
總 編 輯　杜潔祥
副總編輯　楊嘉樂
編　　輯　許郁翎、張雅淋、潘玟靜　美術編輯　陳逸婷
出　　版　花木蘭文化事業有限公司
發 行 人　高小娟
聯絡地址　235 新北市中和區中安街七二號十三樓
　　　　　電話：02-2923-1455 ／傳真：02-2923-1452
網　　址　http://www.huamulan.tw 信箱 service@huamulans.com
印　　刷　普羅文化出版廣告事業
初　　版　2021 年 9 月
全書字數　673187 字
定　　價　二六編 32 冊（精裝）台幣 88,000 元
版權所有 · 請勿翻印

狄宛第一期以降瓬疇曆圖與流變體釋
——狄宛聖賢功業祖述之三（第四冊）

周興生　著

目次

第三卷　北首嶺半坡姜寨龍崗寺等地瓬疇圖釋及蚩尤功業附宗胥社祭嘗新考

一、北首嶺半坡姜寨瓬疇圖體釋

（一）北首嶺瓬疇圖體釋

1. 宗女治下瓬疇圖類別

1）宗女以日環鬱屠肆施教

（1）月要罐與術算盆與屠肆罐

北首嶺瓬疇女乃屠肆者。識見其掌器，即能勘審瓬疇圖義。前考已給北首嶺瓬疇圖一部，今宜聯釋。器之一，盆，器樣 H14，口大、唇平、底平，高程 19、口徑程 44.2、唇寬 2.2cm。掘理者無釋。我檢此盆口沿畫乃瓬疇算式畫，圖三六二，1。

圖三六二，2，器樣 T155：2：（4），掘理者言「折腹小平底罐」，今存「罐」以狄宛瓬疇家爟宿察看、爟事而存此名，依西山坪 M4：1 命名而命月要罐。依前考，此器乃宗女之器，係其察日鬱屠肆、乃至行曆教之器。造器者寄「八」於此器月要部。此數乃夜曆法日鬱算數之兆。睹此宜思「八」。

圖三六二，3，器樣 77H3，掘理者名之「尖底罐」。我將此器置向轉動平角，此轉依前考西水坡 M45 黿戲以日環鬱察見大角星、角宿一、五帝座一、常陣一四星。大角星、五帝座一、常陣一，此三星連線為三角，由此而使器口

著地。掘理者言，此器「腹部兩側有兩道對稱的鋸齒紋黑彩」。圖見一道。我檢掘理者言非是。所謂「鋸齒紋」係值合畫，如我在《祖述之一》既考。每「Λ」狀黑色塊等於六。故此，黑色三角連而為乘積參數。

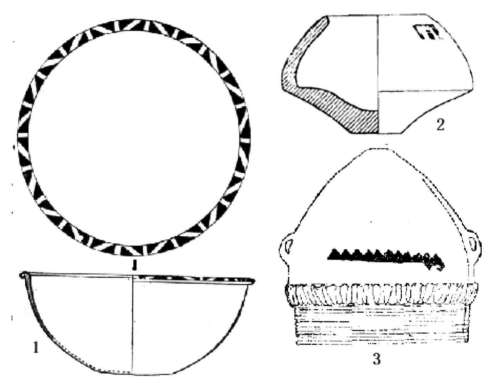

圖三六二　北首嶺宗女日環鬱曆算與屠肆器畫記

（2）瓬疇女日環鬱屠肆曆算

器樣 H14，深程比徑程之數僅等於 0.43。故此，H14 非為春秋分瓦器，而謂冬至或夏至用器。盆沿見「丨」22，其算式：

22＊7＝154

154＝144＋10

得數乃坤測數加自然數 10，自然數 10 乃五蚌 2 倍。依羅賀圖日鬱曆算考，每 5 蚌能為陰數效算日鬱輪返。於宗女一人，5 蚌豫日鬱足矣，何必 10 蚌哉？推宗女依此算而謨改元正曆，故宜兩番豫日環鬱。

圖三六二，2，器樣 T155：2：（4）於此能饋給參照：夜曆法算日鬱于第八夜。此乃月要罐參數之用。

器樣 77H3 告夏至日環鬱事，乃西水坡 M45 日環鬱輪返北首嶺之證。兩

道值合畫算式，每道下見 11 齒，上見 2 齒。但下齒不聯上齒。此謂能連而不連，而且以另一組布算重述。此重述謂，瓬疇家故為此算式。

考迄此可決，二齒乃十二之數，此數謂木星紀年，每 12 年一匝。而 11 齒乘積等於 66。此數拆可拆二組數。第一組配數：

$$60+6=66$$

第二組配數：

$$64+2=66$$

第一組數 60 謂地支數，瓬疇女用此數。算式存於狄宛 M1：1。60 除以 12 得數 5，可配 5 蚌朋算。第二組，64 為重消息數，豫一年節氣與氣變。存 2，為陰陽二氣，使無窮。

前者證在我曾考狄宛第二期 F5 回歸年 4 年驗歲星軌變行 120°（《祖述之二》第 387 頁）。後者證在前考黿戲後嗣羅賀圖朋算。

2）瓬疇圖類別

（1）黿戲王事圖

黿戲王事圖，謂西水坡 M45 黿戲初喪，其功業傳承未絕。北首嶺昔聖、狄宛第二期昔聖得之。施曳膏汁於瓦面，即為王事重述。此等瓬疇圖堪否為效圖，我不敢言，但可斷本旨同，畫瓦之藝同。或可言，述事同，則畫相近圖相近。舊說以地域命「考古文化」不能得其義。此等圖納二等：第一，三角並「乍」圖。第二，菱狀地色圖。

（2）影日圖

影日圖如前考，或用珥，或不用珥。此二等俱見於北首嶺遺址。譬如用珥之證，77T3：3。珥骨之證：F6：（44）。其事似狄宛第二期影日。此等影日非日環鬱影日。日環鬱影日寄於肜日圖之肖魚肜日圖。

（3）日環鬱肜日圖

豫日環鬱乃瓬疇家大事，不可不謹。而瓬疇圖寫記日鬱圖必與寫肜日。肜日圖能以瓬疇家目視日鬱狀，以其轉變視向，昂頭低頭察看投影而獲得參差之影像，依其記憶而為圖。而此等畫作含光學認知最豐。待來著深入檢討。與入此等者，又有肜日羅畫。如此畫作潛藏曆算算式。

（4）日環鬱肖魚肜日圖

肖魚肜日圖在狄宛第二期已成大觀。但北首嶺瓬疇家繪肖魚肜日圖雖效法狄宛第二期日環鬱肖魚肜日圖，但兩地瓬疇家畫作仍存碩差。檢者宜察畫

家視向。倘圖含似人面圖，繪圖者換向頻仍，其識見乃一大題，既往無一檢者工成。

2. 北首嶺肖魚彤日全圖外圖錄體釋

1）北首嶺瓬疇圖錄

（1）圖錄一

前既考掘理者述瓦片圖畫識見不體、無本，又考知狄宛瓬疇圖體統，今不再撮錄《北首嶺》圖說，唯依次饋給器樣於兩版。第一版，圖三六三，計十二幅。器樣次第：1.T69：2。2.T602：2。3.T11：3。4.T103：2。5.78T4：4。6.F34。7.T14：2：2。8.T133：2。9.F17。10.失編。11.T144：2。12.78T2：3。

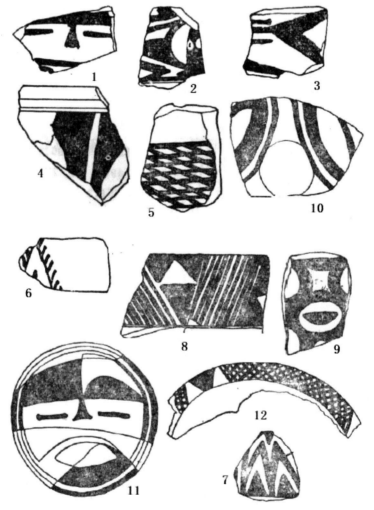

圖三六三　北首嶺瓬疇圖錄一

（2）圖錄二

第二版納圖五幅，器樣次第如後：1.T129：2。2.T86：3。3.78H1。4.T106：
3。5.T113：2。

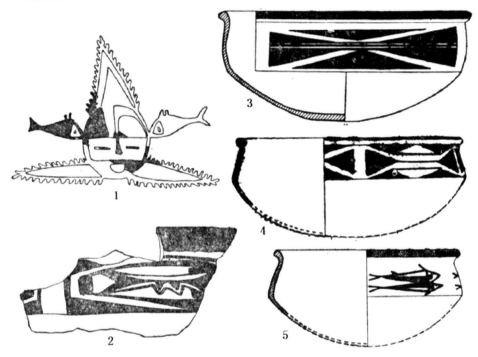

圖三六四　北首嶺瓶疇圖錄二

2）肖魚肜日全圖外瓶疇圖體釋

（1）電戲王事圖二幅

橫置電戲夏至察日環鬱睹星象，得菱星圖。存星象圖而倍之不聯，即得
圖三六四，5，器樣78T4。檢圖三五，赤峰西水泉遺址器殘紋之6，器樣T53
①：20，器面圖也是菱星圖散佈圖。

圖三六三，8，器樣T133，圖本電戲察日環鬱日照散射如線束，聯菱星圖
之一半而為。如此，圖三六四，5，菱星圖，乃圖三六三，8全貌，係影日狀。

（2）日環鬱影日圖

日環鬱影日圖：圖三六三，3，器樣T11：3。圖三六三，7，器樣T14：
2：2。圖三六三，6，器樣F34。

日環鬱影日夏至日照圖，圖三六三，4，器樣T103：2。冥色黑三角來自
日環鬱投影黑色部橫置，對偶。兩對偶冥色三角夾地色通道謂夏至日午時日

照。黿戲察日環鬱在夏至日午時後。午時乃察日鬱前時段。

日環鬱影日圖，圖三六四，4，器樣T106：3。日環鬱影日圖，三角地色在地色兩股上下，乃日環鬱冥芯外錐影之拆解。將此上下照射，變為橫向照射，即得此橫向日光殊粗細之變。欲變縱向錐狀照射為橫向直射，瓬疇家必臥於高地目視遠處日環鬱日影。此圖告瓬疇家乃最初自然光學研究者。此橫照圖聯錐狀照射，故在瓬疇家臥、立變動。此圖乃諸夏光學存續之證。圖三六四，3，器樣78H1，圖似三六四，4。圖畫來日環鬱錐影錐照圖變，錐影圖又係影日肖魚圖魚尾圖。

（3）日環鬱肜日影日圖

日環鬱肜日影日圖：圖三六三，1，器樣T69：2。其9，器樣F17。前者難識見，故在兩短線畫義不清。我檢其狀本日環鬱之冥芯。將日環鬱冥芯視為粗冥線，以內菡而且，自在投影之下甚遠處。頂端圓陀變為粗黑小圓點，使之延長，即得粗短黑線。

（4）日環鬱影日或肜日肖魚圖

計三幅：其基圖乃日環鬱影日肖魚圖，證在圖三六四，5，器樣T113：2。察考者宜使盆底向左直視即見日環鬱錐影被拆解。而日環鬱之察看者內菡之所以三角邊內地色之央黑圓點畫顯。此圖將外菡、內菡圖融合，又將黿戲菱星圖拆解為二並置三角。此證黿戲後嗣諳熟光學。日環鬱肖魚肜日圖，圖三六三，2，器樣T602：2。日環鬱影日肜日肖魚圖，圖三六四，2，器樣T86：3。

（5）日環鬱合朔圖與羅賀圖

合朔日環鬱圖僅一幅，圖三六三，10，掘理者失編「標本」。日環鬱影日羅賀圖僅一幅，圖三六三，12，器樣78T2：3。

3. 肖魚肜日全圖及圖二八彩繪瓦器瓬疇圖體釋

1）肖魚肜日T129：2圖釋

（1）器樣T144：2盤狀圖乃日環鬱影日肜日圖

圖三六四，1，器樣T129：2上、央、下外圍圓盤狀乃日環鬱影日肜日圖，即圖三六三，11，器樣T144：2。此圖基於圖三六三，1，器樣T69：2。圓盤狀外廓上部乃肜日圖。冥色弧邊，告錐影下投。畫家將自上而下投影變為地表陰盈弧邊，此乃畫家側視圖，必遠去日影。或在近旁而設擬遠去。此乃瓬疇家透視術。圓盤央部以下，乃日環鬱時，瓬疇家設擬自上而下俯視冥芯外

光投影。而此設擬是瓯疇家被視為昇天念頭之本。

（2）盤狀圖上中下體釋

器樣 T129：2，盤狀圖上部乃日環鬱投影圖之央冥芯外日照錐影，其側面變為邊棱，如三角狀。而此三角外棘刺狀每邊俱單向，恰告光自上來。央兩魚，左側魚體為三角狀，此狀來自日環鬱投影自下而上視，見影由遠小變近大，橫置即得其狀。頭部乃日環鬱冥芯。對應右側魚乃日照錐影之橫置乃日環鬱外平面圖。肖魚投影之魚尾部也係三角，告錐影平面為三角狀。由此圖樣演變得知，昔聖知面之曲直，體之方、丸。下部圖乃日環鬱錐影橫置，間以圓盤而對偶圖。

2）葬闕 M98 與 M52 瓦器面彩繪圖釋

（1）器樣 M98：（3）格羅圖月長及預產期義釋

此器見兩耳，告日環鬱。蔣書慶曾檢此器狀似半月，近是。宜更正為月要狀。月要狀者，肜日之圖也。放效肜日月要圖，造埏埴而使之顯圓體，即得此狀。

月要狀器藝本於效黿戲菱星圖：去菱短軸一端，使之弧凹，在短軸端下凹處造器口為夏至熱盛宜飲之兆，添日環鬱圖見二圓圈狀，捏泥以傲，附器口兩側，如此，得器狀。其證在《寶雞北首嶺》器樣 77M5：（1），第 103 頁。此器非日用器，乃祀祖器，黿戲後嗣以夏至日環鬱輪返北首嶺而祀祖。此器非飲水器，乃曆象器。

又檢此器格羅圖側存黑色三角，計 7 所。對偶則加算，得豫 14。器背又存此狀。相加，檢得 28。角數 28 謂何，使人深思。

聯諸三角之所，聯北首嶺昔聖得黿戲傳教，以影而知日行。如此，得別日行晝之義。兩羅線加而交另兩羅線夾地色謂之交夾。此交加謂之兩夜夾時段。此時段乃晝。瓯疇女以夜命晝。此乃狄宛以降瓯疇女或屠肆宗女曆法之基。我撰作此系列著作第一部時，未曾究問此疑，今補釋於此。

依交夾四番，每番為 7，乘積等於 28。此數係月曆法月長之證。此算法也係狄宛第二期生殖學預產術算十個月計算之基數。

此圖使瓯疇家算月長之能解放：既往，用手指指節算。而今，可用木棍當算籌，目視縱橫木棍交夾，即得月長數。籌為最早算器，其本在北首嶺 M98：（3）格羅圖。傳統手談源自瓯疇家曆算事為。人言伏羲造之，可信。

推此伏羲,乃北首嶺伏羲,為西水坡 M45 黿戲氏後嗣之一,此人無疑承媧宗之教。

（2）器樣 M52：（1）日環鬱影日彤日圖釋

北首嶺器樣 M52：（1）底為月要狀,此器屬係月要瓠。此部告日環鬱,並給夜曆法之算式。器可平置,但其扁腰狀之源為何,舊不曾檢,也無人以此為重題。

我檢此器宜以口向左,底向右,使圖梯形部向上。而後能聯黿戲王事菱星圖狀,由此得體釋之基。瓬疇家既能將菱星圖變畫為三角星圖,必能再改此畫,而為梯星圖。梯星圖來自去菱星圖之常陣一,左側存大角星,右側存五帝座一。角宿一也被減省。但星圖仍在瓬疇家心念。

由此,聯下部圖,別為左右兩側,兩側以影日而聯。影日者,影夏至日環鬱日照也。此半環狀畫左側乃日環鬱投影不密之狀。將地表日影散碎狀聯畫,使之和瓦瓠環狀面,告日影能環狀拋灑地面。此乃日環鬱央冥芯外日影側視圖。此近環而非環狀日影圖來自瓬疇家在日影近旁察看,但未嘗透視日投影,故不能為環狀。在此,瓬疇家將器告夏至置向與日影圖落向轉換,故得此圖。檢者倘不諳陝西華縣梓里 M16 器置參變曆數,決難清視此圖。右側畫乃彤日圖之月要狀。此圖不獨見於狄宛瓬疇彤日圖,也見於北疆譬如內蒙古那斯臺、南臺地、趙寶溝等遺存。此月要圖傳及陶寺文明。

檢嚴文明所謂「鳥」非鳥畫,乃月芟日有間圖。此圖似圓非圓,似禽非禽。言似禽者,以其被瓬疇家羅賀而禽（擒）也。我檢「禽」字之念甚早,但遲於姜寨第二期,與楊官寨瓦盤狀似人面圖同期,詳後蚩尤絕轡諸事檢。

月芟日不盡,圖乃今言日環食圖。月在央,日光影下投,此乃影日圖,如前檢。蔽日之圖不得混淆於滿月之圖,故此圖無望月狀。其橢圓狀來自瓬疇家察日環鬱時直視日影外廓,致兩側拉長,圖寫此狀,又偶畫此狀,以為全圖,如此得橢圓圖。言日投射、影際從而為橢圓,故得全圖。

言禽,故在此圖上部萃取圖與大橢圓圖接荏處,能見羅賀圖減省。既往檢者將此部減去,乃大謬。羅賀源自月躔於畢宿,躔於畢宿即有雨下。躔於古人猶如鳥禽墜羅。瓬疇家以羅賀言日鳥、月丸與墜羅。

此圖最難釋者在於萃取部似禽喙而非喙,乃日環鬱「鬱分」補釋。我言鬱分,即今食分。此萃取補釋部乃大橢圓日環鬱圖之轉向。轉向者,瓬疇家察見日環鬱在天際弧線般遊過。似禽首部縱向央線交大橢圓日環鬱圖央線以

90°許。由此得知，此番日環鬱綿延及昏時。夏季，晝長，由此推算，此度數約小於90°，但大於65°。此度數甚或含日環鬱時辰數。

（二）半坡瓶疇圖體釋

1. 黽戲後嗣施教致羅賀曆算變為卦畫術算

1）格羅日烏豫日環鬱圖

（1）日烏月丸格羅圖

圖四二，17，日烏月丸格羅圖。圖四二，18，日烏月丸格羅圖。

（2）錐影當值合畫與橫短線直數

圖四一，8，日環鬱錐影圖當值合畫。圖四二，14，日環鬱央見垂照垂影邊側線斜。外側斜線附短橫線係術算用十之證。

2）日環鬱光影圖

（1）日環鬱錐影圖

圖四一，9，日環鬱錐影圖。圖四一，10，日環鬱錐照錐影縱截圖。圖四一，11，日環鬱錐影圖並陳。圖四一，12，日環鬱錐影錐照縱截圖。

（2）日環鬱錐照錐影見反圖

圖四一，15，日環鬱錐影錐照間反圖。圖四一，16，似圖四一，15，日環鬱錐影錐照間反圖。圖四一，18，似圖四一，15，日環鬱錐影錐照間反圖。圖四一，17，日環鬱錐影縱截間以錐照似帶圖。

（3）日環鬱錐照錐影與邊斜線圖

圖四二，3，日環鬱錐影圖與錐照圖邊線。圖四二，4，日環鬱錐影夾錐照圖顛覆，輔以錐照斜射圖。圖四二，5，日環鬱縱截錐照夾於錐影圖。圖四二，6，日環鬱錐照圖。圖四二，7，日環鬱錐照夾於錐影圖。圖四二，8，日環鬱錐照夾於錐影圖。圖四二，9，日環鬱錐影間以錐照斜線圖。圖四二，10，夏至北極日環鬱錐照翼以日環鬱錐影，附錐照斜線。

圖四三，1，日環鬱錐影錐照圖。圖四三，2，日環鬱縱截錐影間以夏至體照圖，附錐影圖。圖四三，3，日環鬱錐影錐照直光圖。圖四三，4，日環鬱縱截錐影間以夏至午時日照圖。圖四三，5，日環鬱錐照圖縱截端連，附錐狀線束。圖四三，6，似圖四三，4，日環鬱縱截錐影間以夏至午時日照圖。圖四三，7，日環鬱錐影圖夾錐影間以端冥線狀圖。

圖四三，8，日環鬱錐影圖。圖四三，9，似圖四三，7，日環鬱錐影圖夾

錐影間以端冥線狀變。圖四三，10，日環鬱錐影縱截東西平置，間以垂照直線，兩端附錐影圖。圖四三，11，日環鬱錐影錐照縱截向偶，夾以日垂照線。圖四三，12，似圖四三，11，日環鬱錐影錐照縱截向偶，夾以日垂照線。圖四三，13，日環鬱錐影縱截六分間以垂照線。圖四三，14，日環鬱錐影錐照圖。圖四三，15，日環鬱錐照錐影圖變影圖，又細影日圖變，乃影日肖魚圖姊妹圖。兩側似魚尾狀日影日圖。

（4）日環鬱錐影錐照縱截菱星圖

圖三九，9，央：日環鬱橫截環影環兆殘半背反圖附縱截錐照圖。左右側圖同：日環鬱縱截錐照錐影間以垂照垂影線狀圖，為四方菱星圖，西南、東北向反置錐影圖。此部宜面北縱向察看。圖四一，13，日環鬱錐影錐照縱截圖，連而為菱星照面。圖四二，16，日環鬱錐照錐影綴為菱星圖列而並，或曰菱星圖綴並。

圖四四，1，日環鬱菱星圖夾冥芯菱星狀。圖四四，9，日環鬱錐影錐照縱截端連菱星圖。久視如旋轉圖。圖四四，10，日環鬱縱截錐影錐照，端間以長線而顯夏至日照長而盛。四側方輔以相反圖成菱星圖。

（5）日環鬱縱截錐照錐影端連環布圖

圖四四，2，央圖：日環鬱冥芯夾在日環照內，左右或上下翼以日環鬱錐影錐照圖。圖四四，3，日環鬱縱切錐影冥芯側牽圖，環照圖缺省。圖四四，4，日環鬱縱截錐照錐影，端連而四方間布。環以日環鬱環狀照地。圖四四，5，日環鬱縱截錐冥間以錐照，央見冥芯。環以日環鬱環照圖。圖四四，6，日環鬱錐影圖錐照圖變形。圖四四，7，央圖：日環鬱錐影變形圖環以日環照圖。夾以日環鬱錐影圖變。圖四四，8，右側日環鬱冥芯夾以日環照，翼以日環狀照橫截圖。左側圖係日環鬱冥芯兩圖間以日波狀下照。

（6）縱截錐影錐照三角輻輳圖

圖四四，11，上圖，夏至日環鬱縱截錐影圖，對偶錐照三角圖。下圖即線束間隔前縱截錐影與午時日照。圖四四，12，右側係日環鬱縱截錐影間隔錐照，左側外層見錐照錐影對偶，夾錐影錐照對偶圖。

（7）日環鬱縱截錐照錐影間端圖

圖四一，14，日環鬱錐影錐照縱截間端以冥芯垂影圖。圖四一，19，日環鬱縱截錐影錐照圖附日環鬱冥芯夾日照層，似三角間頂。

（8）冥芯與錐影圖

圖四一，1，日環鬱冥芯變遷。圖四一，2，日環鬱冥芯變遷。圖四一，3，日環鬱冥芯變遷。圖四一，4，日環鬱錐影圖反向圖。圖四一，7，日環鬱冥芯移徙圖。

3）日環鬱光動與垂照變重消息圖

（1）光直線圖

圖四一，20，日環鬱照射線狀圖。左旋此圖，面北。日環鬱縱截錐影圖布置兩側，錐影彎曲狀本夏至日設擬自北極察錐影，故見扇面。橫向短線平行於長線，兆日環鬱冥芯垂射與垂影。亦見日照線狀圖。圖四二，2，日環鬱錐影，光影線狀圖。

（2）光波動圖

圖四二，1，日環鬱錐影反置圖，光影波狀圖。圖四二，13，兩側係日環鬱垂影圖。央係日垂照光波性動。

（3）日環鬱斜散射圖

圖四一，5，日環鬱散射近垂圖。圖四一，6，日環鬱斜散射圖。

（4）日環鬱垂照變重消息圖

圖四二，11，日環鬱錐影縱截而端連平鋪圖。能轉換為重消息畫，即卦畫。圖四二，12，日環鬱垂影垂照夾以垂照垂影圖，能轉換為重消息畫。圖四二，15，日環鬱垂照與錐兆錐影圖，重消息畫。圖四三，4，日環鬱影日圖，可變為重消息《大過》。

斜線不直，故不能孤為重消息畫。重消息畫蘊藏術算線性敷日環鬱光線之斜、直兩狀。此致重消息畫陰陽爻生成。卦畫與瓶疇圖相通故在：日環鬱見央芯為陰，外為陽，次為陰。計三層。此狀橫切，為面上畫，即八經卦畫之源。以狄宛月要瓦或戾、楔瓦、判瓦可模擬日狀變次弟與次弟更改。賦值陰、陽加一而重三數或改三數次弟，成重消息畫。天象為自然，蘊藏自然數，畫而為算，故為重消息之數。

重消息卦畫生成於半坡時代，得助於狄宛第三期羅賀圖變為卦畫術算。《易》自然科學之兆終得全環。題涉黿戲之「作」圖貳造，半坡遺址彙集最多。大陸域內，我以為日後無論在何地掘理，不能重現庖犧氏擬古而為黿戲氏作圖之盛況。西水坡瓦碗 T245H6：5 面圖儘管不如半坡同類瓦畫精細，但黿戲氏肇造之功不沒。

2. 日環鬱肜日影日肖魚圖與格羅日烏月丸圖以及盆沿曆算畫記
1）日環鬱肜日圖與日環鬱肜日影日圖
（1）日環鬱肜日圖

圖三八，6，乃日環鬱肜日圖納合朔圖，似魚嘴上部三角狀出自日垂照三角面減省圖，其餘圖樣在此所變更，少變者仍係日環鬱垂照錐狀縱截鋪畫減省。變為凹弧者，係橫截環狀鋪照圖殘半。

圖三八，8、9，日環鬱肜日圖。肜日畫或似匕直、匕旋掏而得腔，其本在狄宛第二期肜日圖。圖三九，3，係日環鬱肜日圖，來自月要肜日圖變更。三線弧狀近而別，兩線間以短線聯。圖三九，7，日環鬱影日圖，黑三角係垂照圖橫鋪。

圖四〇，11，日環鬱匕旋肜日圖變，附垂影縱切，平鋪畫為三角。夾乾燥皮張狀地色圖來自日環鬱照北極四向展開。皮張於彼時乃頻見之物，兆乾燥、告日盛。兩丸狀物乃月丸日烏合一。掘理者言饕餮紋，非是。皮張狀地色在巫山大溪 M11 瓶面變為黑色圖塊。此二圖之肜日圖所際乃兩地瓬疇家宗際。兩地宗女俱傳夏至日過北極，或傳其冥芯過北極，或傳其陽照過北極。

（2）日環鬱肜日影日圖

日環鬱肜日影日圖，圖三八，1、2、3，似魚口部黑三角告日環鬱錐影，設擬日在口外某所，投影之銳端在右側。圖係自右側視圖。圖三八，第 4、5圖，魚頭口狀來自匕旋肜日圖，納日環鬱橫截日照截面縱斷，之後連圖。此等畫作難辨，係外肜日納日照圖。

圖三八，7，日環鬱肜日影日圖。圖三九，4，日環鬱肜日影日圖。圖三九，5，日環鬱錐照縱截平鋪圖，附錐狀影日圖。圖三九，8，日環鬱東西方影日圖，附日環鬱弧行天際圖。空白橢圓地色乃日東－西行照，影日自西向東。魚口部細圖乃月要肜日圖。右側圖係日環鬱影日圖，三分錐影，兩三角同向夾一三角反向而成。圖四〇，3，日環鬱肜日影日圖。圖四〇，2，日環鬱肜日影日盤狀圖，似北首嶺器樣 T144：2。圓盤內似人額部乃肜日圖變。西側係月要肜日圖。黑框下部似肜日圖，減省丸狀，但凹下部能納丸狀，日烏月丸是也。

圖四〇，10，器樣 P.4380。日環鬱肜日影日圖。掘理者言似羊頭。此識見不搞。黑色粗圓點乃日南北之兆。弧狀乃日弧道經天。三角黑線左右乃木柱立於地平面。梯形部乃方板有央孔，下黑三角乃午時及午後日照影圖。狄

宛第二期有無此物，我今不能答。而暫認器樣 P.4380 圖係後世立表之效。人立於自然環境，不能見正三角，唯於人造正三角垂照投影可見。影日在晨刻、午時、昏刻即見三角影。此器源自瓬疇家被日環鬱錐照啟發。此器圖影日係夏至影日。烏丸之所與弧行兆之。

2）日環鬱肜日影日肖魚圖

（1）內菈日環鬱盤狀肜日影日肖魚圖及其天丸光照推擬

檢圖三七，1、2、3、4，與係日環鬱影日肜日肖魚圖。差異僅在第 1、2、5 幅圖圓盤圖兩側無日環鬱影日以三角似魚畫。其第 1、第 2 幅瓬疇義同北首嶺 T69：2 瓬疇圖義，揭前，不贅言。圖三七，1、2、5 圖圓盤兩側彎角狀粗黑線乃匕旋肜日圖之減省。在兩側對偶。此處言內菈日環鬱肜日影日肖魚圖，此等瓬疇圖本畫乃「日環鬱盤狀肜日影日圖」，半坡內菈肜日影日肖魚圖、姜寨內菈日環鬱盤狀肜日影日肖魚圖將檢討於後。

狄宛第二期內菈圖天樞繞極周旋圖（圖一〇七，10，F1：5）乃狄宛第二期內菈圖源，其遠源在狄宛第一期內壁赤色值合畫。內菈圖之日環鬱影日肖魚圖源在狄宛第二期初，或在北首嶺外菈圖，由外菈影日肖魚圖變為內菈影日肖魚圖。外菈圖、內菈圖之肖魚圖以光察、瓬疇家以設擬菈所而決減省否。圖三六三，1，器樣，T69：2，見北首嶺日環鬱肜日圖存在瓬疇家變更立所變更之題。但半坡、姜寨日環鬱肜日肖魚圖將內菈張揚，以內菈圖納外菈者之察覺與認知。此乃北首嶺、半坡兩等日環鬱肜日肖魚圖之別。半坡內菈日環鬱肜日肖魚圖圓盤狀下部，能見似三角對頂地色，乃日環鬱之錐影上下反置而聯圖。姜寨此畫部則以月要狀肜日圖述日環鬱。

半坡三角相偶圖來自瓬疇家察看夏至午後日環鬱斜向自北極向地面投影，日照為地色。此日照越過北極投影向對偶地面。如此，以北極為央，陽地色之投影出發點相連，故為三角對頂，而長邊各在三角長邊而相去較遠。其證在龍崗寺瓦碗，器樣 T11③：6，瓦碗立而使底向右，見器身 ⊠ 減省瓬疇圖。錢志強以甲骨文「五」釋此圖，出自謬察圖源。此瓬疇圖本於格羅日烏與月丸於夏至圖，證在《龍崗寺》圖七三，6，器樣 M395：1。其內菈地色圖來自兩三角放大後連兩角。連接部過北極。依此圖得知，半坡瓬疇家知日丸轉，內菈圖之日行過天丸之極圖。

（2）外菈日環鬱影日肖魚圖

圖三七，6、7、8、9 四幅俱係日環鬱影日肖魚圖。圖三九，6，日環鬱影

日肖魚圖。圖三九，8，日環鬱影日肖魚圖。口部納兩畫：第一，月要畫減省。此部寄於橢圓口狀，乃肜日圖。此畫右側乃影日圖。圖四〇，5，日環鬱影日肖魚圖殘部。亦見直匕日圖，似魚目或似一面凸之透鏡。

於此，補釋數言：圖四二，15，既係瓬疇圖又係重消息畫。我曾考半坡器樣 P.4740 瓬疇圖告重消息《大過》（《祖述之一》第 505 頁），今不改此說，但補數言。此《大過》宜讀「太剮」。卦源自西水坡 M45 菱星圖，狄宛、半坡等地昔聖重述先祖之業，述其被屠肆。此屠肆事涉日環鬱，以及改元與舊君遜位。此事後入傳說，漢文帝詔記日食「戒不治」〔註1〕為證。

3）格羅圖禽月丸與日鳥圖與嘉生圖

（1）北極迄赤道格羅圖

圖四二，18，係北極迄赤道格羅圖。覆以察，見盆底擬天極，咸羅以格羅，北極用格寡，近赤道用格眾。此蓋黃道附近密察天體之兆。日月五星行道被知曉，故在咸羅黃道上下星官。讀者可對照《祖述之二》涉此題考證。

（2）半天丸格羅圖寄於象生圖

半坡遺址盆內壁內菿圖無所謂象生圖。任一被掘理者視為「象生圖」不過是《易傳》言「鳥獸」，狄宛第二期、第三期、北首嶺、半坡昔聖之「守鳥日月丸」內菿格羅圖。檢圖版壹壹柒，內壁雖見圖似有足獸圖，但其足非日每見獸足，每組畫似足部繪圖顯諸線能交於內壁。如此，能見半丸內壁若干夾交。如此夾交數寡於圖四五，13，器樣 P.4696，而且方向參差。

圖三六五　半坡器樣 P.4696 內菿北極迄赤道格羅圖

〔註1〕班固撰，顏師古注：《漢書》，中華書局，1963 年，第 116 頁。

欲讀者清見內菠格羅圖等差，依此而察瓬疇家寄兩等格羅圖天文旨趣，
今繪圖顯器樣 P.4692 內菠格羅圖之減省圖。

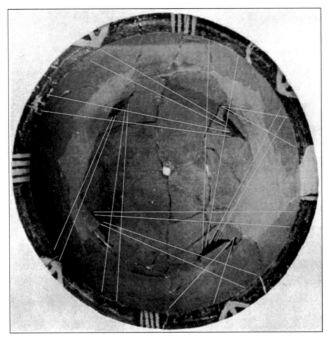

圖三六六　半坡器樣 P.4692 內菠黃道及其北天格羅圖

增繪灰線段告黃道圈於瓬疇家之義：察天體、察氐宿中道、察日月合會、
察流星、彗星，乃至察天河橫縱。此圖不見格羅北極。由此得知，繪圖者不敢
企望北極。北極及近極星圖俱非瓬疇男可察。黽戲能察北極，非以夜，而以
夏至晝日環鬱。

對照圖三六五、圖三六六，即知，錢志強言半坡人不割「球」，僅割「圓」
一說罔存。而且，內菠瓬疇家知曉，P.內壁足線能及半丸邊。似獸首部短線寄
視向，故在目寄於首。以目視向黃道附近星宿，此乃圖義。倘顧器本丸半，則
可將線段更為曲線。惜乎原圖「獸足」線曲直參半。如此，繪圖必致差甚大，
故以直線繪之。

（3）格羅算術與盆沿曆算畫記

倘言半坡遺存瓬疇圖，其殊兆在於瓦器沿面瓬疇家施曳膏汁為畫。此等
畫作乃瓬疇畫，多數堪依狄宛 M1：1 畫記算式跡認。此等畫記係古文字別源。

效夏至日環鬱正朔，以格羅日烏月丸曆算必題涉月要肜日、日過北極，
故宜連月要瓬疇圖與日過北極圖。其等：圖四五，1，日環鬱月要肜日圖。圖

四五，2，日環鬱錐照圖。圖四五，3，日環鬱錐照方面圖。圖四五，4，日環鬱錐照錐影反置圖。圖四五，5，日環鬱錐照縮胸圖，兆在斜射。

算術畫記：（a）圖四五，6，日環鬱錐照圖附曆算用七，算式：算陰用二倍七，算陽用七。用二倍七者，夜曆法始於滿月曆夜，14 日為界也。用七者，盡算後算畫謨朔日也。原圖不全，不便演算。後依姜寨盆沿瓬疇圖與算記畫佐證。（b）圖四五，7，似圖四五，6，不贅言。（c）圖四五，8，日環鬱錐照錐影圖夾算式畫。算式：七四倍，別陰別陽。別為 28 陰，28 陽，合兩個月而用剛柔數。（d）圖四五，9，日環鬱錐影錐照反向圖，夾畫記算式：五陰四陽各倍七，柔數 35，剛數 28，計得 63，60 之數為木星紀年，存三，配外物，如蚌一存三，兩剛夾一柔，剛外之物或剛或柔，依遇物而從重消息曆算。（e）圖四五，10，日環鬱錐影圖當值合畫，圖不全，無以曆算。（f）圖四五，11，七之外，見日環鬱錐照垂照。其別圖存於姜寨，後將體釋。依半圖論七總數，小於等於四，效四倍，折算夜曆法月長 28 夜。（g）圖四五，12，日環鬱錐照圖。附倍七畫算圖，五陰四陽一組，三陰三陽一組，或四陰三陽一組。用數算法：剛數 35 配柔數 28 為一組。柔數 21 配剛數 21 為一組。柔數 28 配剛數 21 為一組。沿圖未盡，雖不詳總數，但可跡曆算承襲狄宛夜曆法：三組數：63、42、49，合計用數 154。存坤冊 144，餘數 14，合半月。圖四五，13，日環鬱錐照錐影圖，附七倍數，見四陰夾三陽算式，用數 49。此數後世被占筮者承用。唯用者將此寄於「天地之數」。「天地之數」說倘為是，必本狄宛第一期乾坤冊數附於自然數十，及其拆散次弟。半坡時代，已有重消息畫兼曆算算式。

圖四二，17，圖源《西安半坡》圖版壹壹伍，器樣 P.4666，乃格羅日鳥圖，每邊條線 10 根，相乘得 100 根。羅格每邊 9 格，兩邊羅格數相乘，得數 81 格。此 81 於瓬疇家固謂格，但其塙義係「交夾」，即成禽無逸。此交夾之數乃《周髀算經》81 術數之源，也是中黃實算法之本。

圖見兩方格羅，依東西向而釋。東 100 線為羅格，西 100 線為羅格。東西兩方。每方四角存三角黑色塊。輻輳四處三角色塊，得正方冥色。正方冥色者，地平面黑暗也。格羅日鳥月丸而得其數，即謂豫日鬱。日鬱必見冥色。

（4）嘉生圖

圖四〇，13、14、俱係嘉生圖，本濮陽西水坡 H221：5 日環鬱祝盛灶外壁嘉生圖。半坡瓦面外茇嘉生圖遠早於靜寧器樣 JNXM：21 祝盛圖嘉生圖。

（三）姜寨得紀男宗討孤治曆而羈縻瓵疇圖體釋

1. 內菡外菡日環鬱肜日影日圖

1）內菡日環鬱肜日影日圖

（1）內菡日環鬱盤狀肜日影日圖

圖五三，1，器樣 T254W162：1。此圖即前考內菡日環鬱盤狀肜日影日圖。較之半坡內菡日環鬱肜日影日圖，此圖圓盤上冥色銳三角告日環鬱錐影在芯。對應一圖盤狀端與見此狀。盤狀圖端無日環鬱冥芯外陽地色圖。此部被拆解，錐影圖上見兩斜交有棘刺長線。此部畫告日環鬱芯冥部與其外匝陽地色左右向移動。如此，見向程變動：縱向圖與其橫向移動之義被清畫。盤狀下部已無半坡內菡日環鬱盤狀肜日影日圖下部陽地色狀，其上下三角對頂狀變更，今見肜日月要畫。此畫夥見於狄宛第二期瓵疇圖。

姜寨第一期另件內菡日環鬱盤狀肜日影日圖，圖五三，2，器樣 T254W156：1，檢圓盤圖上部陽地色三狀狀，謂日環鬱冥芯外匝日照圖。其兩側冥色乃陽匝照之外陰影。此二部陰影乃自上而下自然狀，但夾陽地色乃覆畫所致。

（2）內菡繞極格羅圖

檢得姜寨第一期內菡繞極格羅圖二幅：圖五四，2，器樣 T276M159：2。繞者，從行也。由此圖得知，宗女之治仍在持續。此圖可命曰：繞極格羅圖。係星圖別樣。

圖五四，3，器樣 T58F17：1，《姜寨》彩版 5，2。姜寨第一期器，內菡圖，近極見格羅圖。格羅圖近北極，能兆狄宛第二期以降被天樞繞行之帝星。近北極無格羅。對照圖三六五，半坡器樣 P.4696 內菡北極迄赤道格羅圖。圖三六六，半坡器樣 P.4692 內菡黃道及其北格羅圖也異於此圖。

（3）內菡日環鬱肜日影日寄蛙圖暨瓵疇家自占傳教起源

圖五四，6，器樣 T16W63：1，姜寨第一期器，寄蛙而述日環食肜日影日。圓盤畫內黑點散佈，告日環鬱照射不密。半丸狀背有棘刺畫，乃影日圖。半丸狀來自日環鬱冥芯外日影。另半同樣。兩半不上下而陳，橫向存夾縫地色。夾縫地色謂影日。狄宛第四期器樣 F820：15 為姊妹圖，其日環鬱影日圖含格羅圖，但此圖乃外菡圖。

狄宛第二期，宗女掌教，瓵疇圖幾乎盡為外菡圖。今在半坡、姜寨見內

菣圖，圖所寄瓦器盡可頂戴。由此得知，自戴器而自占瓴疇圖之念隆興。瓴疇傳教本乎狄宛系瓴疇家傳承。宗女以嗣承而傳教。宗女治下，瓴疇男亦得傳教。而首教者乃宗女。但狄宛第二期迄第四器，乃至北首嶺遺存俱無日環鬱肜日影日肖魚瓴疇圖。如此對照後，我覺諸器掌握、配搭於邑人乃一等宣喻，使邑人知掌握者並掌日環鬱之法，此法乃曆法。係後世法器之源。宗女之教臨危。

2）外菣日環鬱肜日影日圖與日環鬱影日肜日肖魚圖

（1）外菣日環鬱肜日圖

姜寨遺存第二期仍夥見外菣圖。而瓦瓠外菣圖為數不菲。瓦瓠乃念祖器。圖五五，1，器樣 T283W277：1，此外菣圖宜別層而釋。器圖乃日環鬱影日肜日併合朔圖。自上而下數見五層，第三層無合朔圖，其上兩層，下兩層俱見合朔圖。其上兩層，其下兩層俱見日環鬱圖。第二層間第三層，第三層間第四層，俱見影日三角。第一、第二、第三、第五層與見影日皮張狀，或影日骨頭狀，俱係日環鬱日照與日影夾層之兆。第一、二、三層與見肜日圖。

圖五五，2，器樣 ZHT28M312：1，外菣日環鬱圖與肜日圖。細察即見日環鬱偶聯圖，口沿圖乃日環鬱影日圖、肜日圖。圖五五，3，器樣 ZHT8M128：1，器身見日環鬱圖。器口沿見肜日圖兩樣。另見日環鬱地色日照圖。央孔加周遭地色乃日環鬱影日圖。

圖五六，2，器樣 ZHT12M238：4，日環鬱圖、肜日圖。圖五六，3，器樣 ZHT14⑤：15，日環鬱圖、肜日圖，影日圖。圖五六，4，器樣 ZHT25⑤：4，日環鬱入、肜日圖、影日圖。

圖五八，1，器樣 ZHT8M168：3，日環鬱圖、肜日圖、日環鬱影日圖、合朔圖。從效狄宛第三期肜日圖。圖五八，2，器樣 ZHT11⑤：60，日環鬱肜日影日圖。拆散日照錐影，使之變為反狄宛「乙」圖地色。圖五八，3，器樣 ZHT14⑤：15，日環鬱肜日影日圖。兩日環鬱圖。肜日圖若干。圖五八，4，器樣 ZHT25⑤：4，日環鬱肜日影日圖。此二圖酷似，但差在鋪平圖之央圖樣參差：圖五八，3，夾縫陽地色。圖五八，4，夾層乃三角狀。前者乃日垂射影日圖，後者乃肜日圖。圖五九，1，T235H279：1，日環鬱四番，合朔圖若干。

（2）外菹日環鬱肜日影日肖魚圖

圖五七，3，器樣 ZHT12M238：4，日環鬱影日肜日肖魚圖。圖五七，4，器樣 ZHT8⑤：2，立碗，使底向東，即見日環鬱肜日影日肖魚圖。菱地色謂菱星圖。菱星圖在姜寨被賦予新義，後將考之。

2. 男宗討掌治曆瓬疇圖體釋

1）宗女嗣承屠肆治曆瓬疇圖釋

（1）姜寨第一期宗女治曆圖釋

宗女治曆掌邑事決疑，其證存於狄宛第一期、第二期。宗女之治面臨瓬疇男挑戰之題係我 2020 年 8 月 3 日檢校瓬疇圖體釋時察知。此察使我獲得勘審《呂刑》「絕地天通」史志臺階。姜寨遺存若干瓬疇圖釋或瓦器鼎革亦宜從此勘審。

姜寨第一期宗女治曆及其傳承之證存於瓦碗勒記。後圖之 1，器樣 T73W69：2，宗女為治勒記。後圖之 2，宗女屠肆貫襲或嗣傳，器樣 T254W164：1。

1　　　　　　　　　　　**2**

圖三六七　姜寨第一期宗女治曆與嗣承勒記

此而勒記俱施於瓦碗口沿冥帶。此冥帶乃日鬱冥帶。日鬱冥帶兆日鬱。由此兆得知，宗女掌治曆，而能以此號令邑眾。其嗣承者之信物也是勒記。此勒記乃北首嶺屠肆畫，77M17：（1）罐外壁黑畫之一即此狀上部或下部。

（2）男宗爭掌影日屠肆初證

男宗爭掌屠肆或反掌屠肆之證存於瓦碗 T254W157：1，《姜寨》彩版六之1，此碗覆置即見勒記表義：屠肆勒記在上，其下另一似屠肆勒記遠去上部屠肆勒記。二者俱勒於寬冥帶，為合勒記。合勒記猶孤勒記，俱係字源。

圖三六八　姜寨器樣 T254W157：1 勒記屠肆傳承非嫡

比較前釋宗女嗣承屠肆，此勒記將口向上之屠肆舉向碗底，即丸極。此乃褒勒。此褒勒出自信從無它，抑或詒媚，我不能勘審。而在下勒記較之器樣 T254W164：1，無橫向與勒。橫向與勒較之縱向與勒，表義參差：縱向勒記告北極－赤道，橫向勒記告日東西運轉，即晝夜。晝夜連而越，即謂春秋。縱向上方屠肆勒記告宗女為瓬疇家而歸往，即去往北方，為北方星宿。在下方屠肆謂今治。在上與在下屠肆勒記與一橫勒。此勒謂時逝。時逝者，過往也。故此，器樣 T254W164：1 勒記乃兩代宗女傳承。

但器樣 T254W157：1 黑帶勒記非如此，縱向無與用橫勒。由此得知，嗣承非連。嗣承不密連。基於此，我推測，姜寨第一期某時段，曾發生非嫡傳承。連察若干瓦碗勒記，我察覺此處存在男宗爭掌治曆之兆。

2）男宗日環鬱間朔體曆為歲暨正曆致嘉生圖

（1）菱星圖間朔體曆勒記體釋

姜寨勒記較之半坡勒記數多而益難訓釋。但勒記頻涉星占，而記事遠多於星占。涉曆勒記最難訓釋。其一證即器樣 T254W158：1，《姜寨》圖版一〇〇，4。對照黿戲王事菱星圖，再聯男宗得紀，如是能得此勒記曆義。我言此勒記能證其曆義，亦由於我察見此勒記以日環鬱發生時日－夏至間前後 6 個月，如此，能得十二個月之數。而此數又堪依狄宛系命數勒記顯示。

圖三六九　姜寨器樣 T254W158：1 間朔體兩歲勒記

　　器覆置而見菱星圖在上央，兩側之左六月，右側也係六月。其下仍見左
右各六月。如此，見菱星圖間兩歲：前番 12 個月之間，今番 12 個月之間。
此勒記也為兩歲正朔治曆之證。《夏小正》曆法近源在此。《春秋左傳》頻言
「諸夏」，「諸夏」名本曆法名。其源深遠，而姜寨器樣 T254W158：1 勒記存
局部。以夷狄敵抗諸夏，則非姜寨此器勒記之義。此外，此勒記也係《尚書・
洪範》男宗「帝」曆法之本，既往檢者不曾細察帝曆法之題。

　　（2）由日鬱昊氏分宗到宗女嘉生勒記

　　半坡遺存含嘉生勒記，但未見嘉生勒記分裂勒記。姜寨遺存見嘉生勒記
分裂之證。而且此分裂事連夏至日環鬱。證在器樣 T231W143：1 冥三角內析
嘉生勒刻。此冥三角乃夏至日環鬱錐影圖。

圖三七〇　姜寨器樣 T231W143：1 夏至日環鬱致析嘉生勒記

此碗不見口沿冥帶，使人驚愕，故屬罕見器。為何不見冥帶，無人檢討。為何不逕勒記如半坡嘉生圖，而施勒於三角冥圖上？於此，三角冥圖含義乃殊圖。勒記乃附勒。基圖係殊義之基。

我檢此瓦碗冥三角乃菱星圖上部。以此圖記夏至日鬱。夏至日鬱，乃瓬疇男寄祁嘉生之天象——至少於姜寨瓬疇男——宜謂如此吉祥。嘉生含義廣於嘉穀或禾苗。此義尤當珍貴。不獨穀物，獸類也屬嘉生。如此，於宗女，穀物不登，即宜取食於獸類。甚至殺首子以謀充饑，也係秋分前日鬱所致曆為。器樣 T231W143：1 勒記甚至含「分宗」之義，即黿戲後嗣一脈在姜寨別二宗。冥三角口沿以上見兩杆狀勒記，兩向而升。去極尚源。此謂兩宗小昊氏，來自縱析嘉生圖。

姜寨嘉生勒記施於瓦碗冥帶，證在器樣 T253W166：1。此嘉生勒記恰在冥帶之內，未出頭。縱向析此勒記，即得器樣 T231W143：1 勒記。依此，得知昔聖男宗宗別來自黿戲氏後嗣小昊氏。

圖三七一　姜寨器樣 T253W166：1 嘉生勒記

此處檢得小昊兩宗大抵也含半坡小昊。但我未見宗際細部。此處言小昊氏，加氏字出自不得已。我迄今未檢得瓬疇勒記宗、氏通用之證。嘉生勒記於冥帶，兆日昏、婚圍、昏正曆，及昏生之義。此昏記存狄宛宗女舊事。

（3）器樣 ZHT14H467：1 日環鬱圖大小並反向兆瓬疇男欲改元自代

姜寨第二期瓦瓠，圖五六，5，器樣 ZHT14H467：1，《姜寨》彩版一二。今撮錄原圖便睹者檢討。此器乃雙耳瓦瓠之類。雙耳記日環鬱。雙耳、頸底間圖異。此二瓬疇圖乃訓釋此器身餘圖之基。

圖三七二　姜寨器樣 ZHT14H467：1 日環鬱圖大小並反向兆瓿疇男欲改元
　　　　　自代

　　右側耳下圖乃日環鬱影日肜日肖魚圖。兩肖魚目視一器耳，此謂肖魚圖
底義在日環鬱。此二肖魚圖表義異否，乃第一問。我檢其表義等同。此識見
基於另一耳上下影日圖次第相同。依半坡器樣 P.4740，上下日環鬱肜日影日
肖魚圖重消息《大過》畫，今次第其陰陽爻係：陰陽陰、陰陽陰、陰陽陰、陰
陽陰。此乃兩凡重消息義，為重消息《坎》之重。如此，另一耳間日環鬱肜日
影日肖魚圖朝向表義不異。

　　橫向兩耳間圖別上下，而且上下圖似禽畫禽首異向。此異向使人驚愕。
前人俱不察此表義參差。近瓦弧頸部，見兩黑丸，其下見三角畫三所，並列
而不聯。倘將烏丸向下移動，兩丸能落於三所三角之間陽地色。此乃日環鬱
兩番之兆。此義深遠：一番日環鬱能告正朔正曆法。而曆法以瓿疇家而名。
兩番日環鬱即謂元朔正曆綿延無窮。

　　將此義用於釋下圖，其義立顯。下圖見三畫：上乃圖三六三，1，器樣 T69：
2，北首嶺日環鬱肜日影日圖。其下見一畫。此畫下間隔地色。地色下見另一
此畫相同但反向。此二圖同而反向，上圖大而下圖小。這使人驚愕。細檢畫
黑色、地色對照成圖之樣。得知似禽首狀圖謂日環鬱，其側旁三所稍小三角
畫謂影日冥錐圖。弧邊，似角狀黑色謂日環鬱日錐影環狀自上而下普照地面。
下畫作反向，謂將往或將去。此圖乃成年男子欲代女宗首自立之圖。

3. 宗女縮胸菱星圖羈縻宗挩男附曆算布方井圖跡考

1）縮胸菱星瓬疇圖

（1）縮胸菱星罐 ZHT5M76：8 瓬疇圖體釋

《姜寨》彩版八，1，器樣 ZHT5M76：8，第二期器。覆器後繪得後圖，新圖乃菱形器瓬疇圖。器高程 17.6、口徑程 8.8、腹徑程 13.6cm。彩版 8 之 1；其最大徑程小於中等瓦碗。

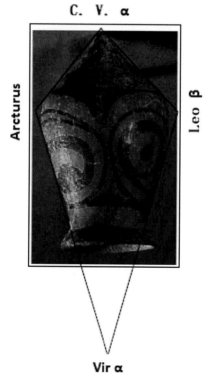

圖三七三　姜寨器樣 ZHT5M76：8 縮胸菱星圖

前圖一八五，袁廣闊舉圖下部右側上部壔似男生殖器頭，其構圖基礎又是肜日圖丸橫截而合狀。下為日環鬱影日魚尾狀，係宗挩豫而見日環鬱影日圖。左側兩圖乃日環鬱圖與匕旋肜日圖。此圖右部殘存日環鬱影日肖魚圖。依此處繪圖，覆袁氏繪圖，即見影日魚尾在下部，而男陽之兆在上部。此上部、下部含義兩層：第一，兆男以日。第二，黿戲初王事，日環鬱影日而得錐影下照，但黿戲或其後嗣未求登極。倘論引申，此圖部饋給男上女下之「交尾」之教。此教於彼時瓬疇男可謂某種「收穫」。而媧宗初行女上男下之生殖圍姿。此配姿存於青銅器圖，商青銅卣「虎食人」圖存此俗。葉舒憲以為，此

圖兆神話，連「冥器」道亡靈而說〔註2〕，其說荒謬，謬在不知諸夏「冥」、「明」義源及義別，而攀附西方冥界說。姜寨娲宗一脈於今更改舊圍姿，此於姜寨宗男係和解之故。此圖依此訓釋堪視為男女日鬱婚圍，而且女在下，男在上。此題屬係生殖醫學，甚或為道家房中術之源。

（2）擠菱星側近北極而疏角宿一輔瓶疇算記絕男登極

器樣 ZHT5M85：3 底為月要狀，由此得知此器仍告日環鬱。以日環鬱兆而聯告男宗事。宗女以此器及其面瓶疇算術告男宗不能「登極」。登極者，狄宛昔聖登天也。此器瓶疇算記含層疊上六、下六，每所上六或下六三疊而為算器。但算記兆在南者不能及北極。察此器瓶疇算記，上不見一畫為下六。而下則見上六。此乃歲紀半歲不聯之圖。上下半歲不聯者，不能聯日夜而為歲紀也。

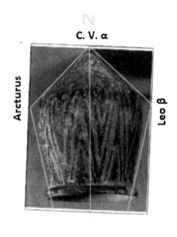

圖三七四　姜寨器樣 ZHT5M85：3 擠菱星側近北極疏角宿一圖

〔註 2〕葉舒憲：《虎食人卣與婦好圈足觥的圖像敘事——殷周青銅器的神話學解讀》，《民族藝術》2010 年第 2 期。

今瓬疇算式上層無一為上六。此蓋絕登之兆。由此得知姜寨第二期曾發生登極之念被斷絕之事。瓬疇女絕瓬疇男登極之道。《楚語下》觀射父告楚王《周書》記「絕地天通」事。今檢姜寨「絕地」非孤謂割斷，而謂以瓬疇圖告斷階，以瓬疇算記告瓬疇男無以登極。於既往宗女，登天說別訓即死而得祀。言瓬疇男被詛咒或被「絕登」，證在此器器狀係菱星器別樣。器口向下出自二故：第一，菱星圖本狀如此。第二，黿戲氏王事察菱星圖以夏至日當夜。於夏至，天河走向合子午線，猶水下灌狀。

2）縮朒菱星器

（1）第二期縮朒菱星器數碩

I 式 15 件。係稍大菱星器。腹微鼓，最大腹徑在中部以下。譬如 ZHT8M197：10，高程 45.6、口徑程 5.6、腹徑程 21.6cm。但 V 式菱星器 22 件。其數遠大於 I 式。此大－小之變與比數使人發問：縮朒菱星器為何多？為何縮朒？

（2）縮朒菱星器喪菱星圖樣

器樣 ZHT31M350：4。葫蘆口。雙耳告日環鬱。此器今宜得命菱星瓠瓦。其底銳而體長，上銳端長，告極星深遠，寄此深遠而告不可及。大角星、五帝座一俱不及器邊，角宿一落於瓠口而隱藏。由此，得知菱星器在此含勸誡義。勸瓬疇男不可悖求男宗孤治。但瓠口器口含宣教義。宗女欲使張揚男宗之治者念太初媧祖功業。

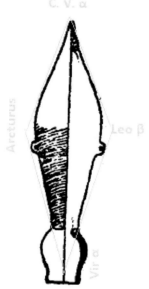

圖三七五　姜寨器樣 ZHT31M350：4 縮朒菱星器

瓠口使邑人追憶媧祖佚鬱用瓠事。用瓠則有後，有後則綿延及當時。邑人與知此事而莫敢逆。此蓋瓦器瓠口起源之一。

我在此補一旁證，以儆前斷：龍崗寺第二期菱星瓠體雖見縮胭（前註第50，第128頁），但兩側星宿仍可依圖察見，而且未見細長狀，繪圖告角宿一仍在器口之下空白處。

3）姜寨第一期曆算布方井圖豫春分後秋分前日環鬱跡考

（1）日環鬱月行西東與七日豫日鬱曆算畫記

姜寨第一期盆，器樣 T52W50：1，圖五四，1。掘錄述器不撮錄，亦不撮錄後兩器掘錄述。檢沿面地色兆日環鬱錐照，冥色兆錐影。沿面七布置不勻，使人生疑：昔聖不知均布畫記曆算乎？細檢即知：唯一所為眼，餘者依圖示或圓周缺省可跡。圖釋：P 點為北極。周匝橙線為緯線 0°～360°。x 為月所，移動到 x1，弧行，左旋。左旋去日之前，行程弧軌。間陰間陽圖唯便曆算。五所七畫記，倍之，計得 35。此數含夜曆法 28 日月長，7 日來復豫日環鬱。今補繪顯義。

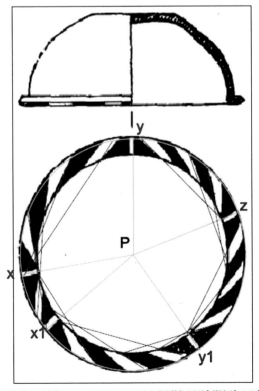

圖三七六　姜寨器樣 T52W50：1 日環鬱月跡附豫日鬱曆算畫記

圖釋：y 為自 P 到達經線 z、y1、x、x1，俱為經緯交點。日月道會於黃道近旁之義著顯。此圖饋證，姜寨第一期仍用夜曆法，但援用黿戲氏造「七日來復」晝曆法，八、七並用。

（2）咸羅春分迄秋分升降日環鬱井圖考

姜寨第一期盆，器樣 T155W115：1，圖五四，4。我檢此圖係井圖咸羅春分後升日鬱與秋分前降日鬱圖。

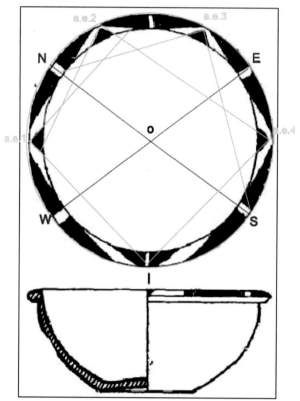

圖三七七　姜寨器樣 T155W115：1 咸羅春分後升日鬱與秋分前降日鬱以井圖

圖釋：o 點係北極點，當夏至日午時，周匝橙線兆 0°～360°緯線，四方以東西南北而別。a.e.1 為日環鬱日初虧點，日鬱自西北向北偏東移動。動及東中天偏南而終。

月行此軌，道會日而為日鬱。日鬱別二時段：春分後，秋分前。在夏至前，日鬱係升日鬱，自夏至後日鬱屬降日鬱。自地平察圖，「井」狀圖央能周旋，宗女操心秋分前日鬱不得咸羅之憂慮依此圖被清除。此圖外廓圖似「井」字，聯夏季察鬼宿、爟宿、菁宿、天狗等星宿，及「刑」史之「井」字，其誘

導力不小。我推考此圖倘非出自蚩尤本人，也出自其先輩。此圖與瓦硎乃諸
夏刑源。題涉蚩尤「宇於少昊」瓶疇施教與遭遇，詳後蚩尤絕轡考。

　　（3）日環鬱過極與曆算畫記

　　姜寨第一期盆，器樣 T154W122：1，圖五四，5。我檢此器圖乃夏至日環
鬱過極圖，用曆算依七日盡夜曆法月長夜數。

　　此 a.e.1 告日環鬱日初虧，日食帶自彼向 a.e.2 移動。始於西北，動向東
南。a.e.1 所直角兆午時後日環鬱發生。其下垂點在日環鬱錐照圖上，兆用陽
數，陽數者，七也。

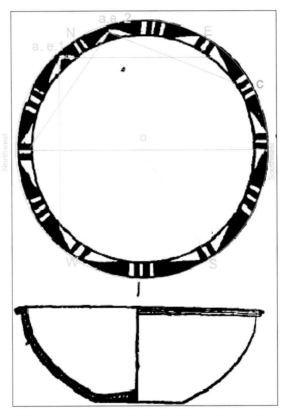

圖三七八　姜寨器樣 T154W122：1 日環鬱夏至過極及夜曆法援七日豫日鬱
　　　　　　畫記

　　曆算畫記釋：圖見單七四所，合夜曆法月長 28 夜。另見七倍三之所六，
其數等於二十一之六倍。合 126，合 4.5 個月。0.5 個月等於 14 夜。倘自滿月
夜後第 7 日起算，加第七日，得 14 日。此日能為晦日。前算始於滿月次日，
算訖 14 日，月盡，此日旦後日鬱。

二、龍崗寺等遺存瓬疇圖體釋

（一）龍崗寺瓬疇圖體釋

1. 黿戲後嗣遊臨存器與瓬疇圖

1）日環鬱彤日影日及彤日肖魚圖與夏至格羅日烏月丸圖

（1）黿戲後嗣遊臨龍崗寺

龍崗寺也見黿戲後嗣傳瓬疇圖遺物，圖七二，2，器樣 M228：1，圖七二，3，器樣 M75：8，外菕「作」圖，小昊一脈器。

圖六九，4，器樣 H153：4，瑵影影日圖殘部。圖六九，5，器樣 T15③：6，日環鬱彤日影日圖殘部。圖六九，7，器樣 H153：3，日環鬱彤日影日圖殘部。圖六九，8，採：88，日環鬱影日肖魚圖殘部。

（2）內菕格羅日烏月丸圖及日照錐影蓋極圖

圖七三，6，器樣 M395：1，內菕夏至日環鬱影日圖附格羅圖。格羅功在羅日烏月丸之會。地色乃日環鬱影日之錐影陽照丸面曳行，將異時日錐投射連續，使之過北極後得此圖。此圖奧妙在於，日夏至過北極，其兩側日環鬱日照地色被照顧。由此得知，龍崗寺昔聖天丸認知細緻入微。繪此圖瓬疇家深得半坡圓盤日環鬱彤日影日圖下部似口部精粹。但龍崗寺僅見一樣。或許傳此繪圖者析半坡瓬疇家。畢竟，半坡圓盤狀夏至日環鬱彤日影日圖下部多見此狀。半坡、龍崗寺乃同係文明，與屬狄宛文明。

夏至日鬱日照蓋極圖別樣：圖七〇，4，器樣 T11③：6，瓦碗立而使底向右，得 Ⅹ 狀，來自龍崗寺夏至內菕日環鬱格羅圖。證在圖七三，6，器樣 M395：1。半坡遺址圓盤狀日環鬱彤日影日圖下部似人口部地色則來自器樣 T11③：6 立碗後碗身 Ⅹ 影日圖。此圖謂夏至日影以北極為央向極兩側地表投影。骨頭狀地色日照圖也來自此圖。

幼時睹治喪入殮，見匠人以 Ⅹ 狀楔封連棺蓋與棺體兩側。問父此狀謂何，但未得其義。今則能解：世人效昔聖用此狀以告昇天。昇天之證在登天極。而天極以極星所在而言。極星所在即穹頂。此狀央窄，猶過北極而下覆，猶如日鬱日照北極兩側，並旋轉。若干瓦瓠口面有跨器口 Ⅹ 狀黑色塊，其義類似，不再列陳釋。此外，此狀之央乃折疊之所，縱向折疊，使二者附著於弧面，必得北極點與極下兩側圖。

2）器樣 M324：4 內菿格羅圖「立周天曆度」跡考

（1）夏至晝昏日照丸天術初窺

圖七二，1，器樣 M324：4，瓦碗內菿格羅北天丸與外菿日鬱冥帶。此器內菿圖珍貴無比，它饋證昔聖「丸天術」。此丸天術即今人言「天球三角學」，雖不如今精細，但已俱體統，遠優於傳本《周髀算經》圖示。

我以 Auto CAD 2014 三點繪圓跡得此器圓周及三切點。依此術，今勘審昔瓬疇家繪圓、瓦藝之圓器術基於三點繪圖。亮灰線記此器圓周，使夏至日照過極而午時直射，以三角之一角直北，為協所系，設擬電戲仰察天象，目視夏至日照貫南北過極，於是得日自極而下，自北及南。此取向即《夏小正》夏至，昏見斗柄下之象。晝見日自東過極，而後西向。如是，得夏至日晝、昏日出所、日丸行、日棲圖，此圖含四隅。極協所系圓心 o。自極 o 及黃線為北天。D 謂昏刻。赤色弧軌即地上晝察日行道。極協所系四隅：A、B、C、D。此圖天丸協所系也係勘審白家村 M22、西水坡 M45 南天極圓弧之鎖鑰。形土為葬闕，欲記日弧軌自東向西行，即宜將弧軌反向。此關竅恰是史前葬闕倒角為圓之故。電戲、女媧器用致知，莫過於丸天術。今繪圖可見一斑。

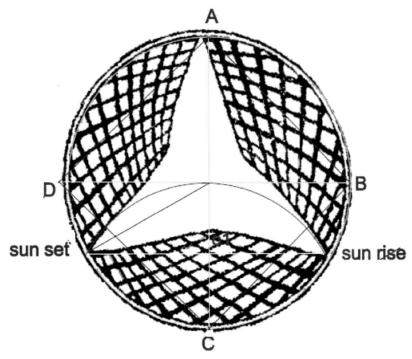

圖三七九　龍崗寺器樣 M324：4 內菿格羅日月會暨「立周天曆度」圖

（2）媧祖燧皇天皇功業補釋

基於此圖，聯考狄宛第一期星曆功業，今可言：狄宛媧祖、燧人以降，丸天事不曾休絕。狄宛第二期以黿戲狄察日過極王事得菱星圖為帝事之峰。其本係狄宛第一期乙教氣程率數。乙教之畫存於狄宛第一期器樣 H3115：11。

而媧宗用矩、黿戲用規事俱以此圖顯。聯 o、sun set 與 o1 即得矩狀。漢畫像石勒記媧祖、黿戲用器，無不可聯 M324：4 跡故圖而釋。

《周髀算經》「立周天曆度」盡堪以此圖顯。「立」字舊學無考不注，事本久遠，無以跡考。聯白家村 M22、西水坡 M45、龍崗寺 M324：4，日環鬱星曆圖，今檢「立」者，莅中也。中者，仲歲夏至日察見菱星圖也。「立」又謂「方」角在下。方角在下本乎黿戲王事察見菱星圖。此處繪圖乃「勾股圓方」圖源。聯 A、B、C、D 得睹正方，此正方不異於半坡器樣 P.4666 格羅正方，俱以角立；

如此，《周髀算經》以角向下、以角向上圖樣本乎器藝 M324：4 昔聖，此人與半坡 P.4666 繪製者係一人：P.4666 也係內莅圖，圖見夏至日日環鬱肜日影日圖夾格羅 81 術數恰能連龍崗寺 M324：4 內莅格羅日月圖切圓之方。《周髀算經》可謂最古算經，推其函納喪佚者不菲。

依此考，經籍言「天皇」之「天」乃瓬疇丸天術，而非西周以降以天為蒼穹或無形無熱、不聯地物之物。此圖蘊藏合朔圖源、黃赤交角圖源、日過北極日影圖以及匕旋肜日圖源。丸天術淪喪，而後天地德義不聞，而後君孤掌生殺之柄。

3）夏至日環鬱影日等圖

（1）夏至日環鬱影日圖

圖七三，2，器樣 M97：5，夏至日環鬱影日圖。圖七三，3，器樣 M178：2，夏至肜日影日圖。圖七三，4，器樣 M265：1，器樣 M395：1，外莅夏至影日圖。圖七五，2，器樣 M304：2，日環鬱菱星瓦瓠與午時影日圖。

（2）瓦瓠頭面與盆沿面瓬疇圖

圖七四，2，器樣 M262：1，器頭畫乃夏至日環鬱影日肜日圖。身見兩所連日環鬱圖。器狀擬日環鬱錐影狀。圖七四，3，器樣 M315：2。器頭、身圖俱類器樣：M315：2，圖七四，2。不贅言。圖七四，1，器樣 W9：2，盆口沿日環鬱肜日圖。

（3）晚期瓽疇殘圖

圖七六，2，器樣 T37②：8，日環鬱肜日圖。圖七六，3，器樣 H175：
26，日環鬱肜日圖。圖七六，4，器樣 T27②：11，日環鬱肜日圖。圖七六，
5，器樣 T38②：2，肜日合朔圖。圖七六，6，器樣 H174：19，日環鬱肜日
圖。圖七六，7，器樣 H175：15，日環鬱影日圖。圖七六，8，器樣 H175：
34，日環鬱肜日合朔題。圖七六，9，器樣 H174：4，日環鬱肜日影日並黃
赤交角圖。

2. 夏至日環鬱菱星察看及菱星瓠與月要罐源考

1）菱星瓦器星曆與圖釋

（1）菱星瓠弧邊棱弧狀告日環鬱

圖七五，5，器樣 M295：1，掘理者言器身呈菱角狀，此言墒當。今依前
考命此器菱星瓦瓠。今繪圖繪便考。

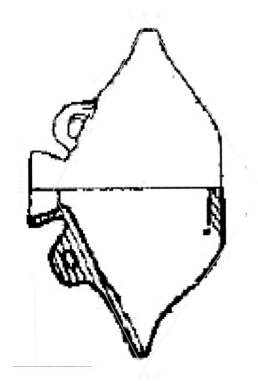

圖三八〇　龍崗寺器樣 M295：1 菱星與日環鬱瓦瓠

器身右下顯要月狀，故可識見此器樣告夏至日環鬱菱星圖。依龍崗寺第
二期遺存肜日影日肖魚圖，連此菱星瓠，今推測此地也曾係小昊施教之域。

（2）菱星罐 H23：1 瓬疇圖釋

圖七一，器樣 H23：1，菱星罐，上下兩層，各六幅圖。每幅圖以菱為框。下層圖下見地色肜日圖。儘管每層六圓盤圖參差，但表義同北首嶺 T144：2。俱析日環鬱肜日影日圖。每層俱見似猴臉圓盤，譬如上層自左向右第二、第四、第六。下層自左向右第一、第三、第五。器樣 H23：1 日環鬱肜日影日圖兼採北首嶺與半坡圓盤狀日環鬱肜日影日圖。猴頭狀肜日影日圖及似戴板狀透鏡圖使人聯想面具。此圖可能是巫山大溪瓬疇家肜魚習俗之旁證。或可曰，自半坡、北首嶺出發，狄宛一宗瓬疇男南遷，過境龍崗寺。此地近漢江而處於高地，沿漢江能溯漂寧強，陸行過棋盤關入蜀。

（3）菱星瓠附察星人臉狀瓠口

圖七五，4，器樣 M396：13，菱星瓦瓠與似人臉圖塑。兩耳不對稱，似彎月，宜名「要月」頭菱星瓦瓠。似人頭臉者，察日環鬱菱星象者也。此器口似人臉俯視圖，乃楊官寨遺址瓦鏤人目人口瓦器 H784：1〔註3〕之效。此器乃圓盤狀瓬疇圖變面具前模樣。今饋證對比。

龍崗寺 M396：13 菱星器告日環鬱發生於夏至日，瓦瓠口人臉平面狀似圓盤，承襲北首嶺器樣 T144：2，圖三六三。雙目直視遠方。口張而告驚訝。

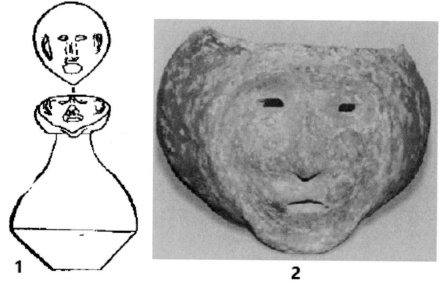

圖三八一　龍崗寺菱星瓠 M396：13 瓬疇家察星臉與楊官寨 H784：1 儺瓦臉

〔註3〕王煒林等：《陝西高陵縣楊官寨新石器時代遺址》，《考古》2009 年第 7 期，圖版三，4，5。

　　我言龍崗寺菱星瓬 M396：13 口人臉狀摹記瓬疇男察夏至日環鬱面目，
並以張口述驚愕或驚歎，非出自孤證申釋。

　　今舉龍崗寺遺存另一菱星瓬旁證，器樣 M394：1。掘理者言，「泥質紅
陶。獸（豬？）頭形器口」。「獸頭有彎月形雙目，雙耳微簹，耳廓上各有一
個小圓孔，鼻樑稍稍隆起，鼻翼下有兩個圓形小鼻孔，吻部前拱，張口。獸
的雙目、鼻孔和口均與器腹相通；獸（？）頭頂部也有一個與腹腔相通的圓
孔」。「這件尖底瓶造型頗具情趣，……」，「是一件稀有的原始雕塑藝術品」
（前註第 50，第 127 頁）。兩見疑問符，足證掘理者不識器源與器狀。我給
器源「菱星圖」，我給器狀「瓬疇家察夏至日環鬱菱星」。其圖如後。

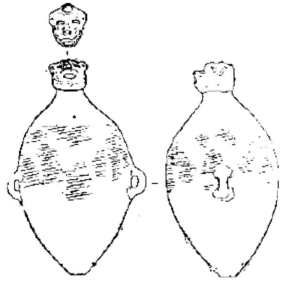

圖三八二　龍崗寺器樣 M394：1 瓬疇家察夏至日環鬱菱星

　　直視器頭，即見人面狀，側視見獸首狀。但獸首說宜基於人面狀得其義。
此言獸，非四足獸，而謂《山海經》言「開明獸」。寄於獸頭側視而為瓬疇家
星曆事。依此釋，《山海經》獸論俱有其本，本事俱在虞夏之前千餘年。

　　（4）菱星罐月長晝記釋

　　圖七〇，5，菱星罐，器樣 H163：1，器身「IIII」謂 28 夜（日）月長參
數，每 I 當七。

　　（5）月要瓬與月要瓬頭面日環鬱肜日影日嘉生圖

　　圖七〇，2，器樣 T15③：3，月要瓦瓬，瓬頭面繪日環鬱肜日影日圖與嘉
生圖。圖七〇，3，日環鬱月要瓦瓬，器樣 T25③：1，值合畫不全，無以計算。

2）龍崗寺暨漢江域月要罐菱星瓠源考暨狄宛第一期罐三足星察說補正

（1）龍崗寺月要瓠源自狄宛第一期

檢龍崗寺第一期遺存，見 M414 納月要瓠一件。如此，龍崗寺月要瓠器藝非來自西山坪 M4：（1）器藝承襲，或來自北首嶺早期遺存傳承。檢葬闕 M414 納形瓦之瓦楔二件。倘使此器之央著地，而後繪圖，見其右側線可向西北延伸，堪視為夏至日日落之所。

葬闕M414東南為弧，告天體旋轉。三足罐告爟宿察看，置傍月要罐M414：2。連此三者得知，M414 告夏至日環鬱。葬闕納女骨殖，同西山坪 M4，骨殖來自瓩疇女或宗女姊妹。此葬闕亦告，宗女掌察日鬱天象。菱星瓦瓠 M406：4（前註第 50，第 57 頁）旁證龍崗寺第一期文明納 6500 年前日環鬱記事。此器雙耳，底以上兩側為月要狀，兩耳。此器乃前考菱星瓠 M295：1 之源。後圖示二器乃 6500 年前漢江文明與西山坪 M4、西水坡 M45、北首嶺早期文明同階之證。依此，大抵可言，察知菱星者眾，但以葬闕記之者寡。此乃媧宗、黽戲功業世傳之推力。後圖 1，月要罐、後圖 2，菱星瓦瓠。諸器記事不必為同日環鬱或其輪返。

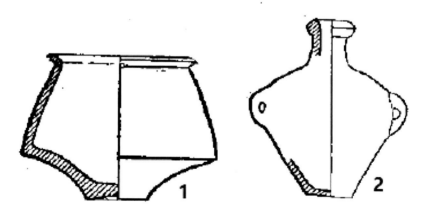

圖三八三　龍崗寺狄宛第一期月要罐 M414：2 與菱星瓠 M406：4

（2）狄宛第一期罐三足出自爟宿察看補釋

依 M414 器用考，罐三足用於告爟宿察知。依此新知，今更改舊考。《狄宛聖賢功業祖述之二》（第 181 頁）記考南方星爟宿察見於狄宛第二期葬闕 M224。今宜校正：狄宛第一期昔聖已察知爟宿。如此，狄宛第一期葬闕 M208 納三足罐 M208：2 佐證爟宿察看。而狄宛第二期 M224 星圖係 M208 含星察之精察。狄宛第一期、第二期南方星宿察看傳承未絕。

（二）第一卷援瓬疇圖釋證

1. 西陰村廟底溝元君廟瓬疇圖體釋

1）李濟與裴文中援瓬疇圖

（1）李濟援圖

圖一，1，日環鬱匕旋肜日圖。圖一，2，日環鬱方面照地圖。圖一，3，日環鬱影日圖，似存肖魚圖狀。圖一，4，合朔日月道會日環鬱匕旋肜日圖殘。圖一，5a，日環鬱照方地圖。圖一，5b，日環鬱影日圖。圖一，7a，日環鬱錐影夾冥芯變形殘圖。圖一，7b，日環鬱錐影側縱截與橫截圖。圖一，8a，日環鬱錐影縱截橫鋪圖。圖一，8b，日環鬱匕旋肜日圖與合朔圖殘部。圖一，9，日環鬱橫截錐影與匕旋肜日圖。

圖二，1a，日環鬱匕旋同日圖。

圖二，1b，日環鬱橫截錐影錐照鋪畫。圖二，2，日環鬱影日圖殘部。

圖二，3，日環鬱橫截錐照錐影圖，錐照稀薄。圖二，4，上部係日烏月丸格羅圖，下部係日環鬱錐照縱截橫鋪畫。圖二，5，上層係日環鬱錐影錐照橫截圖，使細影配寬幅錐照，自頂沿邊向地面截割，即得此光影圖。間層似紐，出自橫截錐照錐影。又似狄宛第一期乙圖反向綴連以扭圖。圖二，6，日環鬱影日肖魚圖殘部。圖二，7，合朔日月道會日環鬱圖加於日環鬱錐照橫截圖。

圖三，1，日環鬱錐照錐影橫截圖變。圖三，2，日烏月丸格羅圖殘部。圖三，3，日環鬱圖。圖三，4，合朔日月道會縱截錐照錐影圖。圖三，5a，合朔日環鬱非道會圖附橫截錐影錐照圖。

圖四，1，日環鬱照方圖及日環鬱錐影橫截圖。圖四，2，似圖二，5。圖四，3，合朔日月道會與錐影橫截殘圖。圖四，4，所謂「鐵十字」，圖本日環鬱縱截錐照錐影，兩截而後平面鋪陳，對頂而聯圖。

圖五，1，日環鬱縱截錐影夾照圖。圖五，2，日環鬱橫截錐照錐影圖及夏至日照圖。

圖五，3，合朔日月道會圖。圖五，4，上層：日環鬱縱切錐照平鋪圖左側似存影日圖。下層：日烏月丸格羅圖。圖五，5，左圖：日環鬱存冥丸橫截錐照錐影圖。右圖：日烏月丸格羅圖。

（2）裴文中援圖

圖六，左，日環鬱沿錐照邊縱向斜截日影圖。圖六，右，日環鬱影日圖殘部。

2）廟底溝與元君廟瓬疇圖

（1）日環鬱肜日圖附格羅日烏月丸圖

圖一〇，1，A9hT68：02，日環鬱匕旋肜日圖附日環鬱圖。圖一〇，2，器樣 A9jH203：47，日環鬱橫截錐照錐影附匕旋肜日圖。圖一〇，4，器樣 A10dH379：86，日環鬱匕旋肜日圖變。圖一一，1，器樣 A10fH59：29，日環鬱直匕日肜日冥芯影牙狀。圖九，4，器樣 A9aT325：05，合朔日環鬱與月要肜日圖變。圖一一，4，器樣 A16bH338：36，合朔日環鬱匕旋肜日圖。圖一一，3，器樣 A10hH32：30，日環鬱縱列圖附格羅日烏月丸圖。

（2）日環鬱錐照橫切縱切圖或鋪照圖

圖九，1，器樣 A3H15：49，日環鬱錐照橫截與細部再縱截而存外廓，使之反向圖。圖九，2，器樣 A6aH387：44，夏至合朔日環鬱圖。圖九，3，器樣 A4bH308：03，日環鬱錐照錐影橫截鋪畫其半圖。原子頭遺址、狄宛遺址與見。似狄宛第三期器樣 H302：5，圖一三三，3。圖九，5，器樣 A9dT328：06，日環鬱與錐照橫切圖。圖一〇，3，器樣 A10eH47：41，日環鬱橫截錐照錐影取半縱鋪圖。圖一一，2，器樣 A10gH11：75，合朔日環鬱多方鋪畫圖。圖一一，5，器樣 A17bH203：07，日環鬱錐照縱切圖。狄宛第四期後器，疊月要罐，狀似陝西岐山雙庵遺址器樣 M2：1。圖一二，2，器樣 A4bT240：05，日環鬱橫截錐照圖。

（3）元君廟器樣 M413：5 瓬疇圖曆法釋證

檢圖一三，1，器樣 M413：5，瓬疇圖樣不雜，但曆算義古奧。錐刺窩構三角曆日算式：

$$1+2+3+4+5+6+7+8+9=（1+9）\times 9／2=45$$

或

$$1+2+3+4+5+6+7+8+9+10=（1+10）\cdot 10／2=55$$

$$55＊9=495$$

$$495+55=550$$

依此算推證，彼時瓬疇家謀算天地數 10 倍，但此數不得構 10 番等差數列。故為等差數列 9 番，外加一番天地數之和，此錐刺圖樣以正置為效狀。其曆數之謂：550 當日數理算：

$$550=365+185$$

此數合狄宛算式：

陽曆歲長＋璇璣歲半歲長＋來年陽曆補 5 日。

依此曆算推證，發掘者言第三個「三角錐刺窩誤差」無據。用三角者，承黿戲王事也，為五帝座一、勾陳一、大角星，或反而用角宿一、五帝座一、大角星。元君廟葬闕布置者知天地數纏體旁證即此遺存 M429 內（2）頭頂處有骨珠 785 顆，此數拆算：

$$5＋360＋5＋360＋1＋3＋5＋7＋9＋2＋4＋6＋8＋10＝785$$

5 冊加乾坤冊得滿歲陽曆歲長，乾坤冊即璇璣歲。此葬闕菱星瓬口向東偏北，此或告魁在西北，唯斗杓南指之時，故兆夏至日。乾坤冊乃黃曆歲長，又即璇璣歲長。依此葬闕菱星瓬曆度，歲日數始於冬至，陽曆兩歲盡於冬至日。自冬至起算，訖第 55 日，數滿。時在春分前。

圖一三，3，罐，M420：13，日環鬱縱切錐照錐影措所鋪畫。月要罐，日環鬱縱切錐照錐影措所鋪畫。

圖一三，4，器樣 M420：5，器沿有冥帶，兆日環鬱。又見日環鬱錐照縱切橫切圖。雙畫記細術算：每道當 7，每兩道當 14，月曆法孑遺。總計 14 乘以 5，得數 60，合歲星紀年數。

2. 東莊村西王村橫陣及下潘汪遺存瓬疇圖體釋

1）東莊村西王村及橫陣遺存瓬疇圖

（1）東莊村瓬疇圖

圖一四，1，器樣 H115：2：51，左側，日環鬱影日肖魚圖殘部。右側，日環鬱圖套於日環鬱冥芯。冥芯圖又含縱截錐照圖與照方圖，其右側細影日肖魚圖縱向三角狀。圖一四，2，器樣 H109：4：13，日環鬱自頂縱切錐影錐照，連端八方鋪陳圖。圖一四，3，器樣 H128：1：015，日環鬱繁照方圖幅左側右側縱向切割錐照圖。左端見日環鬱略廓圖。圖一四，4，器樣 H115：1：06，日環鬱照方四分圖幅自頂縱截錐照圖。圖一四，5，器樣 H115：4：08，日環鬱照方圖附合朔繁日環鬱圖。圖一四，6，器樣 H106：1：021，合朔日環鬱繁圖，減省原子頭合朔日環鬱繁圖。圖一四，7，器樣 H104：4：18，沿：日環鬱繁照方與散射束圖。器面：夏至日環鬱過極照方似乾燥獸皮圖。

圖一四，8，器樣 H104：4：04，日環鬱與橫切扇面照射圖。圖一四，9，器樣 H109：2：012，似圖一一四，4，狄宛瓬疇圖。圖一四，10，器樣 H115：4：022，繁日環鬱納於縱截錐照圖。圖一四，11，器樣 T125：4：07，似圖一一四，4，狄宛瓬疇圖。圖一四，12，器樣 H124：1：013，日環鬱縱切錐照與

錐影為菱星圖，圖一四，13，器樣 Y202：1：09，格羅日烏月丸圖。

圖一五，1，器樣 H104：2：16，日環鬱縱切錐照錐影入橫切錐照圖，顯旋轉。或缺擠壓之菱星圖含日環鬱縱切錐照圖。圖一五，2 器樣 H104：4：11，日環鬱縱切錐照與錐影為菱星圖，連綴成日環鬱自頂縱切錐影錐照，連端八方鋪陳圖。圖一五，3，器樣 H129：3：8，夏至日環鬱圖變。圖一五，4，器樣 T209：5：1，日環鬱橫截錐照錐影圖附縱截三角日照圖。

（2）西王村瓩疇圖

圖一六，1，器樣 H9：2：1，日環鬱縱截錐照圖。圖一六，2，器樣 T6：4：1，不詳。圖一六，3，器樣 H31：2：3，格羅日環鬱圖殘部。圖一六，4，器樣 T3：5：1，日環鬱縱截錐影錐照圖。圖一六，5，器樣 T3：5：4，斜連縱切日環鬱錐照錐影圖。圖一六，6，器樣 H13：1：4，合朔日月道會圖殘部與日環鬱圖。圖一六，7，器樣 T3：5：3，日環鬱非道會圖附影日圖。圖一六，8，器樣 H34：2：4，合朔日月道會圖。圖一六，9，器樣 T5：5：8，格羅日烏月丸圖。圖一六，10，器樣 H31：3：7，日環鬱縱切錐照圖。圖一六，11，器樣 T8：5：7，日環鬱縱切錐照錐影圖殘部。圖一六，12，器樣 T3：5：10，日環鬱縱切錐照圖減省。

（3）橫陣瓩疇圖

圖一七，1，日環鬱縱切錐照錐影斜置圖夾縱向錐影圖。圖一七，2，日環鬱縱切錐照錐影圖殘部。圖一七，3，日環鬱縱切錐照圖附日環鬱圖殘部。圖一七，4，值合化寄於縱切日環鬱錐照錐影圖連。圖一七，5，日環鬱散射圖。圖一七，6，日環鬱影日肖魚圖。

圖一七，7，似圖一七，2，日環鬱縱切錐照錐影圖殘部。圖一七，8，日環鬱橫切錐照圖鋪畫。圖一七，9，縱切日環鬱錐照錐影圖殘部。圖一七，10，沿面圖係縱切日環鬱錐照圖橫置。圖一七，11，日環鬱縱切錐影圖殘部。圖一七，12，日環鬱影日肖魚圖殘部。圖一七，13，不詳。

2）下潘汪瓩疇圖體釋暨「爭帝」圖類鑒

（1）日環鬱垂照橫截扇面與日自旋圖

圖一八，上行，1.器樣 T50④a：14，日環鬱日散射垂照圖附日環鬱橫截扇面照射而反向。橫截扇面照地圖納影旋圖。2.器樣 T42③a：70，日環鬱日散射垂照附日環鬱橫截扇面影，內含扇面照射減省圖鋪排。3.器樣 T39③：12，見繞極旋轉狀，頗顯狄宛第一期陽射率六圖。上下兩圖兆北俯視與仰視圖。4.

器樣 H99：3，似上行，2，日環鬱橫截扇面照地圖納屠肆圖。5.器樣 T44④：
201，似上行，3，但見日鬱圖橫截，光照似拋物線狀。6.器樣 H20：3，似上
行，1，唯下部近邊線見日光芒圖。7.器樣 T50④a：42，似圖一八上行，2，
唯日環鬱橫截扇面照射圖納月消息圖單項鋪排。

　　圖一八，次行，1.器樣 H99：2，夏至日鬱合朔圖，附日烏炳照。合朔橢
圓長軸齒狀，兆光波動。此圖含日西北射之義，乃夏至日落圖。2.器樣 T33④
a：69，夏至日鬱合朔圖，亦含日西北射之義。3.器樣 H74：102，夏至日鬱合
朔圖，附子午圈圖。此圖也含日西北設之義。4.器樣 T4④：11，夏至日鬱晨
昏日照圖，含日東北射，西北射之義。此圖北三角上端兩角堪為東北、西北
方。全三角兆坎方。似北首嶺、半坡某種三角瓴疇圖。此圖含瓴疇家「造」坎
義。依王家臺秦簡推測，此瓴疇家推測係蚩尤。5.器樣 H99：5，日環鬱扇面
照射橫截圖，似圖一八，上行，1。6.器樣 H141：5，似圖一八，上行，7，唯
月消息圖非單排，而平排。其兆義不清。圖一八兩行瓴疇圖，凡間縱向光線，
俱告夏至午時日直射。

　　圖一九，上行，1.器樣 T50④a：5 此圖貌似夏至日落圖附日照橫截斜布
圖。2.器樣 T50④a：262，夏至日落西北合朔圖納狄宛第一期氣程率單股二央
反向圖，係乙教畫之一。3.器樣 H20：2，夏至日環鬱合朔圖，合朔圖當赤經
圈傾斜。圈似橢圓，長軸斜而東北向來光似波動。右側似眼睫毛圖兆日東北
出，對稱左側乃日西北落圖樣。此圖饋還西水坡 M45 黿戲王事葬闞日出日落
圖義，我推測其義涉「爭帝」，詳後考。4.器樣 H183：194，似器樣 H20：2 表
義，但單薄，不贅言。5.器樣 T33④a：17，亦似器樣 H20：2 圖，但日環鬱圖
為兆。畫縱線向碗口或碗底，即見日午時照黑影為密，此乃夏至日鬱午時事。

　　圖一九，次行，1.器樣 H99：1，此圖兩畫記臨近，但俱含「｜」。左側｜
底見半圓右旋。右側｜左旋。｜於數謂七，於物謂斗杓南北指。依此推，此
二畫記之左畫照斗杓右旋。但右側｜下半圓似兆斗杓左旋。細察即知，此圖
乃斗杓自北旋及南之狀。右側、左側二圖表義聯：自北旋及南，後自南旋及
北。乃斗杓周天盤旋圖。2.器樣 H74：102，貌似摹記斗杓周旋如器樣 H99：
1，但無｜畫。匕旋肜日反向圖。3.器樣 T45④a：229，此圖乃狄宛陽射氣程
率六圖單股旋轉之變樣。4.器樣 T22④a：4，氣程率準春秋分曆日或曰曆日兆
水草圖。以上瓦碗俱「紅頂碗」。紅頂即狄宛第一期以降赤沿碗向冥沿碗變遷
前舊俗。而此水草圖兆記北方獵人嘉生念源。

（2）「爭帝」瓬疇圖存蚩尤曾主屠肆

下潘汪瓦器面瓬疇圖含某種圖樣，看似三角但非三角圖。而且之瓬疇圖，但盡異乎狄宛、北首嶺、半坡、姜寨瓬疇圖。

圖一九，上行，3.器樣 H20：2。如前考，此圖乃夏至日環鬱合朔圖。夏至日赤經圈傾斜堪視為合朔圖。橢圓長軸斜而東北向來光，狀似波動。右側似眼睫毛圖兆日東北出，左側對稱乃日西北落圖樣。此圖反映了西水坡 M45 黿戲王事葬闕日出日落圖義。此圖於今看似平凡，而於狄宛第三期以降決非小事：彼時，庖犧氏為男宗之首，寄於娵宗。黿戲帝事於男宗謂「帝」。如蚩尤，敢為瓬疇圖述夏至日鬱不為祭祖器或祭祖畫記，以張揚黿戲功業，此乃無道之舉。於娵宗，此事也不可採納。倘論下潘汪瓬疇圖樣，其構圖全異乎它地瓬疇圖。若干年後，畫日鬱如芒圖之類瓬疇圖見於大河村遺址瓦面，但器樣多已破碎，以致掘理者不欲編碼（前註第 146，第 142 頁，圖七六，1，2.）。

此等瓬疇圖係「爭」「帝」瓬疇圖。爭者，使射也。既往，日鬱圖不繪日狀，光照以冥色潛謂，而且合朔圖決無「芒」狀。日得芒狀，兆日鬱。而夜曆法月芟日以「初一」後第八夜。此芒即日鬱之芒，雖自月芒推導，但二事參差，前已考證。括要以言，此瓬疇圖作者以圖顯日照射，此乃「爭」。「爭」謂張弓擬發。此乃弓箭發明後行為。發明弓矢者乃蚩尤，係為「兵」之舉。史官記蚩尤功業，以張弓喻其繪日鬱圖，日芒射狀。圖一八，次行，4.器樣 T4④：11，可視為蚩尤造坎方。王家臺秦簡 536 簡文「勞」記「蚩尤卜鑄五兵」。「蚩尤卜」可信。姜寨第一期時，已見「卜」勒記，如前考。蚩尤卜非似半坡遺存瓦面「丨」圖變樣，而是鑽龜而卜，題涉卜用骨料之別，後將體考。另依前考，蚩尤曾主屠肆。此事恰涉諸夏刑源虐體，《呂刑》存記。

3. 白廟滻灞西關堡下孟彪角下集與趙窯及清水河白泥窯子大溪與西水泉瓬疇圖體釋

1）白廟滻灞下孟彪角瓬疇圖

（1）白廟與滻灞瓬疇圖

白廟瓬疇圖：圖二〇，1，器樣 H901：1，日環鬱匕旋肜日圖，左側似減省日環鬱影日圖。

圖二〇，2，器樣 H901：21，似圖二〇，1，含匕旋肜日圖。

滻灞瓬疇圖：圖二一，1，合朔日環鬱圖附日環鬱匕旋肜日圖。圖二一，

2，沿面係日環鬱圖，器面似匕旋彤日圖殘部附日環鬱錐影橫截日影。圖二一，3，格羅日烏與月丸圖。圖二一，4，沿面係日環鬱縱截日錐照圖殘部。器面係日環鬱影日圖殘部。圖二一，5，合朔日環鬱非道會與影日圖。圖二一，6，自端截日環鬱錐照圖，連頂端鋪畫。圖二一，7，日環鬱錐影圖。圖二一，8，日環鬱影日圖殘，似肖魚圖尾部。圖二一，9，日環鬱影日圖殘部。圖二一，10，日環鬱冥芯散射交照圖。

（2）西關堡瓶疇圖

圖二二，1，日環鬱影日圖。圖二二，2，日環鬱縱截錐照錐影圖殘部。圖二二，3，日環鬱錐影日鋪畫與匕旋彤日圖殘部。圖二二，4，減省日環鬱錐照錐影圖。圖二二，5，日環鬱錐影橫鋪畫與合朔日月數道殘圖。圖二二，6，日環鬱匕旋彤日圖與合朔圖殘部。圖二二，7，日環鬱橫截日照扇面圖。圖二二，8，日環鬱縱截錐影鋪畫與橫截錐影錐照圖。

圖二二，9，日環鬱縱截錐影橫鋪圖。圖二二，10，日環鬱繁見於合朔圖。圖二二，11，日環鬱縱截錐照圖。圖二二，12，似第 11 圖，日環鬱縱截錐照圖。圖二二，13，格羅日烏月丸圖。圖二二，14，減省日環鬱錐照錐影鋪畫。圖二二，15，縱截日環鬱錐影圖等。圖二二，16，日環鬱散射圖。圖二二，17，格羅日烏月丸圖與夏至日照圖。圖二二，18，合朔圖附日環鬱圖加日環鬱匕旋彤日圖。

圖二三，器樣 T1：3：8，合朔與合朔日環鬱及匕旋彤日圖。圖二四，器樣 T60：3：22，日環鬱縱切錐照圖橫鋪。圖二五，器樣 T101A：5：35，日環鬱夾於錐影三向縱切圖，及日環鬱影日與匕旋彤日圖。此圖兆申戎、景雲兩氏合婚。掘理者謬識腹壁紋為兩鳥紋。圖二六，器樣 T51A：2：38，合朔日環鬱縱切錐照圖減省。圖二七，器樣 T65：4：11，合朔日環鬱橫切錐照錐影存半鋪畫圖。

（3）下孟與彪角瓶疇圖

圖二九，1，BXXMC：2，合朔日環鬱圖與合朔日月道會圖，附橫截日環鬱圖等。圖二九，2，BXXMC：3，日環鬱錐影自上向下曳線波流圖。圖二九，3，BXXMC：13，合朔日環鬱匕旋彤日圖。

（4）鳳翔興平瓶疇圖

圖三〇，1，日環鬱月要器座或月要彤日器圖。圖三〇，2，日環鬱影日肖魚圖殘部。圖三〇，3，日環鬱影日圖殘部。圖三〇，4，日環鬱日照扇面圖。

2）下集大溪趙窯及白泥窯子與西水泉瓬疇圖

（1）下集瓬疇圖

圖三一，1，日環鬱影日圖。圖三一，2，日環鬱自上縱切錐照錐影圖連端分鋪八方圖。影厚密。圖三一，3，日環鬱月要肜日圖。圖三一，4，合朔圖。圖三一，5，日環鬱縱切錐照圖鋪照。圖三一，6，日環鬱縱切錐影圖附錐照圖。圖三一，7，日環鬱橫切環影圖。圖三一，8，日環鬱橫切錐照附影日圖。圖三一，9，日環鬱圖殘部。圖三一，10，日環鬱冥芯圖，似月要肜日圖。圖三一，11，合朔圖與日環鬱匕旋肜日圖。圖三一，12，合朔日環鬱錐影圖。圖三一，13，日環鬱縱切連端四方布置，李濟所謂「鐵十字」圖。圖三一，14，日環鬱冥影線性圖。圖三一，15，合朔日月道未會與月要殘圖。圖三一，16，合朔圖變與日環鬱圖。圖三一，17，日環鬱影日肖魚尾殘圖。圖三一，18，日環鬱縱切錐照錐影加於菱星圖，久視覺眩暈，故在器圓合菱星星象圖潛藏丸天之性。

（2）大溪瓬疇圖

圖三四，巫山大溪 M11 瓦瓶圖，圖三四，日環鬱縱截垂照垂影徒附日過極錐影四方似獸皮斜拉圖。

後期掘理器瓬疇圖並釋於此。圖六〇，1，器樣 M115：2，上層，狄宛第一期乙畫橫置，紐乙畫橫置而反向，或可視為匕旋肜日圖變。第二層，日環鬱影日圖。圖六〇，2.器樣 M166：2，日環鬱影日圖。

（3）趙窯瓬疇圖

圖三二，1，器樣 T9③：24，器口兆日環鬱，及疏影右旋圖。圖三二，2，器樣 T4⑤：28，格羅日烏月丸圖。圖三二，3，器樣 T9③：25，日環鬱縱截錐照錐影線狀圖。圖三二，4，器樣 H21：9，似圖三二，3，日環鬱縱截錐照錐影附益斜線性照射。圖三二，5，器樣 T17④：8，日環鬱垂射圖。圖三二，6，器樣 T17④：19，似圖三二，4。

圖三三，清水河白泥窯子，合朔日環鬱圖附匕旋肜日圖。

（4）西水泉瓬疇圖

圖三五，1，器樣 T7②：20，日盡冥圖。圖三五，2，器樣 H4：2，器底向左面北，日環鬱垂射垂影疏線圖。圖三五，3，器樣 T26①：4，日環鬱橫截扇面照射細鉤肜日圖。圖三五，4，器樣 T13①：22，、圖三五，5，器樣 63 採：11，似武安趙窯，圖三二，3，圖三二，4。圖三五，6，器樣 T53①：20，

日鬱菱影日與菱角鋪射圖。黿戲後嗣施教或後世蚩尤施教之證。

4. 茅草寺呂家崖與遊鳳白家村瓨疇圖體釋

1）茅草寺與呂家崖遊鳳瓨疇圖

（1）茅草寺瓨疇圖

圖三六，1，合朔日環鬱錐影圖。圖三六，2，不清，不詳。圖三六，3，合朔圖納日月道會減省附嘉生毛狀。以上器樣碼同，器樣 T5：53。

圖三六，4，器樣 T5：127，合朔日環鬱圖繁連。為圖者張揚日環鬱之貴，器似丸，兆日環鬱。圖三六，5，器樣 T4：1，上層：日環鬱縱截日照日影圖附夏至體照圖。下層，日環鬱匕旋彤日圖變為直匕直轉圖，又似反乙圖。此地起出骨鉤器，此器二用：兆宗女彤日，為犁疏鬆耕地。此圖在虞夏之後廣播。

（2）呂家崖與遊鳳瓨疇圖

銅川呂家崖遺址，圖四九，器樣，TCLJYI：01，瓦瓠日環鬱圖在頸部，央見合朔日環鬱兩番。下乃日環鬱彤日圖。

遊鳳遺址，圖五〇，WGYFV：01，月要菱星瓦瓠。月要乃日環鬱之兆。瓨疇圖別兩部：左圖乃日環鬱影日肖魚圖，去日環鬱部，代以日環鬱禽鳥喙及影日與變更之匕旋彤日圖。

2）白家村瓨疇圖體釋

（1）內莊赤塗星圖

圖六七，3，器樣 T329②：1，內壁赤色畫三所，右畫記似屠肆嫡傳。圖六八，2，器樣 II 採：1，其一乃胥星圖，或曰造父星圖。此星名曾被更改。圖六八，3，器樣 T116H4：3，此星乃大星，無以推斷為何星。可推斷非極星、非大角星，也非前考諸星。

（2）白家村狄宛第一期星圖及「立周天曆度」雛圖

圖六六，1，器樣 T328②：1，天球內取四隅，不能方天。但能得春分－夏至間圖。以 o 為北極。黃線 DE 為春分線段，DB 線段交 DE 以 11°，約等於 23.5°之半。圖顯「立周天曆度」雛圖。A 端不交於角，故在初圖塗色不滿圓或脫落，致誤差。今存舊貌繪圖。繪圖照顧圓心，此圓心約於瓦碗圓周。此圖或係龍崗寺 M324：4「包犧立周天曆度」圖一源。

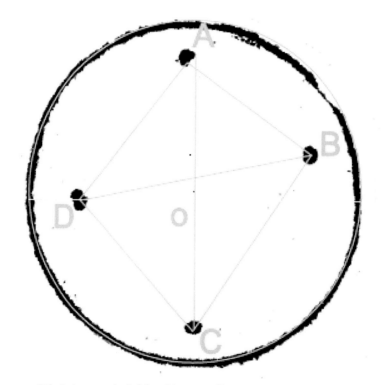

圖三八四　白家村器樣 T328②：1 內蒞立周天曆度雛圖

總之，狄宛、白家村、西水坡三地瓳疇圖義聯緻密，不容否認。北首嶺、半坡、姜寨、龍崗寺等地與屬一脈文明。

（3）值合術算與圓率數 3.3

圖六七，2，器樣 T302②：2，掘理者言，內表面僅剩一橫 S 形花紋。檢非 S 狀，乃直合畫解體取偶「六」，其數 12，告月數配日經周天，以日升降論，正六月、反六月，故直合畫有背反；亦可謂背「六」直合畫乃圖六七，1，值合術算之基。

圖六八，1，器樣 T102②：3，掘理者以為，「兩組 E 字形梳形紋」，E 狀畫二處，每處有二。此二者排布有序：察一組，斜者謂之右上、左下而行。以近沿 E 圖為底點，自各祖畫相背處畫線，兩線交於圓心，得兩線段為扇面兩邊。此兩邊線交角 108°。以 360° 除以 108°，得 3.3，此數乃圓率。推測彼時以此數為極大數，為瓦器者必工於縮小此比數。縮小到多少，乏證而未知。

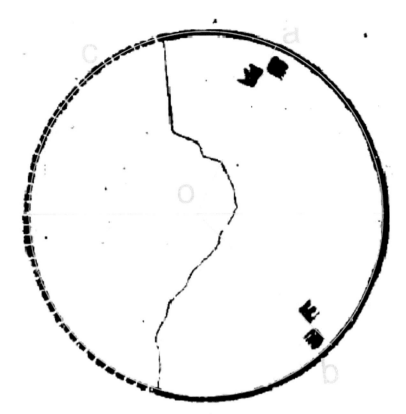

圖三八五　白家村器樣 T102②：3 內菇屠肆畫記圓周率線

依此推算，器樣 T102②：3 饋給狄宛系瓬疇家周匝與徑程率數。殘去器半，或出自無礙術算之故。似 E 圖係屠肆圖，係北首嶺屠肆圖源。由此曆算畫記得知，瓬疇家屠肆非出自洩憤或報復，或莫名殺機。犧牲者死難於丸天術。

5. 晉南與福臨堡瓬疇圖體釋

1）晉南瓬疇圖

（1）晉南瓬疇圖

圖六一，9，HB24：13，日環鬱影日圖。圖六一，11，HB25：10，日環鬱影日肜日圖。

圖六一，12，HB25：5，光碟狀，圖係日環鬱影日圖。圖六二，1，器樣 HB25：14，日環鬱影日匕旋肜日減省圖。圖六二，2，器樣 JS46：2，日環鬱影日圖。圖六二，6，器樣 HB25：22，日環鬱匕旋肜日圖。圖六二，8，器樣 HB25：40，合朔日環鬱與日環鬱重影日與日環鬱圖。

（2）晉南瓬疇家喜好鴞首

圖六一，7，器樣 HB2：01，發掘者言，「捏塑鳥頭形紋」，檢之非鳥頭，乃鴞頭。龍崗寺、半坡、姜寨、師趙村、泉護村、廟底溝、翼城北橄等遺址俱存鴞首鑿等，皆鴞君之治曆之兆。

2）福臨堡瓬疇圖

（1）日環鬱錐照「元」、「平」圖與日環鬱日照過北極圖

圖七八，1，器樣 H5（1），沿面係日環鬱正向縱切日環鬱日照平面圖。左側見齊整，來自設擬日照找平方面。此圖涉及「元」、「平」之念。餘者不詳。器殘面黑色似匕旋肜日圖，陽地色或係縱截日環鬱日照圖。

圖七九，1，器樣 H45：9，右側上部為日環鬱影日，下部為日照圖。左側上為日照圖。下部為乾燥獸皮狀日照面，兆日過北極。

圖七九，4，器樣 T4③：33，日環鬱日照過北極圖變樣。日旋及北極為端，倍此畫，反向以置，即得此圖。

（2）合朔日環鬱光影圖與肜日圖及三番日環鬱拘於圓照圖

圖七七，5，器樣 H137：10，合朔日環鬱圖。圖七八，4，器樣 H114（10），合朔日月道會與影日圖。圖七八，3，H5（7），發掘者言，圓點與弧線等構成花苞形圖案，中間一圓點，似花蕊，左右括以弧線，外有三角紋似花葉。舊說非是。殘圖右側乃日環鬱錐狀光影橫截圖，左側地色似肜日圖。黑色三角來自日環鬱錐影由縱向變橫向圖之拓拼。

圖七八，2，器樣 H5（2），檢右側上部陽地色係日環鬱扇面圖殘部，下部陽地色係肜日圖殘部。上下夾日環鬱午時日照。左側地色外廓似合朔圖，但右側見短黑線疏朗，兆日環鬱日光疏照圖。圖七八，6，器樣 H14，日環鬱影日圖。圖七八，7，H59，日環鬱橫截錐影錐照，使錐影左右拉長圖。外此，見影日圖。

圖七七，2，器樣 F6：26，日環鬱影日圖與日環鬱匕旋肜日圖。圖七九，2，器樣 H82：1，日環鬱匕旋肜日圖。但非日環鬱橫截錐照圖，故在左右側圖不協不匹。圖七九，3，器樣 H3，夏至午時後日環鬱肜日影日圖。地色橢圓為合朔圖。圖七七，1，器樣 T4④：3，日環鬱疏照晦重圖，附日環鬱三番拘一圖而間，原子頭、楊官寨與見此圖。圖七八，5，器樣 T3③，日環鬱三番拘一圓照而間。圖七七，4，器樣 H5：2，日環鬱錐照橫截圖與錐照扇面圖。

6. 西園中山寨泄湖師趙村西山坪與林西水泉西陰村大李家坪瓿疇圖體釋

1）西園中山寨泄湖師趙村西山坪瓿疇圖

（1）西園中山寨泄湖瓿疇圖

包頭西園遺址：圖八〇，3，器樣 BXTI（6）：107，日環鬱肜日圖。汝州中山寨遺址：圖八一，器樣 T104②：3，器體面日環鬱兩合朔夾影日圖，器沿面係日環鬱影日圖。

泄湖遺址：圖八三，1，器樣 SLX 採：1，日環鬱圖。圖八三，2，器樣 T3⑨：10，日全鬱圖。圖八三，3，器樣 T2⑨：9，夏至日環鬱影日肖魚圖殘部。圖八三，4，器樣 T2⑨：17，夏至日環鬱影日肖魚圖殘部。

圖八四，1，器樣 T2⑧：6、日環鬱月要圖。圖八四，2，器樣 T3⑧：5，日環鬱影日圖。圖八四，3，器樣 T3⑧M13：1，日環鬱影日圖，器底向右，面北。圖八四，4，器樣 T5⑧：21，橫截日環鬱錐照圖殘部。圖八四，5，器樣 T1⑧：8，日環鬱日照過極似乾燥皮張狀，附橫截錐照圖少半。

圖八五，1，器樣 T4⑦：26，圖八五，2，器樣 T4⑦：27：相似，俱係日環鬱錐照縱截圖。圖八五，3，器樣 T2⑦：26，日環鬱方照與橫截錐照圖。圖八五，4，器樣 T2⑦：24，日環鬱影日圖殘部。圖八五，5，器樣 T3⑦：9，合朔日環鬱圖。圖八五，6，器樣 T4⑦：28，合朔日環鬱橫截錐照圖。圖八六，殘片器樣 T2⑥：27，日環鬱日鳥置於縱切錐照圖。

（2）師趙村西山坪瓿疇圖

圖八七，7，器樣 T113④：150，日環鬱日影過極圖。圖八七，8，器樣 T113④：70，日環鬱影日圖，日環鬱繁而鄰也。圖八七，9，器樣 T114③：44，日環鬱影日或肜日圖。圖八八，4，器樣 T1⑥：40，夏至日環鬱影日圖。圖八八，5，瓦環，器樣 T1⑥：7 日環鬱影日圖。

2）林西水泉西陰村大李家坪瓿疇圖

（1）林西水泉瓿疇圖

圖九〇，1，器樣 T27①：1，赤峰林西水泉遺址受狄宛系瓦畫誘導，夏至日環鬱菱星圖沿軸拆解日影或日照並反向得圖。圖九〇，2，器樣 T19①：5，日環鬱圖。圖九〇，4，器樣 H17：5，肜日圖。

圖九〇，5，器樣 T17①：3，日環鬱影日過極圖。器口為極。此器圖或可視為「爭為帝」之兆。

（2）西陰村再掘理得器樣瓬疇圖

圖一〇一，3，器樣 H38：13，日環鬱合朔影日。雙線平行而交以直覺圖告日環鬱過北極。

圖一〇一，6，器樣 H30：6，月要器告日鬱。縱向烏丸上下，告夏至日日環鬱輪返。右側見日環鬱輪返。二者間以「＝」，推測係合朔圖央雙線減省，係日月道會兩番，推測日鬱與月鬱，即日食與月食。垣曲小趙遺址器樣 H23：5 雙線貫日環鬱輪返為證。烏丸上下，謂冥芯外日照帶被連。

圖一〇一，7，合朔日環鬱影日圖。圖一〇一，8，器樣 F5：3，匕旋肜日圖。圖一〇二，2，器樣 H30：4，日環鬱影日圖，正朔為曆與用之證。圖一〇三，1，圖一〇三，1，H30：63，合朔日環鬱影日圖。圖一〇三，2，器樣 H33：7，合朔日環鬱匕旋肜日圖。

圖一〇三，5，器樣 H34：44，日環鬱影日匕旋肜日圖。

附眉縣白家村瓬疇圖，圖九一，1，器樣採：4，日環鬱影日圖。

（3）大李家坪瓬疇圖

圖一三七，器樣 MH16：3，日環鬱影日附月要肜日圖。圖一三八，器樣 MH16：5，合朔日月道會日環鬱圖。圖一三九，器樣 MH16：1，合朔題曰道會日環鬱略圖。圖一四〇，器樣 MH16：2，日環鬱照方地與橫截錐狀日照圖。圖一四一，器樣 AT③：4，日環鬱影日圖。

附太澗瓬疇圖：圖一四二，1，器樣 H17：1，合朔日環鬱圖附匕旋肜日圖。匕旋肜日圖別兩樣，鉤狀與彎鐮狀。

7. 小趙案板老墳崗關桃園水北河里範楊官寨興樂坊三明寺瓬疇圖體釋

1）小趙案板老墳崗瓬疇圖

（1）小趙瓬疇圖

圖一四三，2，器樣 H28：8，日環鬱影日圖，二短線平行或謂同日環鬱自反向察。圖一四三，3，器樣 H32：5，合朔日月道會圖。圖一四三，6，器樣 H34：8，合朔日月道會附橫截錐狀縱照，後平面鋪畫。

圖一四四，1，器樣 H34：5，合朔圖、日環鬱圖。圖一四四，2，器樣 H11：3，日環鬱影日圖，橫截日環鬱錐影，橫向鋪畫拓畫、縱向再拓圖，似冥色弧旋並排。

圖一四五，1，器樣 H23：5，日月道會與日環鬱影日。圖一四五，2，器

樣 H9：4，日環鬱匕旋彤日圖。圖一四五，3，器樣 H34：10，合朔日環鬱匕旋彤日影日圖。

（2）案板下河區瓳疇圖

圖一四七，1，H4：40，烏噙日環鬱紀元圖。烏丸乃日環鬱圖，兆正朔紀元。黑色禽來自日環鬱影日圖變。使影多而風翅，為風翅圖。風翅圖乃黿戲「風姓」說本。圖一四七，2，H4：42，係日環鬱影日圖別釋。日環鬱風翅三，有匕旋彤日單向狀。圖告日環鬱紀元宗變為三。或可釋為宗益之圖。圖一四七，3，器樣 H4：41，三棘狀日環鬱影日三或日環鬱風翅影三。日環鬱影日圖。

（3）老墳崗瓳疇圖寄喻景雲申戎合婚釋證

老墳崗遺存瓳疇圖別兩等：第一等，頻見瓳疇圖。第二等，夏至日日環鬱躔北極圖演變「衣圖」。第一等：圖一四八，5，器樣 H3：4，日環鬱影日圖。圖一四八，7，器樣 T5⑤：48，日環鬱影日匕旋彤日圖。圖一四八，10，器樣 T2⑤：109，匕旋彤日圖。圖一四八，11，器樣 H3：5，日環鬱影日匕旋彤日圖。圖一四八，14，器樣 T11⑥：107，日環鬱影日圖。

第二等，日環鬱躔北極圖演變為垂衣圖。圖一四八，8，碗，器樣 T11⑥：99，夏至日環鬱影日圖。圖一四八，15，某種器蓋，器樣 T1⑤：76，夏至日環鬱影日過極圖。器蓋乃蓋頂物，於丸狀瓦皿，取象丸天，北極在上。如此，日環鬱影日過北極圖得兆「垂」，而甲骨文「衣」字取此狀。

察圖一四五，3，器樣 H34：10，合朔日環鬱匕旋彤日影日圖。此二圖合於一圖，乃瓳疇家寄念合婚之證。昏、冥、日鬱義通。此二瓳疇家乃景雲與申戎。景雲即影雲。影雲者，日環鬱錐影也。狀似雲者，以其自極而垂也。縉雲氏之說本景雲氏。景雲氏本日環鬱影日圖。

由此圖推測，西峽老墳崗遺址係申戎氏後嗣治地之一。匕旋彤日頻用。日環鬱影日過極圖兩見，而且其狀非似乾燥皮張狀。此乃「為帝」異兆。「爭為帝」之名限於瓳疇家以瓳疇圖施教邑眾。此乃諸夏史爭教事。申戎氏以乙教戎器得命。景雲氏以影日得命。戎器即犁祖形，骨鉤，出自骨匕變樣。此器本寄彤日之教，乃正朔之器，舊名「骨靴狀器」，出自謬察。唐河茅草寺遺存此類骨器，亦證申戎氏施教。西峽老墳崗、唐河茅草寺俱見申戎氏教跡。

2）關桃園水北河里範楊官寨瓨疇圖

（1）關桃園瓨疇圖

圖一五〇，1，器樣 H221：1，關桃園遺址，素面磨光。口外一道磚紅色色帶。前仰韶期，狄宛口沿赤彩東傳之證。

圖一五〇，3，器樣 H138：8，泥質紅色，口沿內外 2cm 處為紅色，向下過渡為黑色。此器體光素告晝日照足。覆碗見赤帶在下，上有冥帶。乃日鬱之兆，推測器圖記日偏鬱。此器乃冥帶在關中初興之證。上承臨潼白家村，下聯狄宛第二期。

（2）水北瓨疇圖

圖一五二，1，器樣 H2：1，合朔日環鬱圖與橫截日環鬱錐照橫截圖。圖一五二，2，器樣 H58：29，合朔日環鬱匕旋肜日圖與「七日來復」圖殘部。圖一五二，3，器樣 H7：6，日環鬱縱截錐照與橫截錐照圖，見蝌蚪狀影日圖。圖一五二，4，器樣 H76：1，日環鬱曳影與匕旋肜日圖。圖一五三，1，器樣 H40：1，日環鬱匕旋肜日影日圖殘部。圖一五三，2，器樣 H28：1，合朔日月道會日環鬱匕旋肜日圖。圖一五三，3，殘器器樣 H53：1，日環鬱影日圖。圖一五四，1，器樣 H58：1，覆此器，見日環鬱自西東移圖。圖一五四，2，器樣 H58：2，覆此器，見日環鬱曳影。圖一五四，3，器樣 H58：4，日環鬱西東移動圖。

（3）河里範瓨疇圖

圖一五五，5，器樣 CH2：8，日環鬱格羅交夾日烏月丸圖別樣。去旁羅線，令日烏月丸行之圖。圖一五五，8，器樣 TGH1：13，日環鬱影日肜日圖。圖一五六，4，口沿：日環鬱錐照橫截圖。器壁：日環鬱匕旋肜日圖。圖一五六，6，器樣 BH4：10，合朔日月道會圖。

（4）楊官寨瓨疇圖

圖一五七，1，器樣 H776②：7，自左向右：日環鬱錐照錐影橫截圖。其次，日環鬱錐照橫截圖，次之錐影變橫圖，次之日環鬱匕旋肜日圖。餘者拓畫。圖一五七，2，器樣 G8～2②：40，日環鬱匕旋肜日圖。圖一五七，3，器樣 G8～2③：12，日環鬱匕旋肜日圖，附日鬱錐照圖變。圖一五八，1，器樣 G8～2③：64，器樣 H776③：83，日環鬱錐照縱截橫繪圖。圖一五八，2，合朔日月道會與日環鬱三番拘一圖，原子頭、福臨堡俱見相似圖。「鬼臉紋」說無本無歸。圖一五八，3，器樣 H776⑤：41，日環鬱三番、兩番相間圖。

3）興樂坊三明寺瓹疇圖

（1）興樂坊瓹疇圖

圖一五九，1，器樣 H46①：14，日環鬱橫截錐照錐影圖縱向成列，橫向並列。圖一五九，2，器樣 H30①：8，合朔日月道會附日環鬱冥芯圖。圖一五九，3，器樣 H30②：6，日環鬱冥芯圖。圖一五九，4，器樣 H19：5，合朔圖。圖一五九，5，器樣 H36：2，日環鬱錐照縱切圖橫畫。圖一五九，6，器樣 H6：145，合朔日月道會圖附日環鬱冥芯拉長圖。圖一六〇，器樣 H6：8，甌底雕「八」。兆夜曆法行合朔。雕記上下各見一孔，告日月行道非日鬱時南北行。圖一六一，1，器樣 H28②：3，合朔日環鬱圖。圖一六一，2，器樣 H24：2，日環鬱橫截錐照錐影似匕旋圖。圖一六二，1，器樣 H7①：1，日環鬱縱截錐照圖。圖一六二，2，器樣 H28②：2，日環鬱曳影兆嘉生圖。圖一六二，3，器樣 H10②：5，器樣 H29：1，日環鬱縱截錐照圖幅冥芯變疏圖。圖一六二，4，日環鬱西東移動圖。

（2）三明寺瓹疇圖

圖一六五，器樣 H96：4，日環鬱錐照照方圖附圖似圖一一四，4，狄宛器樣 F310：2，日環鬱錐狀照射，自上截割，使左右並列，上下拓畫。圖一六六，器樣 H96：5，日環鬱縱截錐照圖附直匕日圖。圖一六七，器樣 H96：6，日環鬱錐影錐照菱星圖狀。圖一六八，器樣 H96：7 日環鬱錐影錐照菱星圖。

8. 舊說援圖擇釋

1）頻見瓹疇圖

（1）日環鬱影日圖

圖一九七，廟底溝瓦碗 H72：13，日環鬱影日縮朒圖。圖二二二，1，日環鬱影日圖。

圖二二二，2，夏至日環鬱影日圖。圖二四二，瓦碗 HSWGC：C1，日環鬱影日圖。圖二四四，1，廟底溝，器樣 MDG：10，似日環鬱垂影附於日環鬱冥芯，夾日照橫截圖扇面。但塙見胥星圖縮略，似大朱家村器外壁勒記之下部胥星勒記，圖四〇五，1。圖二四五，4，河南交口，器樣 H22：22，日環鬱影日圖變。圖二四六，2，器樣 H1：6，日環鬱影日圖變。圖一九〇，右，正寧宮家川菱星瓦瓠圖，日環鬱影日圖。圖二四〇，碗底圖係日環鬱圖寄合朔圖與影日圖。

（2）日環鬱影日肜日圖

圖一六九，左圖：陝縣西謝橋瓬疇圖，合朔圖及夏至日環鬱影日圖。央圖：長安縣馬王村瓬疇圖，夏至日環鬱影日匕旋肜日圖。右圖：長安五樓瓬疇圖，合朔夏至日環鬱影日與匕旋肜日圖。縱向見午時影直。

圖一九三，廟底溝器樣 A16bH338：36，合朔日環鬱影日匕旋肜日圖。

圖一九四，邳縣大墩子遺址器樣 M30：9，繫合朔日環鬱黃赤交角及匕旋肜日圖，謨夏至正朔。

圖一九八，王家陰窪器樣 M61：7，合朔日環鬱影日肜日圖。圖一九九，《圖譜》器樣 67，狄宛碗，夏至日環鬱影日肜日圖。圖二一四，福臨堡器樣 A 型 VI 式 H123：1，菱星瓦瓠日環鬱影日匕旋肜日圖。圖二四五，5，器樣 H21：32，日環鬱影日加匕旋肜日圖變。圖二四六，1，器樣 2002H9：47，日環鬱影日弧影以匕旋肜日圖。圖二四七，4，器樣 ZNGJC：01，合朔日環鬱與匕旋肜日圖。

圖二〇七，合朔夏至日環鬱黃赤交角圖。圖二三九，日環鬱繁圖連以狄宛乙狀影線與反向而纏圖。

2）罕見瓬疇圖

（1）日環鬱風翅圖本日環鬱與匕旋肜日圖

圖二四四，1，器樣 MDG：10，日環鬱錐影與地面圓照圖變。央冥芯圖變為月要冥色與日垂照及三影狀。

圖二四四，2，H165：402，日環鬱匕旋肜日附禽鳥補釋圖。圖二四四，4，H14：180，日環鬱匕旋肜日圖變，附風翅圖。圖二四四，7，器樣 H1052：01，日環鬱兩番，連而為匕旋肜日與影日圖。照景雲氏、申戎氏合婚。圖二四四，10，器樣 HB25：40，日環鬱錐影縱截向右鋪，及 MDG：10 圖。圖二四四，13，器樣 H99：8，日環匕旋肜日風翅圖。

圖二四五，3，即器樣 H134①：12〔註4〕。此瓬疇圖旁證，烏丸風翅本乎日環鬱影日與匕旋肜日圖。日環鬱影日圖初屬黿戲，而匕旋肜日圖後屬申戎部。依此考，風姓出自兩宗：小昊、申戎。經籍以伏羲為風姓，此伏羲乃濮陽黿戲後若干代之某伏羲，非謂 M45 黿戲氏風姓，風姓遲起。

圖二四六，1，器樣 2002H9：47，日環鬱錐影橫截圖。央圖來自橫截，餘

〔註4〕陝西省考古研究院等：《華縣泉護村——1997 年考古發掘報告》（上），文物出版社，2014 年，第 536 頁，圖三六三，7。

者係影日圖。圖二四六，3，器樣 H1：4，日環鬱影日單向風翅圖。

（2）夏至日環鬱日影過極圖為太一帝源考

圖二二一，1，河津固鎮，器樣 H16：19，夏至日環鬱影日四方圖。此圖蘊藏夏至正朔弘揚義。圖二二四，鄭州後莊王 M229：1，日環鬱影日過極圖。圖二二八，8，日環鬱影日圖夾菱星日照與日影線圖。圖二三二，上，合朔日環鬱影日與皮張狀日照過極圖。圖二四七，3，H351：01，日環鬱日影過極與匕旋肜日及合朔影日圖。

如上諸圖俱告夏至日環鬱過北極。依狄宛第三期瓬疇圖羅賀曆算，合朔精算而豫日鬱。日鬱頻見而夏至日環鬱寡見。曆算以頻見而為常，以罕見者為奇。朔日宜求奇而不求常。如此，曆算家正曆法求元日貴夏至日環鬱。迄此，瓬疇女占北方眾星宿。北方乃宗女帝事之效。而太一於羅賀曆算謂元日。元日以日環鬱論。夏至元日日過北極，由此聯北極與太一。此蓋後世貴極別源。

（3）日環鬱影日似蝌蚪圖為天黿圖

圖二二五，5，扶風案板遺址，掘理者言「蝌蚪」紋，我檢乃天黿圖之一。天黿圖本或在案板遺址第一期瓦碗，器樣 GNZH66：1。合朔得日月相會。日月會則為日鬱。肜日見其照於地表，日照向西行，而月行向東。月芠日之日照影也自西向東。自西芠之所不曾清見，而今在當下見其朔，此乃肜日小－大彎角圖本。而蝌蚪圖來自丸月東行。自西向東而曳尾，此影乃錐影，故見近墨丸部粗，遠墨丸部細。此蓋蝌蚪圖之本。而此圖兆掌月者東往。此東往掌月宗女後嗣乃夷東者，此蓋後世東夷之源。

檢此圖或本狄宛彩繪殘片，器樣 T301②：P6，圖一二八，2。掌月行曆算者乃宗女。天黿圖源得識，由此得睹《周語》「天黿」本乎狄宛瓬疇圖，而此瓬疇圖傳於扶風案板。景雲氏遠祖出自狄宛無疑。

圖三八六　扶風案板器樣 GNZH66：1 日環鬱錐照扇面影冥芯兆天黿

扶風案板遺址瓬疇家日環鬱影日之證在於，器樣 GNDH31：16，係屬第一期。案板遺址第一期～第二期約當 6000 年～5000B.P.年（前註第 208，第 46 頁；第 49 頁；第 246 頁）。

（4）景雲圖考與北疆嘉生寄獵考

圖二一六，3，胡頭溝筒：3，圖上部乃日環鬱影日圖，似匕旋肜日圖。圖下部乃日環鬱影日層圖，似垂天之雲。覆置，見弧頂近器底。圖兆影雲賓極。此蓋景雲氏兆吉之器。或係景雲氏得名之本。此圖出自日鬱圖變。依此考，景雲之號出自黃帝氏北疆功業，而非關中功業。又檢同樣瓨疇圖見於赤峰蜘蛛山遺址，器樣 T1③：47〔註5〕。

圖二一七，尊器樣 3546F1：2，格羅日環鬱、月要肜日圖及匕旋肜日圖、影日圖。此器瓨疇圖旁證申戎、景雲合婚或瓨疇圖同寄。景雲氏器寄北疆獵物為嘉生。

（5）宗首寄鴞為宗治釋

圖一八三，8，央圖，上部角三，來自日環鬱錐影圖。央係鴞目圖，來自日環鬱圖。其下乃重繪日影圖。兩側乃日環鬱影日肖魚圖。此圖含三部：日錐影、影日肖魚、鴞目。此三者以鴞目圖為首。以圖寄宗事、宗際、宗屬，則鴞目能兆鴞宗。而鴞宗乃眾宗之首。鴞韻、皞韻通。而鴞宗掌皞宗。

鴞君掌男宗，而瓨疇男寄其宗於皞。鴞君掌屠肆，故與掌皞宗。後世經籍記太皞、小昊所際不清，其本在於宗女之治轉向宗女宗男與治，而後宗男占上風。宗男僅得古傳局部。我讀《竹書紀年》，檢帝系起於黃帝，以為偏言，但不敢以某言為孤言，輒思背後瓨疇事。

瓨疇男自黃帝以下貴男宗，而男宗本無「圖法」典冊。檢圖一八三，8，器乃鴞君旁支之器。推測鴞君治下尚有影日部、以及肖魚或肜魚二部。

（6）臨夏東鄉林家丸半天協所系與經緯日照圖考

字母 P 謂天極。Q 謂赤道、Q'謂赤道面任一點。南天極隱去。14 段弧線謂週日平行赤道圖。自丸極過丸芯向左下畫弧線，此乃北極－西南向光照線。自天極過丸芯畫弧線向東南畫線，得北極－東南光照線。如此，效北極丸芯 0°經線，即得晝午時前後日照圖，夜星宿之所。

自 P 西側畫線，向 Q'方向過丸芯畫弧線，反向畫弧線，得夏季晨刻、昏刻日照線。日照之弧面鋪射圖形成。如此，北天日照圖與影日圖生成。於此，不得混淆影日圖、肜日圖。影日圖來自格羅圖，肜日圖來自日鬱圖，不得混淆。於二等圖合，則生成羅賀圖。我檢古之合朔圖本賀圖，其故在此。自 P 向

〔註5〕中國社會科學院考古研究所內蒙古工作隊：《赤峰蜘蛛山遺址的發掘》，《考古學報》1979 年第 2 期，圖四，9。

Q－Q'畫線，得經線，當時辰線。日照、時辰、四季俱被圖示。

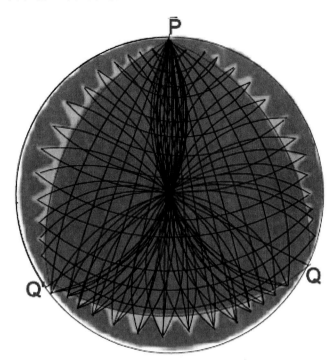

圖三八七　《圖譜》175 東鄉林家瓦碗丸半天協所系與經緯日照圈

自天極 P 向赤道面引出弧線，得經向時辰圖。日運動升降在此域內。而格羅圖由此產生。丸天赤道、黃道交角圖也由此誕生。

我繪此圖基於狄宛瓩疇家用月曆法半月 14 夜畫日射線割丸。用 14 者，掌指節數也。此數本乎瓩疇女以掌戲瓦丸，又聯掌、指、節數。夜曆法之源，推在獵人掌指法。

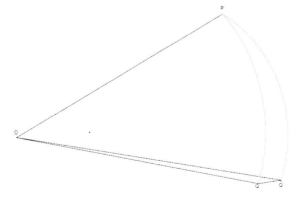

圖三八八　丸半天協所系夏至日環鬱弧面三角光影圖

　　瓬疇家檢討「拱極星與大距」等，俱堪依此處二圖溯跡。圖三八八係體圖之截，足顯昔聖「經天」之文。此處捨檢昔聖三角學細部，進言讀者對照苗永寬《球面天文學》〔註6〕，參比前考昔聖瓬疇圖，試求索昔聖三角學內涵。來者或許清勘白家村內菹瓬疇圖之複雜者，顯昔聖函數認知。

三、景雲氏申戎氏蚩尤之鬥暨狄宛系瓬疇圖以蚩尤龜卜衰變考

（一）內蒙古敖漢旗南臺地瓬疇圖類狄宛系瓬疇圖考

1. 敖漢旗南臺地瓬疇圖類華縣瓬疇圖考

1）泉護村效器

（1）菱星罐

　　泉護村第一期罐，H107①：55，1997 年掘理者名之釜，圓唇、斜肩、折腹，圜底略殘。肩部飾平行弦紋，痕較深。口徑程 10.2、殘高程 12.2cm（第四冊註第 4，第 344 頁，圖二三六，3）。我檢此器乃菱星罐，係黿戲王事子遺。

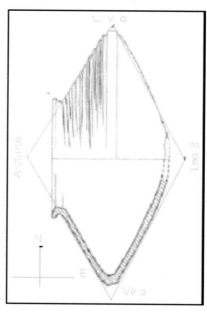

圖三八九　　泉護村菱星罐 H107①：55

　　扶風案板遺址第二期瓦器含其姊妹器，器樣 GNZT24④a：9；GNZT24④a：10 等（前註第 208，第 104 頁，圖七三，2、3）。此證泉護村邑首能與治彼時案板邑人。

〔註6〕苗永寬：《球面天文學》，科學出版社，1983 年，第 3 頁～第 50 頁。

（2）冥鴞尊

冥鴞尊，器樣 M701：1，出自泉護村太平莊 M701。蘇秉琦《華人、龍的
傳人、中國人──考古尋根記》言，此器反映了仰韶文化晚期「社會變革」
（彩圖第 2 版下）。

朱乃誠以為，葬闕納鴞鼎應是泉護村第一期第 I 段已來鳥崇尚發展之果。
由此推知，泉護村遺址第一期第 I 段至第 III 段瓦器寫實之陽文鳥紋大約都表
現鷹。這可能與當時農業生產關聯，利用鷹捕食、驅趕老鼠、麻雀等，謀得豐
產（《仰韶文化廟底溝類型彩陶鳥紋研究》）。

蘇氏言「變革」不誤：赤瓦今代以黑瓦器。瓦色變，此謂變。但 M701 君
不用赤瓦，不得謂之變。而「社會」變革說乃引申，含義廣泛而無細考。朱氏
聯泉護村瓦面彩繪而言鳥紋，乃無本之說，不足信。

圖三九〇　華縣泉護村太平莊葬闕鴞尊 M701：1

2）元君廟磨光冥瓦盂與南臺地磨光瓦盂及其瓶疇圖鑒

（1）元君廟磨光冥瓦盂

掘理者言，元君廟葬闕 M411 起出高領鼓腹盂（盂 a），器樣 M411：7，
用細泥質，黑色，精工打磨，漆黑光亮。口直、領高、腹圓鼓、底小而平。《元
君廟仰韶墓地》，圖版一六，4，圖拓如後。檢此器仍屬碗類，以其直口下瓦碗
故也。

圖三九一　　元君廟遺址直壁冥瓦碗 M411：7

　　依《元君廟仰韶墓地》圖版一四，器樣 M411：7 立置，即以器身弧面著地。葬闕 M411 也納菱星瓦碗 M411：1，器樣似北首嶺、姜寨菱星瓦瓠。依此掘錄檢者不曾言冥瓦器源。謀得冥瓦瓦色取義，宜覓它證。

　　另依張忠培掘錄，掘理者在老官臺遺址也起出黑碗，細泥質漆黑，手工，土純淨，胎薄，厚程僅 0.3cm。器表被打磨，光亮。無彩繪。在元君廟遺址起出夾砂赤瓦三足碗 H493：318，我檢其貌似白家村早期三足碗。此遺址也起出黑瓦碗，土料細膩，壁薄 0.2〜0.5cm。漆黑光亮。起出三件，敞口平底鉢碗，器樣 H406：4。餅形圈足鉢碗，器樣 T414②：356，腹淺。斂口鉢器樣 H406：5，唇圓、微斂口、腹深微鼓。黑瓦碗密集，乃稀罕事（《華縣、渭南古代遺址調查與試掘》，《考古學報》1980 年第 3 期）。

　　（2）南臺地狀似兩瓦盉瓬疇圖類狄宛系瓬疇圖

　　依《敖漢旗南臺地趙寶溝文化遺址調查》（圖三，5、圖四，1），調查者採集尊形器十餘件，復原者之一，器樣 3546F1：8，夾砂磨光揭陶，領肩界戳出一排橢圓坑紋，腹部壓出雙線交叉菱形幾何紋，雙道線間填壓蓖點「之」字紋。碗部高程 19.7，領高程 7.8、口徑程 23、最大腹徑程 25、徑程 9.5cm。不詳起出時器置朝向。此器樣無疑堪名碗。

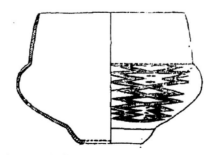

圖三九二　　南臺地瓦碗 3546F1：8 菱星圖並

　　細察即見 3546F1：8 狀似元君廟 M411：7。倘依側邊畫線，很難得菱星圖。而其面上菱星圖則使人察知，瓬疇家為寄此器之圖塙係黿戲氏菱星圖變。黿戲後嗣來此地無疑。

　　其二，器樣 3546F1：2，磨光泥質陶，火候不均，一側呈黑色、一側呈黃灰色。底腹界與頸腹界各戳出一排小圓點坑紋。腹部飾兩個鹿首神獸紋。鹿紋壓出邊框後，內劃出細網格紋，網格均勻細密，間距只有一毫米左右。鹿一長一短，身軀彎曲，生翼。目為柳葉形。長體鹿身起鱗。尾部出半環加長三角形射線式紋。通高程 20.2、領高程 8、底高程 3.3、口徑程 19.1、最大腹徑程 27、底徑程 10.5cm。

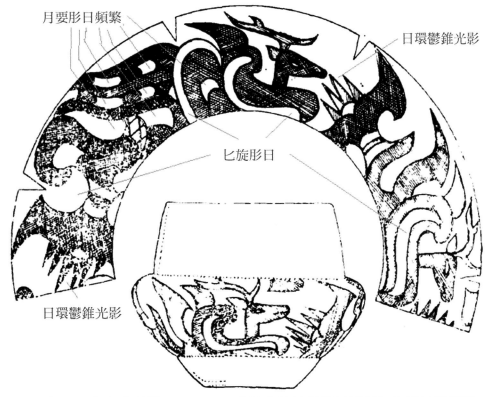

圖三九三　南臺地器樣 3546F1：2 鹿首寄於日環鬱月要彤旦匕旋彤日錐影圖

　　器樣 3546F1：2 腹部不鼓起，自腹部向底畫邊線，見邊線延伸於器底外，自器口邊畫線，能見兩側猶存黿戲王事菱星圖殘部。依此識見得知，此器仍屬黿戲後嗣用器。今暫名器樣 3546F1：2 為碗。圖納日環鬱月要彤旦、匕旋彤日、日環鬱錐照錐影圖。鹿首寄於諸畫，此圖含祝獵人盛嘉生義。

2. 紅山文化瓴疇圖函景雲申戎二氏合婚考

1）貴日環鬱彤日影日及其寄嘉生於獵物

（1）南臺地兩器瓴疇圖釋

前舉南臺地兩器，前者器樣似元君廟瓦碗 M411：7 器樣。元君廟冥瓦面無瓴疇圖，但器立置則有瓴疇曆義，此置向告夏季，甚或夏至日日射南北拉長，而西側見直口。直口者，直秋分節令也。聯謂：夏至日正朔，則與正秋分節令，平中氣。

如前考，器樣 3546F1：8 面圖乃瓴疇圖，乃黿戲後嗣用器。而器樣 3546F1：2 面圖除鹿首外，餘者皆狄宛系日環鬱彤日影圖。而用鹿骨為器，頻見於狄宛。狄宛昔聖獵食鹿乃史實。

倘對照狄宛第一期食源、白家村食源，即見參差：白家村昔聖食源限於獵獸等。他們不事耕種。依前考，狄宛第一期瓴疇女出奔白家村，在彼地生息。昔聖遊徙於豫北，而白家村 M22 弧狀日軌隨瓴疇到來被用於葬闕形土，故見西水坡 M45 南側弧軌。自西水坡往北，及河北。自河北而西北行，能到達敖漢旗。去往敖漢旗，路過武安趙窯、磁山下潘汪。此二地俱見黿戲後嗣瓴疇圖。倘自關中北遊，越過渭北而及延安，由延安東北行，能過黃河後速及今內蒙古。

舊識器樣 3546F1：2 鹿圖之鹿為神獸，以為獸有翼〔註7〕。我檢此說難以立足，至少於早期不能為史實。言此獸有「翼」者，皆不曾識見此圖構，不見其背畫乃影日與彤日圖。但絕非風翅，故不得視為禽翼。

（2）景雲氏申戎氏佚鬱合婚與景雲氏北行釋證

昔聖合婚，出自佚鬱，前已考。佚鬱聯日鬱，即謂昏圍。而古人初無菁名。兩宗能以羅日烏丸月而豫日環鬱，得此而為紀，此紀寄於命嗣。葬闕納骨殖宿主之名可被生者之少者承襲。此乃一名謂數人之事。如此，瓴疇圖之日環鬱彤日景日圖能寄瓴疇家兩脈合婚事。

圖二一七，尊器樣 3546F1：2，瓴疇圖納畫若干：第一，格羅日環鬱。第二，月要彤日圖及匕旋彤日圖。第三日環鬱影日圖（尾部）。影日者，日環鬱錐影畫是也。此器瓴疇圖可視為申戎、景雲合婚之證。此外，景雲氏器寄嘉生於北疆獵物。麗皮為彩，本乎此類圖樣有鹿首耳。除此，旁無一物能證黿戲後嗣麗皮為采禮之事。

〔註7〕顧問、黃俊：《中國早期有翼神獸問題研究四則》，《殷都學刊》2005 年第 3 期。

　　圖二一六，3，胡頭溝筒：3，圖上部乃日環鬱影日圖，似匕旋彤日圖。圖下部乃日環鬱影日層圖，似垂天之雲。覆置此器，見弧頂近器底。圖兆影雲賓極。此蓋景雲氏兆吉之器。或係景雲氏得名之本。此圖出自日鬱圖變。依此考，景雲之號出自黃帝氏北疆功業，而非關中功業。如此可斷，狄宛系瓴疇圖傳入北疆，北狄先輩承黿戲後嗣之教。而「紅山文化」之名似仰韶文化名，屬不體之名。晚近，檢「紅山文化」「彩陶勾旋紋」者，以為「紅山文化」彩陶花紋盡是幾何紋，其說止於此〔註8〕。

　　（3）北疆格羅圖顯菱星格與狄宛羅格兩狀

　　北疆格羅圖頻見菱星狀，視之頗顯齊整。其本或係福臨堡第三期瓦碗宛底內蒞菱星勒記。此勒記乃狄宛格羅圖與黿戲菱星狀羅賀圖之融合，圖如後。

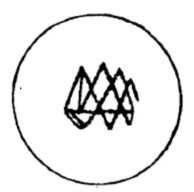

圖三九四　福臨堡碗 H108：2 內蒞格羅勒記

　　2）胡頭溝文明貴鴞同狄宛系瓴疇家貴鴞兆貴陰知

　　（1）胡頭溝文明貴鴞

　　上世紀 70 年代，遼寧省阜新胡頭溝葬闕 M1 玉鴞等玉器初被村民擅取。諸器後收藏於遼寧省博物館。此葬闕後被揭露，其文化內涵被認定屬「紅山文化」，距今年代 5500～5000 年。此葬闕起出玉鴞、玉質似鴞禽、玉魚等物。玉鴞 2 枚，玉鳥一枚〔註9〕。此遺址並見玉魚、玉鴞、玉鳥。前者屬水蟲，後二者屬禽。此三者如何並見於一所，有何文明底義，考古界未嘗檢討。綠松石鴞雕曾見於遼寧喀左東山嘴遺址。鴞喜好之風可見一斑〔註10〕。

〔註8〕田小冬、孫永剛：《紅山文化彩陶勾旋紋初步研究》，《赤峰學院學報》（漢文哲社版）2018 年第 3 期。
〔註9〕方殿春、劉葆華：《遼寧阜新縣胡頭溝紅山文化玉器墓的發現》，《文物》1984年第 6 期。
〔註10〕吳詩池：《中國原始藝術》，紫禁城出版社，1996 年，圖版 3。

（2）天水陝南關中晉南豫中貴鴞

《廟底溝與三里橋》圖版玖，器樣 4.H79：06；5.H393：07；6.T123：26。掘理者以為鳥頭形器耳，我檢三件是鴞首鋬。《西安半坡》圖版壹肆柒，5，器樣 P.4257。掘理者以鋬為飾物，我檢諸部係鴞首鋬。

翼城北橄遺址見鴞首狀器鋬，圖三十七，14、15、16〔註11〕等。師趙村第五期存鴞面泥塑（《師趙村與西山坪》，第 127 頁）。

龍崗寺鴞狀瓦片，器樣 T27②：21。鴞狀塑，器樣 T11③：4，發掘者命之「器蓋紐」（前註第 50，第 39 頁～第 44 頁）非是。

龍崗寺遺址鴞喜好足證漢江鴞喜好散佈有源。龍崗寺、胡頭溝乃南北兩域，為何同時或先後喜好鴞？

諸地好鴞，為鴞器藝莫不遜色於太平莊 M710：1。依此可斷，泉護村、元君廟、太平莊附近曾生存酷愛鴞者。我暫且命其邑人之首曰「鴞君」。以器色則可名此人冥君。我推測，諸夏之域，狄宛第二期後，無論北疆、南疆，西疆、東疆，凡言陰知、冥知或帝事，無不以泉護村鴞君為首。

在泉護村，鴞喜好主宰日每生活。譬如，器樣 H138②：3，發掘者言隼形陶飾（第四冊註第 4，第 382 頁，圖二五九，1），我檢此物宜名鴞飾，故在鴞韻讀近鴞，而鴞－鴞乃一韻遷轉。而且，二字韻同而並涉匣母。此韻讀本乎狄宛－白家村－西水坡昔聖徙居之際輩別與宗別產生。

（3）鴞兆陰知考

為何如此貴鴞，我思其本在尚陰知，即他人目不睹，不見不知之物。而此乃諸夏尚知之峰。東西方「人知」史上，唯陰知為高等察知或推知。目視之知，幼童弄目之技也。而丸天術必納夜丸天、晝丸天二者。故此，宗女尚陰知，係丸天事必然。

泉護村鴞君貴鴞，以其此地昔聖曾睹曾捕，甚或察鴞習性。泉護村遺址起出較全成年雕鴞右跗跖。雕鴞又名貓頭鷹，獨居、夜行，晝隱身於密林。視角敏銳，飛行輕捷，鳴叫淒厲，性兇猛。捕食鼠類、兔、蛙、雉等〔註12〕。

此外，鴞鳴於邑居者乃告喪之音。今關中人不喜此禽。此念或源自遠古

〔註11〕 山西省考古研究所：《山西翼城北橄遺址發掘報告》，《文物季刊》1993 年第 4 期。

〔註12〕 張玉光等：《陝西華縣泉護村遺址發現的全新世猛禽類及其意義》，《地質通報》2009 年第 6 期。

某喪事記憶。久則為俗。古希臘人喜鴞，以為此物兆多智，察人未知者。占此禽兆占智。荷蘭萊頓國立考古博物館存古埃及法老陵起出貓頭鷹浮雕。聯狄宛系宗女尚鴞，埃及法老尚鴞，得知古昔賢哲俱喜鴞，此喜好本乎喜好陰知。星曆之知，屬陰知。

3. 泉護村太平莊 M701 冥君掌夜曆法而為四方瓶疇家與主

1）闕納骨匕 14 件

（1）闕納

泉護村第一期葬闕 M701 發現於泉護村西側太平莊，東西向土坑豎穴，深程 30～40cm，南北壁不齊整，兩壁腰部內凹，南北寬程 60～80cm。此葬闕頭尾大，腰窄，係所謂「亞腰形」。掘者殘損東壁，致其走向喪佚。算曾存物置所，推測葬闕長程 2.7m 許。葬闕納女骨殖一具，死年 30～40 歲。仰身肢，頭向西〔註13〕。依此圖，鴞喙向葬闕納骨殖雙腿間，即鴞面西。骨殖平臥面天，設擬立起，面向東天。骨殖擺放與子午線成 90°。

骨匕重疊覆於骨殖右肱骨及前臂骨，右手下方方式石斧及石鏟。葬闕納半丸狀罐一件，掘理者名之「釜」，M701：3，其口沿平面塗赤膏汁。又起出「小口單耳平底瓶」，器樣 M701：2，黑瓦，面磨光，口徑程 5.6、高程 33.4cm，此器可名「瓦瓠瓶」，兆日環鬱。葬闕納石斧（器樣 M701：7）扁薄而磨光長程 13、刃寬 6.4cm、石鏟（器樣 M701：6）磨光。骨匕 14 件，無使用痕跡，長 22cm 到 27cm。腳端起出「陶鴞鼎」，器樣 M701：1，圖三八七，長程 38.4、寬程 30、高程 36cm。

（2）納物瓶疇曆釋顯 M701 鴞君乃狄宛瓶疇女嫡嗣

骨匕十四含數義。第一，月曆法月長 14 夜晝，起算於望月之夜。算器 14 夜月喪。晦夜之後，再算十四夜晝，月滿。第二，骨匕置於南。在南，東西向布置，似平行。此謂東西向直。直東西者，兆平春秋分也。事涉狄宛第一期瓶疇女以元朔全日鬱出奔事。第三，骨匕曾見於狄宛第二期，效程骨匕有刃，見於狄宛第二期。骨匕，器樣 F360：9（J115），狄宛瓶疇家擬直匕肜日，證在第二期瓶疇圖 T361④：P33，圖三二七。

瓦瓠瓶 M701：2 高程 33.4cm 乃狄宛一尺效程，石斧 M701：7 長程 13、刃寬 6.4cm，亦係效程。半月丸狀罐沿面塗赤傳承老祖母造瓦赤沿兆周旋器

〔註13〕北京大學考古系等：《華縣泉護村》，科學出版社，2003 年，第 74 頁。

藝。器用冥謂盡冥。盡冥者，狄宛元朔日環鬱曆算迄今未絕也。依此識見，泉護村 M701 鴞君乃狄宛瓿疇女東遷後嫡傳者。

2）葬闕 M701 兆冥君行會日月於中道暨兼掌日全冥環冥

（1）M701 增繪輔助線圖樣

後圖乃葬闕 M701 原圖加繪輔助線平面圖。原圖骨殖外物次：1.鴞鼎、2.小口單耳、3.半丸罐、4.碗、5.瓦灶、6.石斧、7.石鏟、8～21.骨匕、22～23.骨笄（前註，圖 52）。

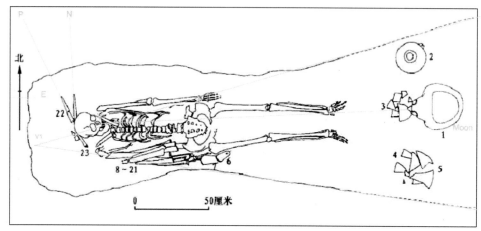

圖三九五　太平莊 M701 冥君葬闕夏至日鬱圖

（2）冥君夏至日全鬱圖釋

沿兩笄向畫線，得北極星 P、地平北極 N。地平北極與真北極交角 23°。此乃日軌道交黃道角差。時在夏至無疑。察瓦器置所，半丸罐在西，放效月自西東行。鴞在東，二器置所相向，以鴞首向西而兆。此乃月東往，日被冥之象。鴞尊口向上，狀似月要狀，告日全鬱月形變。月逸出影子而後完滿。骨殖視點 v 延伸線及鴞尊喙，由此又得日鬱天象佐證。

言夏至日鬱，旁證在於，春秋分日正北乃北極星之所。顯此義之圖志乃此圖緯線，即鴞喙朝向線。此鴞喙西向，故在秋分為狄宛曆正。嘗新時在秋分。

掘理者言葬闕坑壁不齊整，謂直線曲線並存。我檢此壁狀出自故為，非隨欲而為。故為者，以日全鬱日晝盡冥而為日全鬱天象圖也。圖示日盡冥狀被右目察知。依此圖，又得昔聖察日鬱貴用右目。

此考使我信從前考，狄宛第一期瓿疇女自元朔日全鬱而喪邑眾信從，逃

亡白家村。而後又睹由日鬱。其用數用器同。元朔日全鬱施加誘導使後嗣記憶。掘理者言「亞腰形」，本日全鬱日影圖。日盡冥之兆在鴞尊盡冥。日全鬱能變日環鬱，其兆在半丸罐北方單耳菱星瓠瓶。單耳者，兆日環鬱也。在北方，謂西水坡 M45 日環鬱記事。

如此察看 M701 曆兆與東西、南北域瓬疇圖，得知此葬闕鴞君曾為南北、東西與主。乃諸地瓬疇家之首。其時代在西水坡 M45 黿戲被屠肆後若干年。

3）冥君掌帝事及後世悖逆者破敗舊業考

（1）M701 冥君帝事兆以 H28：39 丸月鬱日圖變

前考泉護村第一期瓬疇女 M701 為諸夏瓬疇家與主。此考未盡此鴞君功業。我檢其功業之峰在於，她曾以瓬疇圖帝事。此帝事乃丸月瓬疇賓極事。

依掘理者言，此寄器圖來自泉護村第一期，器樣 H28：158（第四冊註第4，第 64 頁，圖四三，1）。掘理者言，紅泥瓦，形似覆缽，蘑菇狀提柄，唇沿飾以一周黑彩。器表繪三等分圖案。紋飾：圓點、連弧、相對弧三角等。陰紋似一盛開花朵。器表磨光。器內見休整痕跡。口徑程 27.2、高程 11.2cm。

圖三九六　泉護村器樣 H28：158 丸月賓極日全冥環冥肜日影日瓬疇圖

此瓬疇圖既含日全冥、日環冥圖，也含影日與彤日圖。自上世紀 20 年代，中國大陸古遺存掘理未絕。但全境遺存掘理起出物含日鬱瓬疇圖表義之深邃而兆北極者，僅此一件。兆北極者，此器蓋有柄。此柄圓而與周匝圖與成望月賓極圖。此圖表義精絕。今依狄宛度程這算，口徑程等於 8.24 寸，高程等於 3.4 寸。徑程用整數 8，零頭 0.24，此二數告狄宛曆夜算日鬱用「八」宜以 0.24 為誤差數，以豫日鬱。推測此數含誤差，以器燒製時收縮致。倘言此零頭為 0.3，則不謬，故在夜曆起算始於昏時睹月。三分晝夜，則 12 時辰折合 4 個時辰。四個時辰即謂辰時後睹日鬱。推測造器者初用度程為 8.3～8.45cm 許。而深程、徑程比數約略等於 0.4。如此，此器蓋度程比數兆時在夏季，或曰夏至日。今撮錄如後，便於對照。

（2）M701 諸效器兆冥君生年以鴞聲韻統諸夏各部

M701 納冥瓦器三件，黑瓦器密集，瓦器樣殊異。納器具狄宛系曆度之效程。譬如，瓦瓠瓶 M701：2 高程 33.4cm 乃狄宛一尺效程，石斧 M701：7 長程 13、刃寬 6.4cm，亦係效程。半月丸狀罐沿面塗赤，乃狄宛宗女舊俗，兆循環不休。此兆在彼時乃莫大吉兆。諸器藝俱兆，此葬闕納骨殖生前乃掌效度者。

掘理者言此葬闕狀「亞腰形」。如此葬闕見於狄宛第一期白家村 M6。如此，狄宛、白家村文明在稍遲時候與成泉護村第一期文明。在白家村以東，冥瓦之冥色出自狄宛第一期日全鬱（冥）。以日冥代日鬱之念致冥瓦器藝。冥瓦之冥出自「晝冥」，如《淮南子‧冥覽訓》言。晝冥者，後世「天再旦」前日冥也。如此，M701 納女乃冥君。我推此人乃媧宗在關中傳人，其後嗣或徙居藍田，而後南行；或徙居河南等地。

又檢泉護村君屬天黿部，證在第一期器樣 H28：32 瓦片繪蛙圖（前註，第 62 頁，圖四一，6）。此地見冥瓦，近旁元君廟遺址也見冥瓦。遠在千里之外，亦見冥瓦，而且同色同樣，唯瓦面瓬疇圖參差。而鴞韻在代烏韻而得號令之力。皞部寄託於冥君，而冥君以皞而言少。少，嗣承之謂也。凡得此號，即謂種係有本。

（3）後世悖逆者破敗舊業考

蘇秉琦先生等掘理者察覺，泉護村第一期第 I、第 II 段遺存「文化面貌」廣泛存在於東到偃師一帶，西達甘肅涇渭與西漢水流域、北臨河套，南界嘉陵江與漢水上游。

但掘理者依地層納瓦片及瓦片堪否復原推測，泉護村第二期、第三期地層納第一期瓦片，來自第二期、第三期邑人破壞了第一期遺存與堆積，使第一期瓦片混於後期瓦片。而泉護村第二期、第三期邑人大範圍損毀第一期遺存，乃一沉疑（第四冊註第 13，第 110 頁～第 119 頁）。

冥君生年存在天黿部，則蚩尤生年敷冥君生年一部。冥君生年能誘導蚩尤作為。赤帝受冥君之命。而赤帝、蚩尤初俱奉「鴞」號。冥君死葬之後，發生若干大事。泉護村第一期遺存損毀，發生於此時段。我推測，此事出自蚩尤治「苗民」而改宗女之教為法一事。姜寨晚期頻見葬闕納眾骨殖，而且屠肆甚眾，乃虐兆。此屬旁題，暫不聯考。而在去渭南不遠之靈寶，雖也起出似泉護村瓦器，但無一樣瓦器存瓨疇圖。但見瓨疇雕鏤。而西坡墓器樣 M14：3，乃 M701：2 姊妹器，單耳，醬紅色。雖仍兆日環鬱，但其色較之磨光黑色器 M701：2 差異甚大，高程不再是狄宛效高程 33.4cm，而是 24.5cm〔註 14〕。依此得知，泉護村第一期文明在第二期遭受故壞，以致此地第三期文明變遷，此變遷可謂狄宛系文明變遷之證。此事背後，是父宗崛起與反叛。

（二）M701 宗女承用黿戲夏至正朔獲谷嘗新迄赤帝受命分正二卿以蚩尤字於少昊考

1. M701 宗女承黿戲乙後正曆嘗新考

1)《嘗麥》「天之初誕」句「二」本「乙」訛變考

（1）「作二後」係「作乙後」之訛考

題涉《嘗麥》篇內容，舊說以為題域四別，但混為一篇。周寶宏援唐大沛《逸周書分編句釋》曰：「當時太史編錄於孟夏月，先紀祈禱一事，又紀嘗麥一事，而獨詳記正刑書事，後勒紀群祭，以皆是月之事，故並為一篇錄之。其實各為一事，不必相牽合也」〔註 15〕。而我以《嘗麥》篇言事時代早於《呂刑》。篇內字句多能證宗女用黿戲王事而正夏。

此篇「乃命少昊清司馬鳥師以正五帝之官故名曰質」之「五」、「帝」二字能為專名。而此情狀被一些學人視為此篇屬戰國文獻之證。其實，「五」字堪為瓨疇圖，亦堪為賀羅曆算用五蚌。而帝事別二等：第一，如狄宛第一期工程。第二，繪瓨疇圖帝事，見畫似甲骨文五字。以畫記為文字源，瓨疇圖之

〔註 14〕中國社會科學院考古研究所等：《靈寶西坡墓》，文物出版社，2010 年，第 54
　　　　頁～第 55 頁，圖 2－14b，3。
〔註 15〕周寶宏：《逸周書考釋》，社會科學文獻出版社，2001 年，第 315 頁。

畫記雖似五字，但連「帝」字，格羅日鳥與月丸夏至圖，證在龍崗寺圖七三，6，器樣 M395：1，揭前考。而此等隱微之事已逸出司馬遷知域。我今承用朱右曾本，自為句讀，對照遺跡考證而辨此文獻要義。

「王若曰：『宗撡大正，昔天之初誕作，二后，乃設《建》，典命赤帝。分正，二卿；命蚩尤宇於少昊，以臨四方，……』」。

朱右曾校釋：「撡，大宗名，訓刑而告宗伯者。亦出禮入刑之意」。「二后當作元后。二卿，左右大監，監萬國者。……蚩尤，古諸侯，即二卿之一。少昊，魯地也。……馬融孔傳並以蚩尤為少昊之末，九黎君名。時代隔遠，非也〔註16〕。孫詒讓以為「宗撡」乃訛字。此二說俱非。迄晚檢者仍未考訂此名〔註17〕。依前考，狄宛第二期 M219 瓬疇男用骨管豫月西來，此骨殖生身乃宗撡。換言之，宗撡乃男宗豫日鬱而正朔者。正朔即正曆。此文宗撡乃姬氏豫日鬱者。「大正」，以太一正曆。成王所言基於職司，非以人名。此乃君不昵稱之事。孫詒讓更字次第，非是。不諳西土舊事，則非孫氏之謬。彼時，中國域內尚無掘錄與考證之學，僅具款識之學。

「昔」，自古也。「天」者，乾事也，謂黿戲王事而依西北方夏至日落之所察天象而知稱冬至北極星之所。黿戲於夏至日鬱正朔為曆。不得視「天」為全天或天際或地球之大氣層或大氣層外星空。今人言天，倘謂所名，必含星曆，約當昔聖丸天。丸天含曆象、天象義，前已考。丸天及周天，此名以《周髀算經》證存於西周初年。「天」此義與後文「設建」互證，但設建依原子頭遺址第三期 M32 骨殖曆義得證，時在狄宛第三期後。

「之」，迄也。黿戲喪後若干年，仍由媧宗庇邑。「初」，朔也。曆記之始也。前考秦簡《歸藏》「初」經說考，狄宛曆法推考之表六（媧宗夜曆法起算於滿月次夜）、表七（黿戲日曆法起算於滿月次日），以及表八（狄宛母宗夜曆月長芒弟初譜）彰顯，古曆法日次或日弟俱起於滿月之夜。初即曆法之朔，朔謂起算日，朔讀數。本乎以日鬱定朔日。黿戲之後，依狄宛夜曆法，日鬱發生於第八夜之曆改為「芒月」後第十五日。此曆法即曆夜第八夜加曆日第七日正朔曆法，此謂日夜合曆產生。但兩種正朔曆法並行。

「誕作」，大作也，謂光大黿戲「作」事。周寶宏考釋去「誕」字。但他

〔註16〕朱右曾：《周書集訓校釋十卷》（卷六），《續修四庫全書》第 301 冊，上海古籍出版社，2002 年，第 13 頁。

〔註17〕張懷通：《〈嘗麥〉新研》，《社會科學戰線》2008 年第 3 期。

舉周初銅器《沫司徒疑簋》含「王來伐商邑，誕令康侯鄙於衛」句（第四冊註第 15，第 358 頁）。此句含「誕」字。依此證，我承用朱右曾本。「誕」訓大，讀太。

「二后」出自「乙毓」之訛。「二」字訛自「乙」字。「后」本「毓」字。乙毓者，乙事而育嗣，承前人也。乙教者即宗女。宗女亦掌育嗣。育嗣別二義：第一，育男宗之嗣。第二，育女宗之嗣。得宗女之毓，長而以此為后。

依王國維考，「后」來自毓變遷。于省吾考云：「王國維謂『毓』字『象產子之形』，『卜辭假此為后字』，又謂『其後毓字專用毓、育二形，……。』」，「『后』為『毓』的後起字，西周金文仍以『毓』為『后』，《班簋》『毓文王、王姒聖孫』，『毓文王』即『后文王』」，「以后為毓，當起於春秋時期」〔註18〕。周寶宏援此文，又舉朱鳳瀚《論卜辭與商周金文中的「后」》以為，「稱夏商君主為后，是西周晚期以後」「稱呼」（前註，第 330 頁～第 331 頁）。依此說，《嘗麥》版本流變，更周初字，而見「后」字。此說可採。倘推測周公傳教於成王，則「乙毓」在何時代，乃一大疑。

（2）「乙毓」合泉護村第一期文明 M701 宗女庖邑考

前考「乙毓」謂乙教育嗣。而周宗記事時代，大抵在狄宛第二期以降。《祖述之二》曾考「履大人跡」為一證。蚩尤屬時代必遲於狄宛第二期。如前檢，泉護村君屬天黿部，證在泉護村第一期器樣 H28：32 黑蛙圖。而周人遠祖屬天黿部。故此，昔傳能含蚩尤功業。依此時代屬同，可檢「誕作」事。

前考宗女光大黿戲事，而黿戲曾王事，黿戲以夏至日鬱王事，並察見菱星圖，又察見北極星之所。今須檢何宗女光大黿戲王事。聯前考「太平莊 M701 冥君葬闕夏至日鬱圖」曆義，察見鴞君骨笄二枚交線延伸終端兆春秋分日所與夏至日所。而此葬闕乃夏至日鬱圖志。此外，鴞君掌教，瓶疇圖乃施教之途。此事可視為光大庖犧氏功業。將庖犧氏功業視為黿戲功業延伸。故此，泉護村瓶疇圖仍屬鴞君光大黿戲功業。泉護村第二期器樣 H67：3「作」圖、半菱星瓦器 H108：1（第四冊註第 4，第 230 頁；第 137 頁）俱係光大黿戲氏之力證。

依此考，今知光大黿戲王事即鴞君察記夏至日鬱。如此，泉護村第一期

〔註18〕于省吾：《壽縣蔡侯墓銅器銘文考釋》，《古文字研究》第一輯，1979 年，中華書局，第 49 頁。

即《嘗麥》記「天之初誕作乙毓」時代。

2）M701 宗女正夏曆索嘗新考

（1）M701 正夏曆嘗新

依狄宛第一期昔聖求平春秋分為曆，而且正節令依秋，於秋而得黍稷。今推斷彼時宗女嘗新於秋。嘗谷皆黍稷之類。《禮記·月令》「孟秋之月」：「是月也，農乃登穀。天子嘗新，先薦寢廟」。鄭玄注：「黍稷之屬於是始孰」。孫希旦援方愨云：「谷謂稷也。孟夏之麥、仲夏之黍、仲秋之麻、季秋之稻，皆谷也。獨於稷言谷，以其為五穀之長也」「嘗麻嘗稻在秋，皆用犬，嘗谷亦用犬」〔註 19〕。

嘗，秋祭名。為祭名前，嘗謂進食。但嘗新以時別而異名。《公羊傳·桓公八年》云：「春曰祠，夏曰礿，秋曰嘗，冬曰烝」。礿，西周早期字，見於《我方鼎》，即■字或■字（第三冊註第 148，第 5 冊，1985 年，第 154 頁～第 155 頁，器拓第 2763.1、第 2763.2）。字左從示，字右從斗杓似乙，或從斗魁納圓點或圓圈構造。而斗杓向上指。此狀來自面南者方位與朝向顛倒。檢此字左、右部俱本乙教、日鬱畫記殘跡。故此，宜推斷夏礿涉及正夏至朔日正曆，由正曆而擔保夏收穀物。

「礿」大抵在穆王禘昭王之後變為禘，穆王時《剌鼎》銘文「禘昭王」為證。推測此變出自雹戲「造乎震」之「造」在西周貴族圈內傳教。證在《呂刑》見「兩造具備」一言。《禮記·王制》「天子四時之祭，春曰礿，夏曰禘，秋曰嘗，冬曰烝」。禘字右部乃狄宛第一期宗女帝事，今用於男宗君首，以攀附宗女功業。如此，基於夏至正朔而生成夏曆。

既正夏曆，以為麥收之保，則農（戎）事收穫之男宗必報以嘗新。此乃男宗心繫宗女庇邑之途。此外，嘗新並為社祭之途，亦係屬約宗人之道。泉護村第一期嘗新即為嘗麥，嘗麥或為小麥，或為大麥。1985～1986 年，甘肅民樂縣六壩鄉東灰山新石器時代遺址發現已碳化大麥、小麥、高粱、黑麥、黍、稷粒。小麥等籽粒飽滿，不異於現代小麥。此遺址黑炭土標本檢測得年數，依樹輪校正，距今 5000±159 年〔註 20〕。

〔註 19〕孫希旦：《禮記集解》（卷 17），《續修四庫全書》第 103 冊，上海古籍出版社，2002 年，第 4 頁。

〔註 20〕李璠等：《甘肅民樂縣東灰山新石器遺址古農業遺存新發現》，《農業考古》1989 年 1 期。

　　2016 年，掘理者在陝西咸陽旬邑縣張洪鎮棗林河灘村北臺原獲得植物個樣若干，測得新石器期黍、粟種子，檢得商週期大豆、大麥種子甚夥〔註21〕。李璠先生曾檢若干掘錄，述植物栽培史。他舉 1957 年廟底溝遺址發掘者察見紅燒土上有麥類印痕（距今約七千年），又舉 1955 年在安徽亳縣釣魚臺新石器期遺存起出大量小麥炭化籽粒，檢見小麥粒小而圓，此「小粒型」麥種今日不復見於小麥種庫。他甚至以為，此種小麥是「中國古小麥」（Triticum ant-aestivum）〔註22〕。

　　依諸證可斷，新石器期嘗新可別夏嘗新、秋嘗新。夏嘗新必係嘗麥。秋嘗新依經籍記即嘗粟、黍、稷之類。泉護村第一期宗女夏嘗新即嘗大麥。夏社嘗新源流詳後考。

　　（2）南遷多部古俗子遺佐證嘗新本乎殺首子嘗新於秋

　　湖南省安仁縣依傳說係神農氏傳教農耕之鄉。此地嘗新之俗行於秋季。嘗新並行祭祖。先是，將新米飯、肉食置於桌下，招犬食畢，始焚香燃燭燒紙，接祖宗受奉獻〔註23〕。

　　苗族祭祖嘗新也先以新米飯喂犬，而後祭祖。嘗新於夏曆六月六日〔註24〕。白族於仲秋行嘗新禮。「嘗新」以白族言，韻讀「茵果頂」〔註25〕。

　　此三部俗相類，唯嘗新時節別夏嘗新秋嘗新。檢嘗新二題宜深究：第一，使犬先嘗。第二，白族以「茵果頂」云嘗新。檢使犬先嘗，本於用犬尚平之性。犬此性被早期白家村、狄宛第二期昔聖用於兆春秋分既平，而節令正。臨潼白家村 T203H25 納犬骨、狄宛第二期葬闕 M224 納人骨、亦納犬骨為證。此葬闕又饋證，狄宛第二期昔聖以爟宿、鬼宿、菁宿、天樽、天狗星正夏至。如前考，此事在黿戲王事之後。而夏至正朔，乃夏曆之本，亦係夏季嘗新之基。

　　再檢白族言「茵果頂」三字韻讀可聯前考「嬰」與瓠佚鬱事得釋。此三字必能匹甲骨文典籍某兩字，但迄今未見考證。我依前考宗女佚鬱事斗膽決疑：此三字屬係二聲韻。第一聲韻乃「嬰」或「嬴」。第二聲韻乃「羹」字或

〔註21〕陳思源等：《陝西旬邑棗林河灘遺址炭化植物遺存研究》，《南方文物》2019 年第 1 期。
〔註22〕李璠：《中國栽培植物起源與發展簡論》，《農業考古》1993 年第 1 期。
〔註23〕段邦瓊：《嘗新節：新打的穀子先敬狗》，《文史博覽》2016 年第 7 期。
〔註24〕游修齡：《稻與嘗新節及新年（上）》，《中國稻米》1995 年第 4 期。
〔註25〕楊玉藩：《白族嘗新節》，《今日民族》2012 年第 11 期。

「丁」。嬴韻讀歸諸瓠用於佚鬱。而佚鬱必聯邑外行遊，野合而孕產。「羹」乃骨肉並煮之名。缺食之際，逢宗女惡邑內某女首孕難產，能致死姊妹，怨憤而殺此子。甚或數孕婦產首子，易首子析之而烹，此蓋殺首子之「羹」源。而白族行此祭於仲秋，恰證狄宛早期行殺首子於仲秋，或曰以仲行分食首子之俗。仲秋嘗新乃後世夏嘗新之本，夏嘗新乃男宗謀脫罪而培育夏收穀物，冀望宗女以嘗新穀而減殺之道。

2. 鴞君設建及冊命赤帝分正二卿考

1）鴞君設建與冊命考

（1）鴞君屠肆設建考

「設建」二字乃二事並於一圖之事。設者，屠肆理骨也，理骨以菱星圖。隸定字「設」甲骨文𝕲或𝕳。于省吾以為，從丫從殳。丫係「言」字初文。但未釋「殳」字字形字義。又言，「對自然界言設，是因為兆象為天所設施；對祭祀言設，是因為祭祀須要陳設品物」〔註26〕。此說未及「殳」本。檢此字左側或右側從三角下角拉長，上邊延長。側旁兩部之一，乃矩或弧，上端為日環鬱畫記。三角本矩，女媧用矩事。從弧狀上加圓圈，乃白家村 M22 或西水坡 M45 日軌。下部乃兩弧線交。自向而參差，此部告初虧時刻與初虧之所參差，或生光時刻之所參差。

「建」字源甚難考釋，難在天文史源證難覓，既往檢者非不知此難，而以體統端緒難覓而捨此題。

曾侯乙墓起出「二十八宿圖像漆匰」央有斗魁，似能饋證「建」斗魁義成於春秋。此念可證，但限於文字之證，而無它證。此念致曾國天文史檢限於神話檢討。與此箱蓋義聯，二匰（圖九一、九二）主圖被釋為「弋射圖」〔註27〕。郭德維曾釋其圖，僅考見主圖旁附圖屬扶桑、烏，主圖仍未得釋〔註28〕。

我依瓬疇圖體釋，今釋其主圖係媧祖及其後嗣宗女所成日環鬱肜日影日圖，此圖乃狄宛系瓬疇圖子遺。依此跡狄宛系葬闕魁斗圖，即得新見。此葬闕即原子頭第三期遺存 M32。此遺存即《嘗麥》記「設建」事。骨殖生身曾

〔註26〕于省吾：《釋設》，《甲骨文字釋林》，中華書局，1999 年，第 103 頁～第 107 頁。

〔註27〕湖北省博物館：《隨縣曾侯乙墓》，文物出版社，1980 年，圖八九、圖九〇、圖九一。

〔註28〕郭德維：《曾侯乙墓中漆匰上日月和伏羲女媧圖像試釋》，《江漢考古》1981 年 S1 期。

被屠肆，證在其骨殖被理置。

　　依掘理者言，土坑豎穴墓，邊框不規整，雍殘同期曆闕 H84，南端被唐墓 M31 雍殘。南北向，方向 165°。殘長 1.8、寬 0.350.4、殘深 0.15～0.35m。骨架仰身直肢，頭向南，面偏東，身軀稍扭曲，右臂屈勾於頭頂，左臂下垂，下肢伸直。因 M84 土質鬆散塌陷，致頭、足高過腰部，發掘時不再一個平面上。呈斜坡狀房址。隨葬一件圜底碗，置於大腿骨上。又檢掘理者言，H84 屬同期後段曆闕。檢掘錄，揭露曆闕時，僅 H36 塌陷。H84 挖掘於黃色生土層。依我幼時在土壤挖土閱歷，凡見生土，質地必硬。怎可無證而講 H84 塌陷？如此，我斷定此葬闕本狀如此。骨殖之脊柱扭曲合乎葬闕走向。由此推斷，骨殖模樣出自故置，而非揭露者誤動，僅撰寫掘錄者謬察揭露日誌，隨欲表述而致此不協。

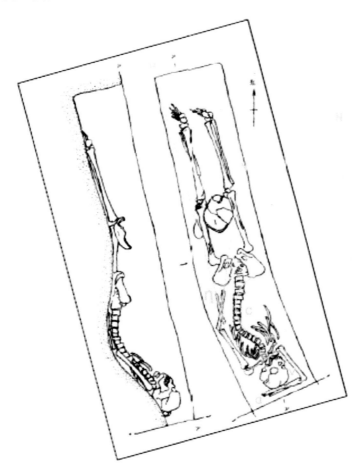

圖三九七　原子頭遺址 M32 魁斗設建圖

腰椎走行乃目畫視北方，末端乃股骨大轉子所在，告天樞星猶如大轉子，夏至日轉動 24°許，此度數等於黃赤交角。自春分迄夏至日行度數。此度數以昏時橈骨指向北極為界，當大熊星座 η，諸夏北斗七星之搖光。顛頂乃大熊星座 α，即諸夏天樞星。側旁繪圖為北斗七星圖，乃甲骨文斗字源。《繫辭傳》「天行建」之建本此。

欲識此圖，宜對照白家村 M22、狄宛 M208、西水坡 M45，以及前考龍崗寺 M324：4（庖犧立周天曆度）諸圖，以顛頂為蒞中者夏至晝察日行小半環軌，而昏察北極星在北偏西。此考揭示，「設建」乃男宗事，時節在夏至。效夏至朔日正曆，事本黿戲濮陽 M45 事。此期遺存石丸兩件，徑程參差，俱出自精工器藝。丸樣 H12：2，徑程 4.2；丸樣 H36：5，徑程 4.8cm。此二者徑程參差，乃彼時宗女心念（日）烏丸、月丸小大比。推狄宛宗女以月為碩，徑程大者為月丸。此地層遺物也含瓦硎。此圖乃經籍傳「軒轅氏」與「運斗樞」名源。而此葬闋男骨後嗣推係軒轅氏。

此地層曆闋 H84 納二件瓦匜，素面抹光，徑程、深程近同。瓦匜側視圖似瓦碗，其俯視圖似太平莊 M701 鴞尊俯視圖。讀者可鑒器樣 H84：10 俯視圖得證（前註第 60，第 75 頁，圖五一，20），原子頭第四期瓬疇圖之日環鬱影日風翅似泉護村第一期日環鬱影日風翅圖，乃瓬疇圖同系之鐵證。如此可知，太平莊 M701 骨殖乃宗女骨殖，此宗女曾施教於隴縣原子頭，也曾在華縣施教。而「設建」事即原子頭葬闋 M32「魁斗設建」圖。聯前考今推，為此事者乃太平莊 M701 宗女。

（2）冊命初考

《嘗麥》記「典命」之典，推本「冊」字以貌似典字上部訛奪。冊者，以蚌別陰陽合朔曆算也，如前考。朋以五蚌，聯朋為冊。而成王言冊不言朋，乃西土古傳，早於「朋」字深程時代。倘依許慎釋「典」，必墮入男宗庀邑窠臼，翦滅狄宛宗女乙教。

冊命別二途：第一，冊算聯瓬疇圖，即得歲曆及冊數勒記或畫記。歲曆堪以日鬱正朔兆之。而冊數堪以合朔圖兆之。倘冊數以體，堪以半坡遺址 P.4666 內蒞格羅九九曆算圖，或以龍崗寺 M324：4（立周天曆度）圖，或似福臨堡 H108：2 內蒞勒記為志。

倘依前考原子頭遺存 M32「設建」，此冊命似能發生於原子頭。但宗女以豫日鬱而移徙。而且，在原子頭遺存未曾起出「冊命」之器，譬如蚌殼或骨珠

等。如此，須在關中全局檢索泉護村第一期冊命之物。對照關中多地遺存冊算遺物，唯元君廟葬闕 M429 納骨珠能涉冊命。冊以算為體，而命以正朔之令為基。日鬱正朔則以屠肆命嗣為人倫之序。此乃狄宛系「冊命」底義。

（3）元君廟葬闕 M429 骨珠 785 枚占天地數為命嗣之基考

掘理者言，M429 係一座用紅燒土塊鋪砌墓底之長方土坑豎穴墓，東西長 220～240、南北 200～220、深 66cm。納兩少女骨殖。骨殖 1 旁側有骨針一枚。骨殖臥於齊整平坦面上。第 2 骨殖前額塗大片赤色顏料，頭頂、左耳旁有四排骨珠 785 枚。葬闕納瓦器若干。察圖版三一，此葬闕菱星器口向東偏北（前註第 15，第 93 頁）。

此葬闕深程合狄宛 2 尺，係效程。依此認知，骨珠數必含冊命或冊數。檢 785 枚骨珠容許占算天地數，其算法：

$$785-（365*2）=55$$

此算法含三等曆義：其一，365 枚骨珠當紀元年長，為陽曆一歲日數。其二，2 倍者，曆今歲、來年。其三，55 枚用於占天地數。天地數乃生殺之數，埋藏之數。由占數而引申占生殺，不知數者懼於天地之數而從之。此占算行以 785 枚骨珠，而非《易傳》孤舉「天地數」。此參差乃宗女占天地數、後世男宗自占天地數算法之別。占天地數算法：

$$5+360+5+360+1+3+5+7+9+2+4+6+8+10=785$$

檢 5 冊加乾坤冊得陽曆歲長，乾坤冊即璇璣歲，如《祖述之一》考證。此算法恰依蚌殼五為曆基。兩歲之際須承用天地數，否則無以定日或定夜迎未來。此算法不須涉及置潤。自然數 1 迄 10 足以積算月日數，月長當 10 日或 10 夜不足三番。以日鬱輪返知曆歲為圓轉輪返之數，宗人存於方上，不捨晝夜，即得宗人生死盡在天地數之內之念。M429 葬闕底紅燒土塊即窯土，來自體爟闕多年爟事，土塊色赤而珍貴。元君廟遺址葬闕底鋪陳窯土者甚寡。窯土色赤如火，其義能涉赤帝，後將考證。

（4）宗女占極星掌孕期命嗣而及赤帝考

元君廟葬闕 M420 納 3 具女骨殖。第 2 具骨殖頭骨下左方見穿孔蚌殼一枚。第 3 骨殖顱骨處放置骨笄一件，頸間見骨珠 1147 枚。第 3 骨殖顱骨近底有彎曲骨器一枚（前註第 15，第 73 頁）。骨珠用於曆算，事本冊算以蚌。而骨珠為蚌算進階。今繪圖顯此葬闕曆義。

∠E1WE 等於 8°，告春分後 8 夜為朔日。∠WE1V 等於 12°，謂春分前 4

日。∠PSN 等於 24°，誤差不足 1°，告冬至日所，P 為冬至日北極星之所，北斗七星之天樞星指象此所。C 兆春秋分赤經變遷趨向。

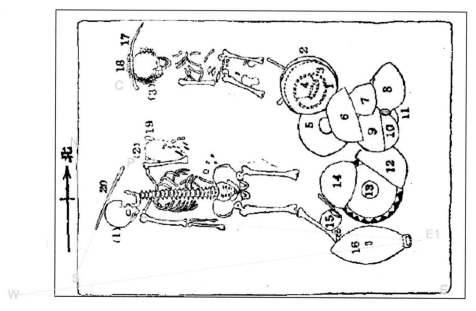

圖三九八　冬至依帝星曆日及分正圖

發掘者言「骨笄」非頭飾。第 2 具骨殖顱骨近處穿孔蚌殼一枚，謂合朔曆算得日鬱。第 3 骨殖近顱底有骨器彎曲，為 C，星曆義如前言。

檢骨珠 1147 枚係謀算交點年之器，其算法：

1147÷346.62＝3.3

此數謂交點年 3 歲又三個月陰曆。三點三謂三整三餘。餘則能生，整則有盡。而狄宛第二期以降蚌算之題涉及殘蚌殼，其事本在餘算。依此考，合朔曆算可始於積算，積三分之一而算。三分之一者，三爻之一也。此乃三爻八經畫通曆算旁證。

依食年、年月數，推算出夜曆法月長：

346.6÷12＝28.8

此數十倍，即得孕期，為宗女預產之法，命嗣之由。《山海經》記「某某生某人」之言，其本俱在宗女依預產算法命嗣，不可視為生殖醫學之母受孕於父而子血統納父母兩系種素。今藏傳密宗活佛轉世靈童求算之法頗涉此算法。

「生」字古文通「眚」，謂謀算日鬱異象之生。此乃畫記似甲骨文「目」字之源。依骨珠 1147 枚，能得日月交會日鬱之眚。此算法用兩參數相乘，即前算骨珠 1147 枚除以交點年得數之零頭與陰曆月長乘積，得「眚」算法：

$$0.3 * 28.8 = 8.64$$

得整數當夜曆法第八夜，零頭謂第九夜。全數介乎第八夜、第九夜之間。此算法乃宗女崇隆其「帝算」之法：既存留狄宛第一期夜曆法，為帝事之峰，又進益夜曆法。此曆法乃彼時宗女庇邑會眾之法。赤帝得冊命，即依此算法而繼。此命以其納太一，於彼時為「天命」。

2)「分正」「二卿」考

（1）「分正」謂求算日鬱時辰之閾

《嘗麥》篇難訓，故在昔聖功業既往「遣入」地下，成王唯從得傳而言。古籍整理者以字詞初見於某時代經籍而論字先後或字義。於貌似筆劃寡而義稔熟諸字，檢者鮮求其源，而多以為「應分」而不疑。

今以篇內「分」字為例，試檢許慎說「分」從「刀」，自此名含數、器二端，引入分物於人之事設問。第一，用何刃分？第二，如何分？第三，誤差幾何？第四，得分者無怨乎？倘不能答諸問，必不能給裁量與制度起源。

察「分正」告宗撟掌察日鬱之法。宗撟奉宗女之命，豫日鬱基於合朔曆算，此曆算必含日鬱發生時辰之閾。「分」字從八，從骨匕。謂截取時辰便豫日鬱。前考泉護村器樣 H28：158 日鬱圖饋給日鬱發生之閾。此閾首別以晝夜。其次，此閾限於晝。而且，豫日鬱時段不在傍晚日暮時刻，也不在晨刻。此閾限於晝六個時辰內，圖三九六器樣 H28：158 外層同畫六所連環，告晝六時辰。推此時段乃狄宛系宗撟豫日鬱之閾。而裴李崗文明之察昏刻日鬱屬豫日鬱六時辰外日鬱。如前考，彼地豫「帶食而落」天象。其法細節不清。

前考「眚」算法之零頭於此為參數，器樣 H28：158 外層畫六所之六，亦為參數。二數乘積，即得察日鬱于晝時辰之閾。此得數即「分正」。分正者，日鬱元辰之正也。《禮記·月令》言：孟春之月，天子以元日祈穀於上帝，擇元辰，載耒耜，躬耕帝藉。朔日日鬱時辰為紀元之辰，或曰新紀元日元辰。而天子耕以犁。犁者，狄宛第二期匕旋肜日瓦硎改造而成鬆土骨器也。舊論皆不能「以說出故」，喪事本。

其算式首跬：

0.64＊6＝3.84

依 2 小時算 1 時辰，3.84 時辰於春秋分日折合小時數，為次跬：

3.84＊2＝7.68

春秋分日，當日 7.7 小時內屬豫日鬱時段。晨刻 2 小時，暮時 2 小時被剔除。此算或許可通釋，為何《春秋》記日鬱輪返數寡於此時段日鬱輪返總數。我推測，此算法必被夏商宗擇繼承。甲骨文獻檢者未來可驗證此算法。以春分、秋分日出於晨 6：00 時，則晨 8：00 後，暮時 16：00 前乃豫日鬱之晝辰闕。

（2）「二卿」謂「日鬱二番」陰陽曆換算算法考

倘更改算法，仍以 1147 骨珠為日數，此數堪折算朔望月數：

1147÷28.8＝39.82

得數為月數。折合太陰年數：

39.82÷12＝3.31

此數謂陰曆三年又四個月。以此數命何事，我尚未考知。

倘用骨珠數當朔望月月數，能折合年數：

1147÷12＝95.5

依許慎訓，「卿」謂章，檢卿字匹陰曆 19 年，為一章蔀。95.5 陰曆年數折合章蔀數：

95.5÷19＝5.02

得數謂五章。

《嘗麥》記「二卿」謂二章，每章 19 太陰年。其合朔用數：

38＊12＊28.8＝13132.8

得數為日數，以此數算日鬱，先算日鬱輪返當朔望月折合日數，其算式：

223＊28.8＝6422.4

算其輪返，宜倍之，其算式：

6422.4＊2＝12844.8

此數與「二卿」用數折算：

13132.8－12844.8＝288

餘數折合陰曆十個月，恰為預產日數。依此算法，「二卿」乃宗女換算陽

曆、陰曆日鬱兩番並命嗣算法。

倘對照 5.02 章蔀與 2 章蔀，見前者含「二卿」二倍餘：

5.02－4＝1.02

餘數 1.02 章蔀折合陰曆年數：

1.02＊19＝19.38

此數可折算總日數：

19.38＊12＊28.8＝6697.728

6697.728－6422.4＝275.328

得數謂某日鬱當日產子婦女於日鬱前孕期毛算，誤差日數當望月之夜迄月晦之夜。如此，盡顯 1147 骨珠命嗣、日鬱聯算算法。依此算法可證，元君廟葬闕 M420 即宗女（鴞君）命少（嗣）遺跡。二卿塙謂二蔀。

3）元君廟葬闕 M458 係赤帝冢暨赤帝察周天星宿正春秋分考

（1）M458 奢用窯土似槨

掘理者言，M458，長方形豎穴，東西長程 280、南北寬程 210、深程約 40～44cm。內具「二層臺」，寬程約 50～60、厚程 32cm。其下黃土。上部鋪砌 20cm 許礫石，若「石槨」。葬闕東西長程 170、南北寬程 90cm。

在 M429 也見紅燒土快為壙，骨殖下紅燒土塊齊整壘砌。元君廟葬闕掘理者言，紅燒土塊往往與房屋遺存聯繫。未見任何建築遺跡。M429 見紅燒土塊出自埋葬者之欲。推測當時人們或用紅燒土塊防潮，保護屍體。或用此狀象徵房屋，按現實世界情景建造靈魂住所。甲區一期 M440 內第六骨架，脛骨下端附近及左跟骨上，俱途鮮紅顏料。說明當時人們或許對紅色有某種特殊意識。另依掘理者述，此遺址揭露男女合葬闕不少。

M458 骨殖屬男，50 歲以上，仰身直肢，骨骼放置見差錯，左右肱骨易置，右肱骨前後顛倒。左右髖骨反方向，兩股骨頭皆不接髖臼，脛、股交錯放置。依《元君廟仰韶墓地》圖四九，器 6 件置於小腿骨上：1.雙耳菱星罐，2.、6.碗、3.罐。4.杯。5.碗。罐 3 納杯 4，碗 2 覆罐 3（第 18 頁～第 19 頁，第 102 頁～第 103 頁）。

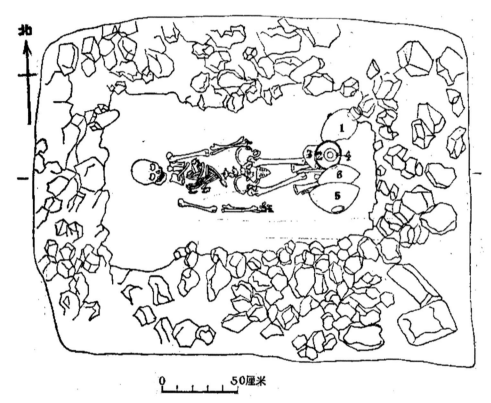

圖三九九　葬闕 M458 赤帝察曆象圖

（2）侈用窯土與骨殖理置星曆義釋

　　葬闕 M485 侈用窯土，謂「厚葬」。取窯土即謂壞爟事之所。推昔聖不欲如此，除非大事發生。朱乃誠先生雖察 M458 屬此遺存第 II 段最早葬闕，但未考為何侈用「窯土」〔註29〕。

　　「二層臺」似槨，功似後世棺套。棺槨納尊貴者屍體。依此推，M458 骨殖屬尊貴者。我推測此葬闕納赤帝。赤帝善於爟事。半坡遺存爟事之跡可旁證。以燒土納赤帝骨殖，不亦宜乎？以鋪窯土之 M429 納女骨殖世系必聯尊貴者。掘理者言房屋與窯土聯繫，此說無基。

　　M458 葬闕深程 1.3 尺，二層臺厚程 1 尺，皆狄宛效程適用。礫石兆星占，星墜地為隕石。二者似。骨殖反向或錯置出自理骨者理置，而非謬置。左右肱骨易置，右肱骨前後顛倒。左右髖骨反向。如此骨殖陳肆兆生者轉頭 180°，

〔註29〕朱乃誠先生言，M458 屬第 II 段最早者。M429 屬第 II 段。未究赤色窯土為壙。朱乃誠：《元君廟仰韶墓地的研究》，《考古學集刊》第 9 集，文物出版社，1995 年，第 12 頁～第 173 頁。

察春秋分日出落所。或曰：蓝中察 180°天象，轉身再察 180°天象，此謂察四季周天天象。此周天或為黃道周天，或為斗杓周旋周天。缺旁證，不能墣言。其進益則見於廟底溝遺存，此屬旁題，此處不考。

設擬立身，顱骨面東，近直東方，兆察春分、秋分日出之所。此乃平二分之兆。葬闕第 1 器菱星弧兆東北日出，追記電戲事。此所乃日晝升限，夏至是也。又檢第 3 器底向西北，此乃日落西北之象，夏至時節是也。第 2 器模樣難認。而菱星弧 1 告日鬱發生。碗 5 兆赤經圈長軸東西向延伸，此乃春秋分之兆。此骨殖生年曾掌正朔以平春秋分。

第 4 器兆日過北極。聯察器 1，即知日環鬱曾過北極。聯器 1，得知此地曾曆夏至日環鬱。體察此事，得知此葬闕納男骨生時掌察夏至日環鬱，以正朔日平春秋分。此葬闕納骨殖屬瓴疇男之尊貴者。

檢其死葬年，值鴞君死葬前後。鴞君葬所見於太平莊，屬泉護村第一期文明。去元君廟僅 1 公里。推測赤帝系男宗之首，得鴞君之命。赤帝死葬年在蚩尤被殺之後，約當泉護村晚期。關中爟事於此時墜落低谷，壞窯取燒土，壞曆闕等事並見於泉護村晚期地層。

（3）赤帝移徙曆為事鴞君補考

狄宛第一期以降，冥色晝興盛，嘉生之念廣布。但此念不見於狄宛第二期瓦畫，也不見於第三期瓦畫。這使我疑惑。而學人多以南部有苗人，但不少苗疆人自認出自北方。此間嫌疑不少，俱須澄清。

《帝王世紀》述：炎帝，神農氏，姜姓。母登遊華陽，感神而生炎帝。長於姜水，是其地也。

此華陽非關中華陰縣華陽鄉之華陽，而是寶雞南秦嶺腹地小華山之南約 60 公里之地，屬轄於陝西漢中洋縣。小華山之北山峰間臺地係觀星佳地。

姜水系今陝西留壩縣之江口鎮水流。初號炎帝者長於此地，後或自留壩、或自鳳州遊及大散關達關中，或溯江口鎮江水溯及今太白縣嘴頭鎮，北下七里川，迄虢鎮一帶而營陳倉。推測後者近是。今太白縣、鳳縣俱見「（前）仰韶期」遺跡。太白縣狄宛第一期遺址存於斜水（今石頭河）流域。2009 年，寶雞市文物普查隊在太白縣鸚鴿鎮瓦窯坡村發現楚家坪聚落遺址，此遺址距今年代約 7000 年。鳳縣鳳州鎮梁鹿坪遺址位於今鳳州村鳳凰山下。此地屬嘉陵江上游，扼西北、巴蜀咽喉。遺址屬 6000 年前舊地。此二地故業推測係炎帝宗人或後嗣功業。江口鎮地平而兩向通水路，向南達漢中，向西達鳳州雙

石鋪。

涉華陽地名與炎帝事，須補證二端：第一，炎帝母自何地遊華陽。第二，北首嶺遺址瓦器與華縣泉護村、元君廟遺址、江漢平原瓦器所際。

如前言，炎帝母遊華陽乃陝西洋縣華陽。華陰之華山名初非出自關中或渭北邑人命名，也非內蒙古游牧者命華山，推測「華」名本乎炎帝母族之命。今太白縣大關（俗名大貫）子以南山峰峭立，樹茂林密，水流迴環。山峰似花。自華陽北遊，必路過此地。倘不從此行，在分水嶺或鴨子灘西行，將及下白雲，而近江口。此行屬回頭路。推炎帝母族傳「花」名，炎帝營陳倉後東遷，將此名輸入華陰一帶。

斷洋縣華陽為本華陽，以二故：第一，常璩言：「維天有漢，鑒亦有光，實司群望，表我華陽」。任乃強注云：「首二句，《詩·小雅·大東》成文，謂天上銀河」。「常氏此言天上銀漢，司群望之神；地上漢水，為華陽之表」。「表，標誌也〔註30〕」。華陽鎮去漢江約 50 公里。以漢水為華陽之表，唯指洋縣華陽。

第二，《魯語》展禽曰：「昔烈山氏之有天下也，其子曰柱，能殖百穀百蔬」。韋氏詁：「烈山氏，炎帝之號也。起於烈山。《祭法》以烈山為『厲山』」。董增齡依《史記正義》引《帝王世紀》言「神農氏姜姓。人身牛首。長於姜水。有聖德。以火德王。故號炎帝。初都陳。又徙魯，……」。又援《括地志》云「厲山在隨州隨縣北百里。山東有石穴。相傳是神農所生處」。又參《路史》為說〔註31〕。

檢皇甫謐說近是。烈者，火列也。山，石眾也。烈山者，焰盛列山石為道也。此乃後世火燒石塊，水激碎裂，為棧道之術。秦巴山地道艱，能為道者，乃功德之人。而且，此號足言此人善用火，也知石灰生成。而赤帝後嗣能為冥瓦，豈無火候掌握？徙魯之炎帝非自徙居，而從「夷東」宗女而徙，此宗女察月晝行往之所，故徙居於齊魯。北首嶺、魯齊瓦器模樣似，可為旁證。

洋縣去南鄭不遠。自南鄭沿漢江而下，東渡輳遊，於洋州登北岸，北行能及華陽古道，乃察北方星宿之途。倘未及洋縣登岸，此地爟事用火技藝於

〔註30〕常璩著，任乃強校注：《華陽國志校補》，上海古籍出版社，1987 年，第 733 頁。
〔註31〕董增齡：《國語正義》（卷 4），《續修四庫全書》第 422 冊，上海古籍出版社，2002 年，第 14 頁。

狄宛第二期為佳。掘理者曾在寶山遺址揭露狄宛第二期或稍遲體爟關連屬，倒焰窯為火藝高之證〔註32〕。

　　赤帝用火之能來自母傳，其母宗文明必涉南鄭龍崗寺文明。炎、焰韻通，為炎帝本號。以其帝事，故得炎帝號。關中多地瓦器器藝發達，後裂變而見烏瓦，施三色之藝興起。諸進益俱仰賴炎帝。關桃園遺址狄宛第一期遺存瓦器不如狄宛發達，但曆闕多樣，能媲美狄宛第一期曆闕。此狀況或係炎帝母宗北遷而與狄宛邑人東遷碰撞、融合之證。此處曆闕多樣推測乃體爟關多樣之本。

　　福臨堡遺址體爟關發達係炎帝營陳倉後器藝傳播又一證。半坡、姜寨等遺址體爟關發達，亦為佐證。而原子頭遺址、水北遺址等未見此證。此證狄宛文明東北傳、東傳之別。

　　南鄭龍崗寺遺址第一期文明已有三足碗，同狄宛、白家村、西山坪。如此，可斷炎帝有漢水昔聖血脈，也俱狄宛血脈。他率族裔營陳倉、居北首嶺，後東遷郿縣、扶風、武功、魚化寨、半坡、姜寨、零口、泉護村、葬於元君廟。人類骨骼研究佐證，元君廟、泉護村等華縣遺址古人更近北首嶺人、半坡人，而稍異於甘肅組。

　　依《華縣新石器時代人骨的研究》，華縣新石器組頭骨，「基本上與寶雞新石器組甚為接近」。「華縣新石器組的體形」，「基本上與半坡組、寶雞組接近，較接近於甘肅河南組」與「南方印度支那組」。由於甘肅河南新石器組與華縣新石器組在一些重要體徵平均數方面存在顯著差異，這兩組頭骨不屬於一個類型。可見甘肅、河南新石器組與華縣新石器組頭骨不屬於同一類型（前註第15，附錄四，第136頁～第138頁）。此說至少局部旁證，炎帝後裔自陳倉東遷華縣。陳竟以為，炎帝族始祖羌人初居於甘肅青海祁連山一帶。遷居渭水羌人建姜國。此說殊不足信〔註33〕。而漢江水系屬南方水系，乃南方古人向北徙居水道。

　　（4）炎帝一脈名赤帝及其南遷

　　炎帝號、赤帝號，乃二號。何者為早，乃一大疑。依前考狄宛第二期城

〔註32〕趙叢蒼：《城固寶山發現新石器時代陶窯群》，《中國文物報》2001年5月23
　　　　日，第1版。撰者言，此遺址倒焰窯「可能是陶窯史上最早的『全倒焰窯』
　　　　實例，填補漢水上游史前陶窯空白」。此言可更述：寶山遺址倒焰窯佐證狄宛
　　　　第二期爟事技藝空前發達。
〔註33〕陳竟：《人面魚紋：炎帝神農氏族徽》，《尋根》2000年第2期。

固寶山體爟闕用火藝能，炎帝號早，赤帝號遲。而赤帝號偶黃帝號而存。赤、黃，皆色名。而赤、黃並為色名，兆兩色之號能並存。而赤帝、黃帝並存，係《嘗麥》說。早於司馬遷《五帝本紀》。

赤帝事冥君號於關中，後南遷。後嗣行道參差，或南遷或返故鄉而東北行，即自漢水濱洋州沿漢江漂流及丹江一帶。返程及洋縣一帶北行。或在臨潼，自豁口鎮南行，徑藍田縣及湖北鄖西而南，或由華陰而南。其路途不可猝證，但由鄖縣遷達湘。後世言炎帝在豫、炎帝在鄂、炎帝在湘，皆言其後嗣，非最初男宗首炎帝。以肜日圖為吉兆，占為申戎之號，此宗骨幹或為赤帝宗，或為它宗，我未得詳證，不敢猝定。僅知申戎、景雲二氏皆寄於娵宗，各無孤在功業。

屈家嶺遺址掘理者揭露第三期葬闕 M9。此葬闕壙內填夾「窯土」。隨葬器物皆泥質黑瓦或灰瓦，不少黑瓦器表面磨光。如此磨光冥瓦器藝來自華縣元君廟文明。冥瓦器藝之精莫過於泉護村太平莊遺址鴞尊。「窯土」即炎土或焰土。對照冥瓦與取「窯土」，得知屈家嶺遺址 M9 及其函冥瓦器稍遲於泉護村第一期文明。而炎帝一脈南遷，事本景雲氏得命而攬赤帝後嗣，或赤帝先輩南行謀求正夏曆，甚或培育夏收穀物。於此認定，娵宗曆為，顧赤帝號炎（焰），故以炎土入壙，納赤帝骨殖。窯土者，炎土也。

（5）元君廟 M419 瓦碗覆禽骨旁證鴞君曆為於元君廟

《元君廟仰韶墓地》M419，長方豎穴，東西長程 180、南北寬程 98～108、深程 15cm。納女骨殖一具，成年。揭露器藏若干，右臂骨旁側置蚌匕。依此掘理報告圖四〇（第 91 頁），多件瓦器側置，僅第 6 器（瓦碗）覆置（圖版二〇）。碗下存鳥類骨骼。

推測瓦碗 6 納鳥類骨骼係烏萑或鴞、或隼骨骼。此二物覈謂「禽鳥丸天」之念。天謂北天，故在瓦碗覆置，兆北天。納禽骨骼謂鳥登北天，告日北遊，時在夏季。此葬闕納「鳥」為禽，足證元君墓地葬闕納人骨殖於生時屬係泉護村 M701 冥君。

（三）蚩尤「乃逐帝」「形天」「絕轡」及黃帝赤帝所際考

1. 蚩尤豫日鬱正朔於華縣以東謂之「宇於少昊」考

1）蚩尤名氏考

（1）蚩尤源自庖犧一脈瓬疇家

「蚩」字源不清，許慎引字上部從止，下部從蟲。于省吾題檢青銅銘文，

以為「蚩尤」本作「𡌄蚘」，蚩尤以蟲為名〔註34〕。檢於先生「以蟲為名」說不夠密實。他檢得前字上部從「寺」，兆「法」，謂曆法。依此考，知蚩尤曾為曆。兩字俱含蟲部，如何別釋，久來懸疑。

　　推此人名乃尤，此字依《金文編》作𢆶（第962頁，第2361字）。此金文來自改彤日瓶疇圖。「八」字左半上部加斜短畫，下部加宗字狀而來。此字乃畫記，源自瓶疇圖。上部加短斜畫，告東北日出，而宗人部兆此人曾屬宗女部。東北日出，乃夏至日出。夏至如何化為蚩尤功業局部，關聯不清。倘察蚩尤曾施教之域瓶疇圖，能補此缺，詳後考。

　　尤字別寫作蚘，《金文編》錄尤字作𧎼，援《廣韻》曰：「人腹中長蟲也」，援《集韻》曰：「蚩蚘，古諸侯號，通作尤」（第874頁）。此字摹自《魚鼎匕》𧎼字。檢此字左部從「蝮」下有乙字。右側似人頂戴屠肆圖，下部即《甲二七》字狀𠂇。𠂇字上部乃上六減筆，下乃日環鬱影日畫記減筆。甲骨文《前一·二·三》作𢆶，此字上部乃平二分之象，下相交兩畫乃日鬱時日月外廓相切狀。《古文字詁林》援字甚夥（第10冊，第951頁），但無體釋。以甲骨文字為畫記或勒記之變，跡勒記之義，宜訓「尤」以彤日。換言之，蚩尤曾為日環鬱及平春分或秋分圖。而「蚩」字乃「𧎼」字之釋，宜訓「以曆為被屠肆之蝮」。《廣韻》記「腹中長蟲」，或為條蟲，或為蛔蟲。此義乃後起義。腹字源頗可疑，其甲骨文或涉「方」義。我檢𧎼字乃蝮字，訓「七日來復」之「復」，以韻同通「蝮」。關中杜陵方言謂蛇以「長蟲」。「蝮」（蟲）字佐證蚩尤乃庖犧氏一脈，非異宗。

　　（2）蚩尤曾述「王魚鼎」考

　　春秋末或戰國初出土於山西渾源縣青銅匕之一，曾羅振玉收藏，此器被其命《魚鼎匕》。詹鄞鑫先生從神話題材說，考釋《魚鼎匕》銘文。釋文：曰𪘚（蚩）𡌄（尤）人，述（墜）王魚顯（鼎）。曰：欽哉，出游（遊）水蟲。下民無智（知），參蚩蚘（尤）命，帛（薄）命入歔（羹）。忽入忽出，毋處其所。

　　詹先生釋計35字。他識見鼎，以此器為燒鍋，匕為湯勺，鼎匕相配。匕配之鼎乃烹魚之鼎。銘文「大意」蚩尤水族之民，墮入王的烹魚鼎。要警惕呀，爾等出遊的水蟲。下民無知，拿捏著蚩尤的命運，薄命的墮入羹湯。爾等

〔註34〕于省吾：《雙劍誃尚書·詩經·易經新證》，中華書局，2009年，第293頁。

急急忙忙往來出入，可不要處在這樣的地步〔註35〕。

粗察詹先生釋述，見三題不協：其一，鑒《殷周金文集成》器拓第 980（Ｃ）圖樣（第 3 冊，1989 年，第 223 頁～第 224 頁，銘拓 980 之 Ａ、Ｂ、Ｃ），此器不可臽酒漿，匕首部下凹甚淺，器不可盛羹汁，故不匹鼎。此器頗似匕旋肜日器更改。第二，詹先生言「古人」二字時代寬泛。第三，詹先生言器出自時代當春秋末、戰國初。彼時三晉諸侯已稱王。以「稱王」說潛謂銘文「王」字可聯繫造器時讀者，為銘文「戒書」之性奠基。器出自年數未考，三晉諸侯僭號王年數不詳，聯此二者乃二疑之聯。其言含二疑，但詹先生舉以彰決之言，必屬無謂。

我察詹先生釋文，見兩關鍵字誤讀，此能致其釋銘文次第含謬。其一，「帛命」訓釋不合旆疇家事為之道，帛字源辨不塙。他以蚩尤為水蠱族類名，出自不察「蠱」字古文義涉庖犧氏《易》教。其二，他依《廣雅·釋言》訓「參」以「操」，可其讀以「慘」，以《方言》訓「殺」。終境承用「操執」，湮滅此銘文史學珍謂，使之流入純神話。

察「帛」訓「伯」，字從白，言月屬西方，聯「參」為參宿，涉宗女占西方掌生殺。「帛」字下部係反屠肆狀，謂師。而蚩尤時代「白」乃宗女屬下。後世以素絹為帛，乃引申，此引申出自蠶繭橢圓，似丸天。蠶繭狀壺見於姜寨第一期遺物。宗女以掌月丸行天庀邑。由尊貴月丸引申「白」，使某人得此號，此人為宗師。「帛命」者，蚩尤受宗女之命宣教日月西東行跡，又即蚩尤職司宗教。姜寨已見「巾」畫記，係北首嶺屠肆畫記變樣，謂能致日鬱輪返者。蚩尤固屬男宗，但寄於庀邑宗女。「參」訓「殄」，謂絕，蚩尤死去而不得嗣承，故殄。

詹先生釋※字以「忽」，非是。此字兩見於此器。我察此字宜訓「醯」。上部乃艸。徐鉉於醯字下補籀文※。王國維考此從鹽省。鈕樹玉援段玉裁言，謂芥醬榆醬之屬。馬敘倫以為，從草不可解（第三冊註第 44，第 10 冊，第 1191頁）。檢※字下部別左右。字左部訓「來」，謂麥。右部從有。「有」者，日鬱也。以日鬱而屠肆，為醯。右央部字乃卂字，彰顯蚩尤屬繫屠肆宗女。隸定字「來」甲骨文從胥星圖。蚩尤時代，已培育出小麥或大麥，此處見一證。宗女「嘗麥」本乎彼時。成王嘗麥，推本舊教，非新俗。

〔註35〕詹鄞鑫：《魚鼎匕考釋》，《中國文字研究》，大象出版社，2001 年，第 175 頁～第 179 頁。

　　而 🄰 字讀訓「徵」，謂「止正朔」。右部之下謂月要畫記，謂日鬱。日鬱
必在朔日。以月要畫記兆正朔，此乃下部畫記之義。連上部，謂止正朔。於正
朔，存兩途：第一，以瓬疇圖兆正朔。第二，朋算豫日鬱正朔。第二途謂狄宛
夜曆法第八豫日鬱、或黿戲基於夜曆法用畫「七」數正朔。此二者於泉護村
宗女時代與行。故此，我推斷「止正朔」事屬瓬疇圖之止正朔圖。蚩尤為瓬疇
圖，而宗女止其為正朔瓬疇圖。此乃蚩尤時代之「鬥」。大禹之征苗，事同此。
字左側乃彳字，屬本半坡、姜寨畫記。詹先生訓「蚩」出自謬察。

　　詹先生訓「人」字，不塙，宜訓宗。謂蚩尤初得紀，屬係宗女。後以新曆
為被醢。此匕銘文乃占記，占《復》。事涉蚩尤嗣承黿戲故業。我檢句讀起自
《集成》（3）拓 980B 左側長行，末字「命」連右側拓大字行，迄「宗」字。
連「述」字迄次行「曰」字，再連「欽」字，連讀後諸行字即得句次如後：

　　「《蝮》。下民無智，殄蚩尤命」。「伯命曰：『徵蚩宗。』止。毋處其所。
述王魚 🄱 』。曰：『欽哉！止𣥚。水入 🄲 。醢入醢」。

　　以伯命來自宗首，偉之，故銘文字甚大。徵蚩尤者，將反正蚩尤瓬疇圖。
蚩尤死後，魯地、蘇北、皖北狄宛系瓬疇圖局部復活，可為證。

　　「欽哉」，謂虔敬。「止」，正也。「毋處其所」乃命令據，使為圖者改易蚩
尤圖樣，蚩尤厄邑之影日、彤日色塊所變。「述王魚鼎」者，庖犧王事肖魚圖
志於瓦器，正朔。正朔謂「鼎」。「止𣥚」，定圖面日月之所，毋顯日月動態。
狄宛第二期瓬疇圖日鳥月丸靜態圖於此被蚩尤厭棄。「止」定也。

　　「欸」字從詹先生釋，讀羹。「水入羹」，謂為羹納水。「醢入醢」，謂以
肉醬納當醢者之肉。黿戲被醢，和蚌肉。而蚩尤被醢從黿戲王事後被醢。銘
文「蝮」僅示蚩尤如黿戲，屬男宗。此匕器樣來自匕旋彤日器變遷，事本日鬱
屠肆，故涉醢事。楊效雷先生以句讀從《易》震卦，義釋從詹先生[註36]。
其察不塙。

　　2）蚩尤「宇於少昊」及「四方」考

　　（1）於東方邊陸旦後察日鬱正朔謂宇於少昊

　　朱右曾以為，蚩尤係「古諸侯」，此言是。言「二卿之一」，乃謬言。倘言
蚩尤為伯，可信，故在蚩尤以宗女尊貴之「白」為號。朱氏言「少昊，魯地
也」，地望能在曲阜一帶。或超越曲阜。但問：何謂「宇」？

―――――――――――――――――
[註36] 楊效雷：《遼寧博物館藏魚鼎匕銘文與易經震卦》，《東北史地》2014 年第 1
　　　　期。

我察「宇於少昊」宜釋：於東方邊陲以旦後察日鬱正朔。「宇」謂邊陲。少昊，地名，以輩次之少者而命地望。背次之少，從宗女命嗣。倘綴讀少昊二字，可得「蚤」讀。訓「早」，謂晨刻。曾檢讀一文獻，未遑錄其源與發明者，僅記其說「早」甲骨文作█。我可此說。此字並見於《合集》拓 11519、11520、11523、11524、11527 等。我對照胡厚宣先生《釋文》，未見通釋〔註37〕。以為此字頗涉蚩尤故業。此字能通「蚤」，故在蚤字下部「蟲」甲骨文ゝ乃「蝮」。告黿戲「七日來復」日鬱之豫依晝曆法。而「早」甲骨文上部從屮（有），下部從日。上部央增ゝ，此部乃狄宛「乙」變更。其本乃下潘汪等地旒疇圖變為晝記，詳後釋。係蚩尤施教繪別樣旒疇圖，以述夏至日鬱。由此字今得「少昊」謂東陲豫夏至日鬱正朔。活躍晨在東方豫日鬱正朔。以華縣為央，為「少昊」之所不獨納魯南，也能納膠州，能納冀南，也能納皖北、蘇北。甚或能及幽州某地。上世紀 90 年代初，劉宗彬曾釋「早」，其說未及「早」、「蚤」義通之故〔註38〕，不可取。

「臨四方」者，監春秋分、冬夏至曆為也。臨，監也。「四」，四時也。「方」，察東西序，冬夏至也。察東西序即察春秋分當日，晨昏二刻子午圈、卯酉圈重合，或曰察日春秋分動、止之所正。隸定「方」字甲骨文源自二部：第一部為縱向勒記。此狀或本骨匕外廓，或本姜寨卜字變樣。而前者為早。前者謂夜曆法之斷割夜次。本卜字者從黿戲王事依夏至日鬱正朔用七，姜寨第一期勒記。第二，序，即橫向勒記，或加端短線。此部易識。《甲骨文編》卷八援《存五〇四》ゞ、《後二・三〇・一八》ㄍ、《前七・三六・一》ㄓ（第 361 頁），俱能證。

括要而述，「少昊」本豫日鬱曆為正朔，依豫日鬱于東陲，以此行為發生地而命其地以「少昊」。以曲阜為少昊墟，其事在蚩尤被屠肆絕紀後若干年。

（2）蚩尤被傳善八數得任於東陲豫日鬱

《初學記》引《啟筮》：「蚩尤出自羊水，八肱八趾，疏首。登九淖以伐空桑。黃帝殺之於青丘」〔註39〕。依前考王家臺秦簡《易》占，此條《啟筮》述蚩尤所本，及其功業。傳此者必係娲宗一脈史家。

〔註37〕胡厚宣等：《甲骨文合集釋文》（1），中國社會科學出版社，1999 年，《合集》第 1656 頁，拓 11522 第 2 字。
〔註38〕劉宗彬：《釋早及其他》，《吉安師專學報》（哲學社會科學）1991 年第 2 期。
〔註39〕王謨：《魏晉遺書鈔歸藏附錄連山易》，《續修四庫全書》第 1199 冊，上海古籍出版社，2002 年，第 396 頁。

「羊」可訓羌。羌水即江水。江水在今陝西留壩縣江口鎮。西向行即至
鳳縣。此地世居羌人。迄今，鳳縣不少人自以為漢人，強姓，實本羌人。如
此，蚩尤、赤帝即使非屬同宗，也屬近鄰。言「八」，故在史官傳狄宛宗女「八」
夜曆法，而且以蚩尤為宗女治下諸侯，別於男宗黃帝。

「八肱」言兩肱狀摹「八」。潛藏蚩尤左右肱骨被理置，陳布如「八」狀。
「八趾」含兩義：其一，瓶疇家用其手指骨為曆算日鬱之籌，從狄宛夜曆法
用第八夜豫日鬱。其二，豫日鬱至於夜曆法第八夜為算而不再行數，此謂止。
兩義以後者為上。如此，蚩尤乃狄宛瓶疇家一脈，曾承襲狄宛夜曆法豫日鬱。
此或係蚩尤徙居「少昊」之故。

少昊究竟在何地，此問前已略答。《啟筮》言「登九淖以伐空桑」，含兩
地名：九淖、空桑。言「登」，必在某高地，或面北而言北方某地。北方即蚩
尤處所之北。倘以曲阜為空桑，九淖必在其北。此北屬正北、西北、東北，甚
難考知。

我察齊魯掘理報告，唯山東膠縣三里河遺存堪推係此地。此地近「淖」。
九淖者，非九湖，而謂水岸彎曲，似九字局部。誇張而言此地為陸地之端則
為宇。以北天丸半為居室穹頂，人得方則居。在穹頂邊際，則為「宇」。此地
起出匠工鑽器之銅鑽頭，乃鑽龜之器，詳後蚩尤「卜鑄五兵」考。

輩別用「少」，謂宗女命嗣。此字本乎堆記，見於北首嶺器 77M4：（7）
瓦面，如前考。依方位，長者在西，而少者在東。

2. 蚩尤「乃逐帝」考

1）蚩尤先輩初功與蚩尤繪瓶疇影日圖為射考

（1）蚩尤先輩屬係庖犧氏

歷代檢蚩尤者俱不疑問蚩尤世系。此心念出自推測蚩尤為一人。如此，
檢者須容許疑問：蚩尤於青年、壯年、老年被殺？檢者倘不能答此問，不至
於敗壞考證，但妨礙認知蚩尤成長與履歷。亦必妨礙認知蚩尤為何被後世史
家憎惡。

我以為，被命為蚩尤者，先輩非「庶人」，以不得嗣承而居「庶」，其先輩
來自娲宗。此人生存地或在原子頭、或在北首嶺、或在福臨堡、或在半坡、或
在姜寨。此人甚或曾遊覽狄宛，而久居姜寨。姜寨遺存第一期不少物什述事
涉及此人。他工於瓦器及瓦圖，秉承宗女之教。此人屬繫庖犧氏，但其功業
不盡祖述庖犧氏曆為，而含另類功業。此人或係諸夏首伯。物證四等之一：

姜寨第一期見勒記，器樣 T254W167：1，█。此勒記係前考「帛」下部。倘言此類織物之源，《合36842（黃組）》甲骨文█（第三冊註第86，第452頁）上部告其類屬圓光之物。日鬱圖光照橫截即得圓圖，央見冥芯。圓光之物，僅為蠶繭。匹蠶繭之瓦器即姜寨同期蠶繭狀壺 T112M52：1（《姜寨》下冊，圖版七六，6），此器模樣秀美，質地精良。隸定字「白」甲骨文字源係日鬱彤日圖，證在狄宛第二期器樣 QD0：19 之地色見冥匜冥芯。摘取其一，狀似甲骨文「白」字。白字通魄字，故在日環鬱之日照死氣沉沉，不見透亮。暮氣十足，似暮時月色。自狄宛第二期迄姜寨第一期，已生伯念。

　　物證四等之二：姜寨第一期已見勒記「卜」，T109H103：2，如前考。物證四等之三：若干「乍」瓬疇圖或堆記。物證四等之四：若干瓬疇圖之含「井」圖者。前考姜寨第一期器樣 T155W115：1 盆沿瓬疇圖，此圖謂咸羅春分迄秋分升降日環鬱圖。此咸羅圖乃納極「井」圖。後世，蚩尤功業之刑教含此義，瓬硎輔此而與為蚩尤刑本。前考（圖三七七）為圖者以其內范瓬疇圖饋給宗女心安之圖。此圖記曆算援黽戲用七，也承用狄宛第一期夜曆法。其算法被宗女認可，其用圖使人信服。此人後嗣寄託宗女信賴，故得任「宇於少昊」。

　　（2）為瓬疇圖勝冥君而兆日行不達天極謂「乃逐帝」

　　成王言蚩尤「乃逐帝」本自史家言。史家言本瓬疇家畫記，即初為瓬疇圖。其圖兆夏至日環鬱之際，日不過天極而過地極。「乃」甲骨文本乎瓬疇圖，詳後。蚩尤瓬疇圖告君死生之時界，君能帝事，但生不能得帝號，君陟而為當時極星，得帝號。

　　狄宛第一期帝事致邑眾難別帝事者死生之界。氣程率旋畫記 H3115：11 使人混界死生。圖含〜畫兩端可平面旋轉 180°，使人覺終始陰聯，終始之端隱匿。

　　前蚩尤時代，瓬疇家信從宗女之教，以為日環鬱時段，日過天北極。而今，蚩尤依狄宛第一期舊教，顛覆狄宛第二期以降瓬疇家說，以為奉日環鬱，日照射唯過地北極。此認知顛覆乙教舊說。

　　「逐帝」者，使帝事者去其位也。非謂蚩尤逐赤帝或黃帝，而謂逐宗女一脈。推此人曾在豫北、冀南等地施教。但蚩尤自東陲折返而施教於此地，迫使此女北行徙居，徙居於內蒙古、遼寧等地。徙居於遼寧阜新胡頭溝一帶宗女施、太平莊 M701 鴞君俱崇尚鴞。胡頭溝遺存器樣 M1：8、M1：9 二枚玉鴞係鴞崇尚之證。蚩尤於彼時為反叛者。

（3）蚩尤返濮陽下潘汪等地察夏至日環鬱為瓶疇圖考

上世紀六十年代後，掘理者先後揭露安陽大正集老磨崗、大寒南崗、邯鄲百家村、界段營、磁縣下潘汪等遺址，起出某種瓦器，定名「大司空」類型，一些器面存畫作〔註40〕。數年前，我以為諸圖來自北疆北狄先輩南遊而作。2019年，我不再持此念，而以北疆、西土狄屬係同本。今具安陽鮑家堂遺存〔註41〕瓦面瓶疇圖二版，後對照前考磁縣下潘汪瓶疇圖，以彰蚩尤曆圖施教之證。

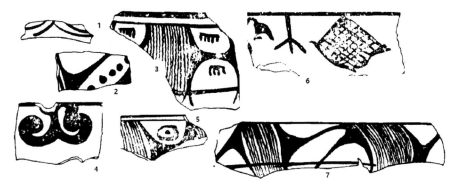

圖四〇〇　鮑家堂瓶疇圖版之一

圖四〇〇，1，器樣 H104（1）：夏至日環鬱影日圖減筆，其本在狄宛第四期。圖四〇〇，2，器樣 H104（2），合朔日環鬱與影日肜日圖。圖四〇〇，3，器樣 H4（1），屠肆與影日圖及日環鬱冥芯線狀肜日圖。

圖四〇〇，4，器樣 H4（3），掘理者以為蝶須紋，出自孤賞失察。我檢此圖係日環鬱匕旋肜日圖，本乎姜寨菱星罐外壁圖，器樣 ZHT8M128：1，《姜寨》彩版八。此圖又係曾侯乙匫（第四冊註第27，圖九一、九二）日環鬱肜日圖源，顯匕旋狀。此瓶疇圖佐證，蚩尤曾在關中生存，為瓶疇圖，得宗女委任。

圖四〇〇，5，器樣 H4（2），日環鬱影日圖與日斜射圖。圖四〇〇，6，器樣 H22，《西安半坡》P.4666 八八格羅算式減筆。

圖四〇〇，7，器樣 H4（4）：合朔影日肜日圖，無匕旋狀。西側線密列，日照乃午時後日照圖。左側類似圖。圖四〇〇，4，圖四〇〇，5旁證，蚩尤乃狄宛系瓶疇家。

〔註40〕中國科學院考古研究所安陽發掘隊：《1958～1959 年殷墟發掘報告》，《考古》1961 年第 2 期。

〔註41〕中國社會科學院考古研究所安陽隊：《安陽鮑家堂仰韶文化遺址》，《考古學報》1988 年第 2 期。

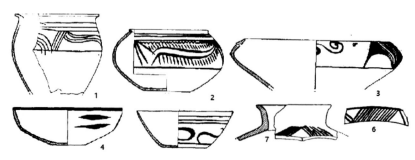

圖四〇一　鮑家堂瓬疇圖版之二

圖四〇一，1，H5：4，「乃」圖記。甲骨文「乃」字源。邠縣下孟遺址 BXXMC：13 圖樣變更。日環鬱影日似波流圖。日環鬱圖無日影過極狀。此瓬疇圖係「乃逐帝」之「乃」鐵證。

圖四〇一，2，器樣 H7：6，夏至日東北日出以乙狀向西波流。非直射圖。西北向見昏時日直射下，聯晨刻及午時日照射殘波。

圖四〇一，3，器樣 H4：9，東圖日環鬱影日見日影東北。夏至日環鬱，日不垂照圖。左側圖係日旋繞極圖。

圖四〇一，4，器樣 T2001③：5。菱星黑底圖。庖犧王事蹟。遍見於內蒙古南部瓬疇圖。趙寶溝菱星高足盤之一，3546F1：10，那斯臺雙耳罐外壁（圖四，5）〔註42〕等。前考那斯臺瓦碗 3546F1：8 也屬此狀。

圖四〇一，5，器樣 H7：8，影日似乙圖，無日照過極圖。圖四〇一，6，器樣 H104，黿戲「作」圖殘部，或日環鬱錐狀光影自頂沿邊斜截。圖四〇一，7，器樣 H104：1，黿戲「作」圖殘部，或日環鬱錐狀光影自頂沿邊斜截。同圖迭出，謂施教艱難，非一番而受。

鮑家堂遺址無一件鴞面塑，也無其他鴞首狀瓦器。下潘汪遺址也不見鴞首塑或鴞首畫。但下潘汪遺址起出瓦灶 H129：5，俯視似西水坡瓦灶狀，圓而有器架托。下潘汪起出瓦片含某種瓬疇圖，T4④：11，似黿戲「作」圖。無鴞狀，即為泉護村宗女之教被蠲。

檢豫北、冀南乃《禹貢》冀州地。蚩尤不居魯而西行，故在蚩尤察覺春秋分晨刻在各地無異，此乃地逆日運行所致。而後，他不再為徒勞事，自東邊地西行北行而察夏至日環鬱。如此，他擇向而行往黿戲王事之所，濮陽一帶。諸事係史志減筆前事。

〔註42〕巴林右旗博物館：《內蒙古巴林右旗那斯臺遺址調查》，《考古》1987 年第 6 期。

周成王言，蚩尤「爭」於涿鹿之河。爭者，射也。為瓟疇圖而影日謂之射。涿鹿，地名，《史記集解》張晏以為涿鹿在上谷。檢地名以鹿，則彼地乃獵人遊獵之所。遊獵以食，在狄宛第一期係遍行謀生之途。諸夏各域，農事尚不普及。依前考，今知蚩尤受命，本該於東方邊陲以旦後察日鬱正朔。他從此令，施教之地甚廣：濮陽、安陽、武安、磁縣等地。涿鹿地望在今河北省邢臺、或邯鄲域內。

2）黃帝不能致德說扭曲宗女曆為以直考

（1）《盜跖》黃帝未致德而戰蚩尤說質疑

《盜跖》「神農之世，臥則居居，起則於於，民知其母，不知其父，與麋鹿共處，耕而食，織而衣，無有相害之心，此至德之隆也。然而黃帝不能致德，與蚩尤戰於涿鹿之野，流血百里」。此告殺戮無辜，殘忍無比。

依《盜跖》言，黃帝戰蚩尤，本黃帝之德不隆。但問：黃帝、蚩尤之時，黃帝何許人也，宜必致德乎？再問：何謂致德？此二問係澄清黃帝蚩尤鬥疑問之端。

（2）黃帝不必致德

由盜跖之言推決，盜跖尚淳樸，此淳樸似墨子兼愛，但超越兼愛－無害人之心，必無愛己之欲－不愛己，則不必推己及人，故無兼愛之必。盜跖以為，黃帝本該致德。此「本該」念頭背後，潛藏西周晚期貴族以為致德則能抑殺戮之念頭。此念出自設擬。

檢《春秋左傳》昭公十七年，郯子言龍紀不詳，言黃帝之紀則合《國語·周語》「天黿」說。聯諸記得知，後人以天德宜歸黃帝而未歸黃帝，殺戮無辜以此而見。此念背後，存男宗掌天德念頭。而且，蚩尤自古不稱「帝」號。

聯前考狄宛昔聖功業檢知，天德本瓟疇女丸天之德，而非天自為德。瓟疇女之德乃《天官書》「日變修德，月變省刑」之德。其質不外治曆以直。曆為直否難以見，宣教萬民以曆算為難，但以瓟疇圖為易。圖納曆算而邑人以圖傳後嗣。久傳則失真，留美之地存真而不能言真。如此，以日鬱記事之「郁宗」之德隱沒。赤帝黃帝爭鬥之時，昔聖功業隱沒，或曰不再居首位。此致男宗自貴自顯而遮蔽昔聖功業之事。

3）赤帝黃帝為教所際與赤帝之賂考

（1）赤帝功業基於肜日暨赤帝黃帝所際

欲清言赤帝、黃帝之際，宜澄清司馬遷記黃帝功業混沌。司馬遷述黃帝，

使人覺其初為孤君，而後言蚩尤作亂，不用帝命。後又言黃帝代神農氏。《史記正義》以為，「不用帝命」謂蚩尤不用黃帝之命（第三冊註第 28，第 5 頁）。倘恰詁《嘗麥》如前，則不存此混沌。

　　黃帝、赤帝之際甚難勘測，《大戴禮記・五帝德》傳言不可盡信。此傳言基於男宗為治，或曰男宗宗法唯一之念，孔子未能事外。我檢赤帝、黃帝之際乃鴞君傳揚之稷麥祝盛與其先輩傳揚之獵物嘉生之際。稷麥祝盛與獵物嘉生與係諸夏嘉生之念，但二者之別乃寄食於戎事、寄食於遊獵差異之兆。此差異又係諸夏為君爭鬥，及為君者庀邑念頭相鬥之由。前者乃人際之鬥，後者乃念頭之鬥。人際之鬥，見以勇武以及殺戮。念頭之鬥見以庀邑之策純一，混二，變遷，動盪。純一則難克時艱，混二則難窺調和之法。

　　成王言黃帝，非出自謬改景雲氏之號，而依先輩傳承。司馬遷言黃帝，不察黃帝初號景雲氏。言景雲氏係土德之君，推本景雲覆土。景雲覆土者，影瑁之狀也，又即半坡、姜寨內菡瓱疇圖盤狀瓱疇圖之戴極圖。視此圖兆北極下垂之保，此圖堪釋為吉祥之兆。土德之說，來自日環鬱影日圖之下土陰陽俱見。陰陽與見，必納消息。消息謂死生更替，自然節律不喪。自然節律維新，為吉兆。自然節律不亂，則便於自調順適。

　　司馬遷言「黃帝」治氣，謂治氣程之率，此言無證。但不得以為，黃帝不知氣程之率。為遊獵者君，必知四時氣程。而蚩尤傳承氣程之率，瓱疇圖能證。

　　依前檢而推，景雲氏乃遊獵者之君，而赤帝乃傳承匕旋肜日暨骨犁耕種之君。時在男宗自立或男宗自主時代。骨犁側視圖似靴子，此狀來自鹿角切磨。張小雷曾檢「靴形鹿角器」，察見關東多地遺址起出此器，譬如唐河茅草寺、蚌埠雙墩、定遠侯家寨、濉溪石山子、懷遠雙古堆、鳳臺峽山口、淮南小孫崗、新鄭唐戶、淅川黃楝樹、垣曲古城東關、滕州北辛、膠州三里河、棲霞古鎮都、高郵龍虯莊、金壇三星村、常州圩墩、蘇州草鞋山、桐鄉羅家角、嘉興吳家浜、餘杭吳家埠、餘姚河姆渡等地。他將此樣器別為：A、B。以為 A 型用於勾取果實。B 型用於纏繞絲線〔註43〕。其察不搞。

　　檢此器宜名「肜日匕角」，可兩用：第一，兆肜日。第二，或用於疏鬆地表。前者乃乙教之器。嗣承狄宛宗女用匕之教。後者猶今日犁地之犁。此器乃申戎氏之器。申戎者，狄宛乙教而肜日者也。肜、戎韻通，又通融。後世祝

〔註43〕張小雷：《簡論中國古代的靴形鹿角器》，《中原文物》2011 年第 4 期。

融遠祖係申戎後嗣。農器之犁、彎鐮、鋤頭狀俱本肜日骨器。

如此，景雲氏嗣承白家村文明之遊獵，而赤帝嗣承鴞君先輩，狄宛昔聖樹藝之能。黃帝雖為遊獵者之君，也從乙教。其遊獵之地廣袤，甚或遠及蒙古草原。赤帝為樹藝者故奉居君，以瓺疇女為首。此乃諸夏早期文明之範。依此鑒識，赤帝、黃帝之際清白，約抗蚩尤之故可跡。

田君以為，赤帝、黃帝之世，諸侯混戰。炎帝、黃帝、蚩尤部落各伐敵對部落。又以太陽崇拜釋炎帝母名「任姒」，炎帝、黃帝同血緣但不同世代。炎帝、黃帝部族俱視太陽為始祖母。兩部傳承太陽崇拜〔註44〕。田氏說拘於混戰說，以目視利物為爭搶或掠伐之故。此說流於黃帝為創世君說，刪去狄宛舊宗功業，及其培育男宗功業，甚無謂。

（2）赤帝悅黃帝以遊獵嘉生瓺疇圖考

讀《五帝本紀》者宜操心一題：黃帝從炎（赤）帝徵蚩尤故何？我以為赤帝賂黃帝以貴器。《嘗麥》「赤帝說於黃帝」饋給其故。悅者，使愉悅也。敢問赤帝如何使黃帝愉悅？以豐朋、走馬、奇獸、疆土乎？凡以諸物為「使悅」之器者，其念皆屬係三代後俗人「貨寶」之念。

我檢赤帝饋寶物必涉祝禱遊獵吉祥，多得獵物。如何多得獵物，勇力乎？器銳乎？人眾乎？非也。唯以夏至日環鬱正曆，豫北疆草木蒼翠，蕃息獸類，獵者得嘉生也。能兆此吉祥者，非瓺疇圖莫屬。

謀如此賂，赤帝效尊貴之物——元君廟直口冥瓦碗——造寶碗（M411：7），於器面繪嘉生圖，如此而悅黃帝。此器通體光亮而色冥——為太平莊M701鴞君用器色——其色兆日全鬱。黃帝以而得與豫日鬱正朔曆為之便。從此以約協力，從而合婚，從而力鬥蚩尤。此協力之約背後存在泉護村第一期宗女誘導。

南臺地遺址器 3546F1：3、3546F1：1、F3546F1：6，4536F1：8、3546F1：2、3546F1：4、3546F1：14（《敖漢旗南臺地趙寶溝文化遺址調查》）諸物俱係寶器。諸器瓺疇圖屬係狄宛日鬱影日肜日瓺疇圖，僅追加鹿等獸頭圖樣。埏埴、為畫、焙燒等無不耗時。諸物器藝精良，非彼時敖漢旗匠工能為。推測諸器輾轉到南臺地，本乎赤帝之賂。而敖漢旗南臺地遺存於彼時屬黃帝遊獵之域。在宗女、赤帝部、黃帝部之際，存在信念橋樑。

〔註44〕田君：《炎帝、黃帝關係考辨》，《尋根》2010 年第 6 期。

（3）赤帝又賂黃帝以蚌虎

前考狄宛第一期前瓱疇家效虎發情事。彼時邑人四季唯秋冬為邑人，春夏為遊人。獵食之際知虎行為。此乃舊知。赤帝受冥帝封，為傳人之一，知虎事，也知景雲氏乃廣域遊獵者，亦知舊事。故而為另外寶物，使遊獵之君以為吉祥。此等悅物即蚌虎等。

依邵國田饋圖〔註45〕，其圖2－1殘片面圖乃瓱疇圖，係不折不扣之日環鬱影日肜日圖，唯不見匕旋圖。陽為日環鬱日照、陰在內，乃錐影圖變而來。而圖3乃新洲博物館收藏之蚌虎，口見W狀勒記，此勒記係胥星圖，揭前圖二九三，本狄宛宗女占胥星，即後世造父星。體則見勒刻菱星圖，此乃黿戲王事勒記。蚌面有孔，兆日環鬱。圖4－2，陰勒圖乃陽地色旋而得照射邊際，係陽旋顯陰之圖。圖5玉虎體見格羅圖。目圓似鴞目。張口欲啖。顯殺氣。

饋圖含日鬱瓱疇圖，納影日肜日圖，而無匕旋圖，此告赤帝未承用宗女降刃瓱疇圖。如此，遊獵之君黃帝以赤帝為可與者，由此而約。

（4）黃帝本狄宛遊獵者一脈

《大荒北經》：「大荒之中，有山名曰融父山，順水入焉。有人名曰犬戎。黃帝生苗龍，苗龍生融吾，融吾生弄明，弄明生白犬，白犬有牝牡，是為犬戎，肉食」。

融父山者，肜日圖之影日由影日圖。狄宛第二期以降頻見。狄宛、原子頭、北首嶺、姜寨以東、漢水暨丹江流域（淅川下王崗）、湖北鄖縣等地俱見。融、肜也。父，由也。

黃帝生苗龍者，黃帝眚而為日環鬱圖，影日生光。眚，日鬱也。附此，動土為葬闕，以器放寫天象，納骨殖，命骨殖生身之嗣承者以苗龍，以朔日為紀。此蓋朔日紀元事。言生者，眚也，日環鬱生光也。眚又為曆算，用元君廟M420骨珠合朔曆算，效288日孕期曆算是也。

苗龍者，為內菈嘉生圖納日環鬱圖似尾宿狀是也。尾宿者，狄宛第一期曆闕等遺跡與為尾宿圖，乃後世龍源也。此圖存於瓦器內面，推此器初造於苗龍之後，但歸諸苗龍。此乃先命氏而後為器之事。陶寺遺址起出盤堪命以「苗龍嘉穀」盤，其狀如後。

〔註45〕邵國田：《趙寶溝文化蚌虎異樣紋飾分析——從玉源博物館孤藏的一件蚌虎說起》，《吉林師範大學學報（人文社會科學版）》2018年第1期。

圖四○二　苗龍日環鬱肜日嘉穀盤

　　此圖採自《華人、龍的傳人、中國人──考古尋根記》（彩版四，下）。蘇
秉琦命之「蟠龍紋」。此說無本。蟠龍說係漢以降學人信從黃帝「乘龍」說之
證。《漢書‧禮樂志》云：「訾黃其何不徠下」。應劭注云：「『訾黃，一名乘黃，
龍翼而馬身，黃帝乘之而仙』」（第四冊註第 1，第 1060 頁）。

　　圖四○二系內菹圖，本狄宛第二期值合圖。半坡、姜寨、龍崗寺俱傳之。
依此景雲氏至死仍屬狄宛遊獵宗女治下一脈。而《禮記‧內則》之「內」，謂
宗內。內菹圖乃宗內為教之器，限於宗女治下男宗。檢苗龍嘉穀盤央似滿月，
取象日環鬱月在央。側旁黃色地色與成肜日月要圖。此圖右旋，其端黃圓似
日環鬱之狀，黃圓之端一口似微張之獸口含嘉穀圖。此圖乃靜寧縣器樣
JNXM：21 日環鬱正曆稷麥祝盛圖之別樣。

　　融父山者，肜日為白圖者居所。「順水」，其地不詳。黃帝，代赤帝君。
《史記》言黃帝「不寧居」，此黃帝或許係承襲黃帝號之黃帝後嗣，譬如乾荒。
此人或係顓頊，大抵來往於南迄隴南草甸、越過禮縣、西和、天水、平涼、咸
陽北山、渭北、河套、冀豫遼等地。黃帝「取」事涉巫山大溪文明，但黃帝非
自提親而娶妻，而受宗女之命。「昌意」乃巫山大溪文明嗣承半坡、姜寨內菹
日環鬱肜日肖魚圖者。

　　「融吾」者，為肜日圖而兆紀者也。推此人初繪瓶疇圖而傳黃帝事。今

本《竹書紀年》言黃帝，推出自此人勒記。「吾」，五也，勒記者識見勒記似「五」而記之。其本乃龍崗寺遺存，圖七〇，4，器樣 T11③：6，夏至日鬱日照蓋極圖別樣。此人屬瓬疇女部。

「弄明」者，依日鬱圖而記輩分者。明，孟也，雌雄也。《大戴禮記·誥志》虞史伯夷或係其後嗣，知此而傳。有身產子之念寄於日月之會，以日鬱為兆，雌雄之合寄於佚鬱。郝氏案曰，《周本紀正義》引此經作「並明」（第三冊註第 159，第 16，第 7 頁）。檢「並明」說非本。弄者，瓬疇家戲也。狄宛第一期瓬疇家乃戲者。黿戲名亦涉此字。後世「弄瓦」、「弄玉」說俱本此。許慎以「玩」釋弄，不誤。玩者，丸也。日烏之丸、月丸俱係丸。戲瓦丸，謂瓬疇女放日月道會，曆為而豫日鬱。此藝能被少男窺知，則傳於男宗。

白犬者，伯犬也。尚秋分中氣之平，又埋犬於圓曆闕為紀者，謂之伯犬。蚩尤絕蠻事以此人得傳。此人為日鬱圖，日鬱乃月陰日陽合圖，故言牝牡。肉食者，北方遊獵者也。推測楊官寨「犬噬烏丸」瓬疇圖（詳後考）出自伯犬。狄宛、白家村等地俱於曆闕或葬闕起出犬犬骨，為證。伯犬乃後世犬戎之祖。穆王時仍保守大片遊獵地。犬戎乃遊獵耕種並事之裔。

《大荒北經》：「有國名曰賴丘。有犬戎國。有神，人面獸身，名曰犬戎」。賴丘之賴讀萊，麥也。或可讀賴以釐。釐，犁也。賴丘即犁丘。「有」，鬱也。戎者，肜也，骨犁也，狀似比旋肜日圖旋柄狀。

「有神」，鬱而乙事。人面獸身者，宗面似獸懷胎也。面貌似宗女，而體鼓出似四足物。貌似四足物有身（孕）。推此言本某種瓬疇圖，此圖既有肜日圖又見獸體。瓬疇圖諸畫如何布置，不清。黃帝功業聯狄宛文明，略見一斑。

3. 蚩尤以刑天逐帝咎於申戎氏景雲氏考

1）蚩尤瓬疇施教而被罪於赤帝考

（1）蚩尤改肜日器為骨犁考

《大荒東經》：「大荒東北隅中，有山名曰凶犁土丘。應龍處南極。殺蚩尤與夸父，不得復上，故下數旱。旱而為應龍之狀，乃得大雨」。

郝懿行案云：「《史記·五帝紀·索隱》引皇甫謐云：『黃帝使應龍殺蚩尤於凶黎之谷。』即此。黎、犁古字通」。又案云：蚩尤作兵者，見《大荒北經》。郭璞注「不得復上」云：「應龍遂住地下」。郝氏援《初學記三十卷》引經曰：「應龍遂在地」。郭氏注「故下數旱」云：「上無復作雨者故也」。

郭璞以「應龍」為作雨者，雨師是也。案，數旱者，連續無雨。陽盛極

也。郭氏注「旱而為應龍之狀乃得大雨」曰:「今之土龍本此。氣應自然冥感,非人所能為也」(前註,第14,第7頁)。

檢「凶犁」者,被憎惡之黎也。此黎又即用犁者。犁乃瓬疇家肜日之器,初屬赤帝。而赤帝初或許未嘗以此為犁。及蚩尤,作犁以肜日器,一器二用:既用於肜日,又用於耕種。磁山文明穀物發達,事或出自瓬疇家乙教,此瓬疇家功業涉蚩尤否,暫無塙證。

蚩尤以豫日鬱正朔為曆被耕者尊重。貴重者乃用犁九部。推九黎即九犁,即以「肜日匕角器」耕於曆日「九」盡者也。「九」盡者,九九是也。冬至後81日,春分前是也。如此,蚩尤教民下種非以春分,而在春分前。丘者,與祀之高地,不詳其所。

三代之前,黎主祝盛之食。《堯典》「黎民於變時雍」。《舜典》「棄,黎民阻饑,汝后稷,播時百穀」。二事俱為證。「時雍」者,四季之界不顯也。「於」,呼。「變」,改易也。時者,四季也。四季之界不顯,無兆耕種是也。宜變而未變,故籲之。

「應龍處南極」可兩釋:其一,應龍繪某種瓬疇圖使日居東南或西南。此謂「處」。日冬至,於昏時見日在西南,晨刻見日在東南。其二,南,陽方。日夏至在東北出,西北落。而且,北極星於昏時在西北方。應龍繪如此瓬疇圖。題涉「應龍」義謂,詳後「應龍」考。

隸定南字甲骨文別上下部。此字來自畫記。上部之上者從丨夾於左右短斜線。兩短斜線乃日夏至出所、落所自菡中點畫線。其下也見短線,但不夾丨。此字下部從「井」字縱框。此部來自「井」宿摹圖。日過井宿,時在夏季。倘別二部義,上部謂日夏至、冬至。但下部僅謂夏季。凸顯夏季或夏至。於此,我擇夏至,以南為日過井宿之名。

「殺蚩尤與夸父」,屠肆而醢二人。「不得復上」者,否得「復」天象。不得,否得。復,「七日來復」日鬱于晝。上,斗柄上指,依《夏小正》夏至是也。未得夏至日鬱天象正朔為夏曆,而熱季甚久。故「旱」。蓋謂殺蚩尤、夸父後,曆法失正。

「故下數旱」,此「下」謂地表,非「復」天象。數,頻繁或久持。「旱而為應龍之狀」,謂逢天不雨,須摹畫土龍之狀,禳解旱以致雨。依郭氏注,土龍或係蚯蚓。從此訓,宜聯物候。晝聞蚯蚓鳴,天將雨。蚯蚓鳴兆天將雨,以蚯蚓狀摹兆蚯蚓鳴,為物候。「應龍」前後二用,義不同。蚩尤為兵,事涉為

犁，但用名從肜日事。

（2）蚩尤以瓬疇圖爭申考

《海外西經》：「形天與帝，至此爭神，帝斷其首，葬之常羊之山。乃以乳為目，以臍為口，操干戚以舞」。

郝懿行案「形天」云：「《淮南·墜形訓》作『形殘。』天、殘聲相近，或作『形天』，誤也。《太平御覽》五百五十五卷引此經作『形天』」。郝氏又案「常羊之山」云：「《宋書·符瑞志》云：『有神龍首感女登於常羊山，生炎帝神農』即此」。郭璞注「操干戚以舞」曰：「幹，盾。戚，斧也。是為無首之民（前註，第7，第2頁）。檢郭璞說無據。《山海經》諸言本勒記，而勒記本乎瓬疇圖說。其本在蚩尤為瓬疇圖訓。我以為，「形天」、「形殘」二名異，但記述舊事不謬。此二名來自同事二傳。或曰二宗傳此事，故參差。而「形」字同。

形天者，為硎以象日月道會於天。形，硎也。狄宛第二期瓦硎是也，揭前訓。天，日月道會也。此字甲骨文上部或從「闕」，猶「呂」字。下部從影日肖魚圖之魚尾部，間以冬至日出落照射線。倘見其上部略以「一」者，謂春秋分平。日鬱之義仍隱於影日肖魚圖。金文上部粗圓點兆日環鬱，下部影日肖魚畫記變如人體模樣。造字者欲存古義，故將字上部摹為圓，效日環鬱。由此而正朔，能得春秋分平。故甲骨文、金文「天」字義無別。以瓦硎數件匹去而放寫日鬱，此謂「硎天」。硎通形。

「形殘」謂二：其一，形殘者，硎殘也。其二，殘斷黿戲菱星圖。殘亦謂去。題涉第一義，太初硎乃圓石陀。日鬱時，月掩日而得滿圓陰影，此狀為硎。於瓦器發達之時，放寫日鬱圖，必殘損滿圓，得月要狀，或殘月狀。前考狄宛第二期瓦硎諸狀俱堪用於放寫日鬱，其本在此。此「形」不得通「刑」，即使逢日鬱屠肆，事非屬虐體，而係宗女去眚或禳解。

題涉第二義，為夏至日井宿圖，殘損黿戲菱星圖。殘損菱星圖即斷割黿戲菱星圖，縱切而使兩三角對頂。瓬疇圖之似「井」狀者為星圖，係南方星圖之井宿。

河北磁縣下潘汪存二證：殘菱星圖，見於敞口罐之一，器樣 T30③：16。井宿聯圖，見於器樣 T32④：36（《磁縣下潘汪遺址發掘報告》圖六，5、6），如後圖。

圖四〇三　下潘汪殘菱星圖與似井羅圖

郝氏援《墜形訓》「西方有形殘之尸」之「形殘」名可從。西方者，為「伯」者也。「形殘」，如前訓。

形或刑字從井，出自井宿圖。而瓦硎與井宿之聯，出自瓿疇家豫夏至日鬱以夏季南方井宿醒目。察看此時節日鬱從黿戲王事。故諸夏刑源之星曆義源本乎黿戲功業，而非蚩尤功業。而虐體之刑源又是蚩尤功業局部。刑字從「井」部，來自夏至察井宿而以井宿模樣格羅天區。我甚至推決，諸夏星名之井宿名本乎蚩尤，此命名致狄宛星名「菁」消亡，菁宿名考詳《祖述之二》（第 181 頁）。

推金文「形」、「刑」俱從「井」而以井宿畫記通用。周公一子被封邢，字作「丼」（第三冊註第 17，第 444 頁）。字存於《井侯簋》，此器出自河北邢臺，地屬蚩尤施教舊地。依此事紐，今可聯檢《合 2760 正（賓組）》丼、《合 23764（歷組）》丼（第三冊註第 86，第 310 頁）字源：賓組字古，歷組字遲。賓組字為正字，歷組字為變更。賓組自源在狄宛「八」，是正朔用字，本乎瓿疇家畫記。歷組此字本乎拼湊或模仿或它謂，此狀可摹經緯或羅格天區。末二義乃星曆發達後字狀。前者指正朔基於豫日鬱，來自觀測。察夏至日鬱而用八，事本正朔而曆算，係夏曆之本，又為《夏小正》之源。蚩尤初用八，而後得任而用「七」，事本宗女許可，而非自專。蚩尤虐體之刑，史家記事正字即丼，而非歷組字。史家從昔聖功業，也從宗女舊部告訴、哀怨而記。故此，夏至節令察井宿用字，狀異乎井宿圖，而記時在井宿顯亮時節。此題乃諸夏「象（硎）」星察正朔曆為至深一端。

《呂刑》記「蚩尤」「惟始作亂」。此句透露黿戲、蚩尤施教事聯而參差。蚩尤以「亂」聞名。孔穎達《尚書正義》未逐字釋此言，孫星衍也不曾逐字求釋。顧「惟」字頻見於西周銅器，今通釋此句，並顯蚩尤隱功。

今檢「惟」者，男宗之紀以降也。此字從隹，《合 1027（賓組）》字作𩿨，從匕旋肜日風翅圖變，附「止」字。肜日謂日鬱。日鬱乃正朔，以為新歲曆紀

元。「止」，今時也。肜日風翅圖變為畫記，為「風」義源，風姓之說由此起。電戲為男宗得紀第一人。故隹字隱男宗之義。銅器惟（隹）則謂男宗之紀以降。依此，蚩尤屬係男宗。「作」，效電戲也，以夏至日鬱正朔正曆也。

「亂」韻讀從丸，含二義：於物即卵。於事謂正曆厇邑。以韻讀指物轉謂蚩尤功業在曆為。卵者，圓物也，周旋之物。以熱可孵。故此字曆義必涉夏季。「作亂」者，效電戲王事而治夏至曆法也。

「帝」，《嘗麥》赤帝。「至此」者，謀夏至正朔也。「至」，夏至。「此」，止，訓正朔。「爭神」者，繪乙圖為夏至合朔圖豫夏至日環鬱，揭前圖四〇〇、圖四〇一。「神」本乎乙，乙源自狄宛第一期乙畫，器樣 H3115：11，此圖含氣程率數，如《祖述之一》考釋。合朔圖狀似張弓狀，故勒記者言「爭」，如圖四〇〇，2。

依此考得知，蚩尤於東方邊陲以旦後察日鬱正朔，得其是，而後去東陲。承用半坡、姜寨等地瓳疇曆圖，又為新瓳疇圖之「乃」圖，殘電戲傳菱星圖，效井宿圖而為天區羅格圖等，躬教於豫北冀南等地，自為紀元，罔顧受命，亦否認冥君以為夏至日環鬱日過天極說。而赤帝或其命嗣為器支持冥（鴞）君。證在西峽老墳崗第一期瓦碗瓳疇圖：T11⑥：99、T1⑤：76。我講赤帝命嗣屬冥（鴞）君，故在老墳崗遺存第二期瓦盆之一，器樣 T9⑥：7（《河南西峽老墳崗仰韶文化遺址發掘報告》圖五五，15）外萡圖係蛙負嗣子圖。「葬之」後諸句，詳後蚩尤之喪考。

（3）瓳疇女一脈風伯與雨師助蚩尤考

風伯者，以日環鬱（烏丸）風翅瓳疇圖為伯。伯，如前考。推屬姜寨第二期某人，男宗。蚩尤得助於此人。雨師者，得瓳疇女之傳，掌格羅曆算之瓳疇女也，其生年也在姜寨第二期。「雨」字從屠肆畫。畫記「雨」透露屠肆事。得雨師號者為宗女一脈。此人係格羅曆算豫日鬱者。格羅圖兆畢宿。依前考，掌羅者係媧宗傳人之一，事本乎知月事、月行之女獵人。蚩尤時代，此宗女曾為肜日肖魚圖，雨以日環鬱而降，水盛則人行不便。此圖寄託去鬱之念。此女非泉護村 M701 鴞君，但與屬狄宛系瓳疇家。此女屬「夷東」者，東北遊而不返關西鄉里，徙居河套以北，遠及遼寧西部牛河梁。陸思賢先生曾考牛河梁女神廟之裸體女神像乃女媧像〔註46〕。我以為近是，陸先生唯不察媧宗

〔註46〕陸思賢：《紅山文化裸體女神為女媧考》，《北方文物》1993 年第 3 期。

流散之事。此神像乃媧宗一脈神像，而媧宗嫡嗣不在此地，於蚩尤施教時在關中。

風伯之風以日鬱（烏丸）風翅圖為兆。雨師之兆在夏至日環鬱影日肖魚圖，後世文獻殘存微證：馬王堆《天文氣象雜占》「局部 2」圖上，自右數第 12 幅〔註 47〕，「魚」喻「大雨」。其本在日環鬱能致雨下。「魚」謂日鬱肜日肖魚圖。造字者僅取畫記而摹魚。2020 年 6 月 21 日，夏至日鬱，陝西咸陽北山等地日鬱後落雨，旁證之。

2）景雲氏用本宗與冥君以抗蚩尤考

（1）景雲氏恃瓶疇家「影龍」鬥蚩尤

《大荒北經》：「有係昆之山者，有共工之臺，射者不敢北鄉。有人衣青衣，名曰黃帝女魃。蚩尤作兵伐黃帝，黃帝乃令應龍攻之冀州之野。應龍畜水。蚩尤請風伯雨師，縱大風雨。黃帝乃下天女曰魃，雨止，遂殺蚩尤。魃不得復上，所居不雨」。

細讀前三言，僅可考知某瓶疇家為合朔圖（射），共工掌行水，占北方。依前考，不周山即狄宛第一期、第二期遺跡所在斷崖之內。

「有人」，郁宗，掌正朔者。「衣青衣」，後「衣」字來自注者謬加。「青」，非東方，乃南方。垂瓦碗蓋，見北極瓶疇畫夏至日下垂。西峽老墳崗遺存二件瓶疇圖乃「衣」源，圖一四八，8，器樣 T11⑥：99、圖一四八，15，器樣 T1⑤：76 係「衣」勒記或畫記之源。衣於物謂衰，君服也。衣於數為七，從｜，自冬至數第七個月，乃夏至之月。於察日所者，謂自冥迄青。冥者，北方也，青者，南方也。

《嘗麥》「少昊清司馬」即「少昊青司馬」，非如劉師培訓「嗣為」。倘從此訓，則蚩宗未絕，而《嘗麥》記「絕轡」。「司馬」，正夏曆數也，《周禮》「夏官」「大司馬」殘存舊跡。青，從斗柄南指節令，冬至後第七月。「故名曰質」，以斗柄南指直夏至日為質。為質者，為曆算之旨，以為日鬱于晝之證，係彼時息訟之途。日鬱以夜曆法之第二番第八夜，此乃冥君施行狄宛宗女之教。日鬱以晝，此乃電戲之教，曆法正朔之晝曆法。正朔須恃察日鬱。

豫日鬱，晝曆法起算於望月次晝（第 17 日），算訖第二輪第七晝。今使夏至斗柄南指之夜次日輔證夏至日鬱在「芒」月後第二輪第七晝，如此而得

斗柄之所直冬至已來第七月，第七月之芒月第二輪第七晝與第七月夏至之夜斗柄指向相質。此蓋「故名曰質」所謂。此質乃帝事以正夏之大事。係宗女、男宗曆為之訟大事，也係蚩尤被宗女厭棄之故。言「五帝」者，龍崗寺瓶疇家瓶疇圖似甲骨文五字。此字於男宗謂夏至日鬱日影過地北極。質字從貝，或蚌，本謂叩擊蚌殼得蚌肉以食，引申合朔曆算，豫日鬱。「青」、「井」以韻讀義通，故在夏至日鬱察井宿顯亮。豫夏至日鬱係夏曆之本。蚩尤曾豫夏至日鬱而正曆。而《嘗麥》涉嘗新穀物（小麥）以夏曆而成。「鳥師」者，師事鳥也，從關東等地禽鳴禽見命時節。官，丸天曆為事。

應龍者，裔名或宗名，非人名。影日圖似龍也。應、鷹，影也，日鬱影日部傳人。影日環鬱而為「龍瓶疇圖」也。龍瓶疇圖者，「嬴」圖也，揭前釋，圖三四三。嬴圖又即月要彤日圖附嘉生圖。陶寺苗龍嘉穀盤圖含嬴畫。我推應龍乃景雲氏一脈，但嗣承狄宛系尾宿為「龍」圖者。「應龍畜水」者，依冥君占北方近天河星宿，如格星、女宿等，合當掘地依效程為瀆，效狄宛第二期壕溝 G301。

胡義成先生釋此文獻依《緯書》，以為此經文藏「祈雨」郊儀。楊官寨遺址 H796 蓄水池為「黃帝」涿鹿大戰前遺物。「黃帝」動員全族參與誓師儀式，在此祈雨池旁，此戰前誓師僅能由黃帝主持〔註48〕。言此水池為黃帝祈雨池，不必是。此遺跡係今渭北「窖水」之本。天旱雨稀之年，存水飲用。近居所則便於汲取。而景雲氏時代，北方乾旱，已有地質材料佐證，匹楊官寨蓄水池。

彼時，覡統於巫，楊官寨文明已見巫事瓦器，詳後考。覡不得主教儀，以黃帝為男子，景雲氏之號被黃帝襲取，景雲氏於彼時非孤君，豈能覡教而捨巫者或宗女？如此，冥君為「師」，景雲氏得冥君號令，而「應龍」從征蚩尤。此乃舊事本相。

（2）魃繪皮張狀日鬱影日圖以抗蚩尤影日合朔瓶疇圖

「蚩尤請風伯雨師，縱大風雨」，此二言似告蚩尤欲使風伯、雨師「水攻」黃帝，破其「水庫」。但水攻必恃地勢，水行速而擊穿之力著於某營造。而此經不含此類文字。故此，二言訓：蚩尤使掌日鬱風翅圖、影日肖魚圖者為風翅圖、肖魚圖，泉護村、廟底溝遺存瓦面瓶疇圖富含此類圖樣可證。「縱大風

〔註48〕 胡義成：《西安楊官寨遺址中心廣場蓄水池解讀——兼讓河南靈寶西坡遺址為黃帝族「副都邑」》，《浙江樹人大學學報》2019 年第 5 期。

雨」，傳者贅言，非史實。

黃帝下魃者，景雲氏使掌皮張影日圖瓶疇家為圖鬥蚩影日合朔瓶疇圖。景雲氏欲以此圖告冥帝賓極，而為至高無上者。

魃不得復上者，不得還於南方。「上」者，《夏小正》斗柄在上，五月也。以此指向而行，謂之上。魃不得復上，即不得南行。倘南行，謂北方夏季失正。魃於北方掌夏至日鬱正朔，或係冥宗在南方之首，或別命南方媧宗。其乾燥皮張圖又為北方獵物嘉生之兆。

「雨止，遂殺蚩尤」，為日鬱影日肖魚圖，而後發生日鬱，朔日正。蚩尤之紀盡。方伯信從黃帝，合力殺蚩尤。「雨」「止」乃二事。「雨」，為日鬱影日肖魚圖，此一事。「止」，正朔，第二事。「遂」，進也。黃帝以前訓「伯命」徵蚩宗。今以日鬱天象合乎曾為瓶疇圖而取信於方君，方君信蚩宗之紀亡，殺蚩尤。

「所居不雨」者，魃主夏季炎熱，夏至日鬱後降雨被蒸幹。倘效諸言，可推知黃帝、蚩尤末年，北方曾見旱災。

魃為皮張影日圖，迄蚩尤被殺後，魃、巴別紀。得巴名者認屬黿戲氏宗脈。《海內經》：「西南有巴國。大皞生咸鳥，咸鳥生乘釐，乘釐生後照，後照是始為巴人」。推「咸鳥」本咸烏。咸烏者，瓶疇圖烏咸布也，某器面可為圖處，盡繪日烏圖。

依日烏瓶疇圖推測，巴本巫山大溪，屬黃帝姻親。彼地瓦瓶面圖含乾燥皮張狀影日肜日圖。此外，受火瓦器底坐食乾燥，此層食材謂之（鍋）巴。乾肉亦可謂之巴，而獸皮狀肜日影日圖兆獵物之肉。乾燥皮張狀影日肜日圖在雙墩遺存瓦器底變為勒記，器樣 91T0819⑮：122 〔註49〕來自狄宛系瓶疇圖。此勒記係「魃」名之本。鍋底坐食材而乾燥，較之牛皮、羊皮乾燥，俱屬可食指物。二物與係受火受熱而成之物，於缺食之時為美味。

4. 甲兵釋怒以及蚩尤絕轡考

1）赤帝黃帝殺蚩尤之甲兵天罰考

（1）景雲氏運斗樞承用狄宛木星紀年為「甲」考

檢「甲兵」出自黃帝時代，於黃帝為一名。於蚩尤為另一名。初於黃帝為星曆名，非虐體之罰名。後於征討蚩尤部眾時，襲模蚩尤青銅兵器而增鬥

〔註49〕安徽省文物考古研究所等：《阜陽雙墩——新石器時代遺址發掘報告》，科學出版社，2008 年第 206 頁，圖一三〇，4。

力，以宗女號令而得眾助，終於翦滅蚩尤。

於赤帝、黃帝二宗，「甲」是曆算名，來自平春秋分曆算，以宗女正秋分為「節正」之義。「釋怒」事：蚩尤僭越自紀，「民興胥漸」，觸怒冥君，冥君使申戎、景雲二氏鬥殺蚩尤。「以」謂用，「釋怒」謂消弭恚憤。此怒來自冥君，泉護村第一期太平莊葬闕 M701 生時為冥君。

「甲」謂景雲氏以曆算用七，平春秋分。算訖秋分，得數為十。甲者，甲骨文與後世「十」也。《西安半坡》（1963 年版）圖一四一，第 17 勒記即此字。黃帝僅承用此星曆或曆算，未曾獨見。

此字係「丨」、「一」複合而成。丨謂七，「一」謂地赤道、天赤道平行，或曰子午圈、卯酉圈合。時在春分、秋分。值二月、八月。「十」起算自冬至，算訖夏至，於月為第七。七數盡。自冬至算訖秋分，得第十。此算法係《夏小正》曆法之基。所謂十月曆法非陰曆曆法，也非陽曆曆法，而是狄宛宗女秋分「節正」曆法。

故兆春秋分日，謂平二分。推半坡瓬疇家如此勒記本不命曰甲。蚩尤用地平龜替代丸瓦或半丸瓦擬天丸－赤道事而得名「甲」，以告天地數滿。此舉乃反抗蚩尤用「甲」事。

景雲氏承用勒記「十」，以為天地數，嗣承狄宛第二期歲星紀年，而申戎氏則以匕旋肜日刃器應和景雲氏求算秋分節正。匕旋肜日器即後世戈，為五兵之一。此即「以甲兵釋怒」之「甲」、「兵」義。

景雲氏此算又援黿戲王事於夏至日鬱，聯北極星每歲在西北、東北，及璇璣歲每歲斗柄周旋堪折算方六之十倍。如此，秋分為節正，而乾坤冊可聯木星紀年。黃帝曆法成。黃帝曆法大抵可命以「運斗樞」「歲紀」。「運斗樞」謂璇璣歲，而「歲紀」謂木星紀年。

此述基於後考：楊官寨遺石串珠，器樣 M71：1，石串珠 540 粒〔註50〕。此珠數或本黃帝使人曆算用器。石串珠出自 M71 骨殖頸椎旁。石串珠並置，長程 65.5cm。此數乃狄宛曆算度當日算法之二尺，設為深程，系曆歲關聯節氣月數之準數。我疑心 M71 骨殖屬《呂氏春秋·孟夏紀·尊師》「大撓」，《史記索隱》「黃帝使大撓作甲子」之大撓。

〔註50〕陝西省考古研究院等：《陝西高陵楊官寨遺址廟底溝文化墓地發掘簡報》，《考古與文物》2018 年第 4 期。

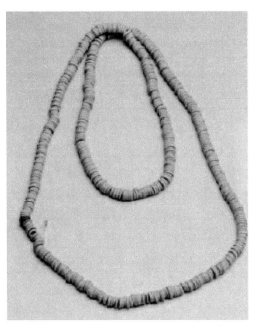

圖四〇四　楊官寨 M71：1 甲曆算用石串珠 540 粒

石串珠胹天地數算式：

　　$10 * 54 = 540$

此算式用九換算算式：

　　$540 = 60 * 9$

甲子六十紀歲用五算式：

　　$12 * 5 = 60$

璇璣歲匹天地數及方六算式：

　　$10 * 6^2 = 360$

曆數匹曆度算式：

　　360 畫夜 $=$ 斗杓運 $360°$

　　諸算式體木星星曆於狄宛第一期以降曆算，盡合宗女之願。宗女依諸算
式而命星紀，是為翦滅蚩宗之故。諸夏星紀始於冬至，源自狄宛、半坡、楊官
寨星曆文明。

　　（2）景雲氏土德星曆說

　　此系統算式聯狄宛第一期乾坤冊 360 曆法，照顧了庖犧氏用天地數，亦
照顧了陰、陽從極星之所，亦顧全狄宛第二期木星以 12 歲曆紀（《祖述之二》
第 397 頁～第 399 頁，圖三八），兼顧龍崗寺瓿疇圖 X（五）歲為度曆算。數

用九者，於數為 9，其效在天為斗樞運。隸定字「九」甲骨文狀本原子頭遺址
M32 設建圖，其上部短斜線方向兆日夏至於西北下落，此所謂陽極而變陰，
此即《易》九為老陽念源。瓬疇家察夏至點日所及此，此所恰合夏至日北極
星所。前第一算式「甲」為「十」義源。天干始於甲，其本雖在半坡，其適用
增補發生於楊官寨，此算式增補狄宛第一期陽旋率六圖及算法。狄宛「乙」
教之「乙」今入甲子輪返曆數。甲子紀年用「甲」，事本承襲蚩尤以地平龜甲
瓬疇事。「甲兵」含二義：第一，蚩尤鑽地平龜瓬疇事。第二，蚩尤鑽龜為占，
又依占而為兵。景雲氏或大橈承襲蚩尤此業，而為甲子曆算。以曆術言，「十」
成於半坡文明早期，聯用九，事在原子頭 M32 設建事後。以此字為天干之首，
推起於景雲氏。

　　我推考景雲氏得軒轅氏之號，本乎大橈為此曆算。景雲氏功業可視為狄
宛帝事一等，又即景雲氏得帝號非本僭越。史家傳黃帝以土德而王，此說於
星曆史屬曆算算法之「值」：六六方數，係土德之兆。土者，方也。地者，陸
（六）也。狄宛第一期昔聖用六曆算於此昇華為方晉之數。即使今日數學研
究者不褒譽以此算法，但此算式體「木」、「土」，係黃帝德源：非木何以得食，
非土何以生木。天木為星體在高，在乎依陰陽輪返。地木從天木輪返，蒞土
而生。非地木無以為食，獵物嘉生、穀物嘉生俱恃地木之德。地木之德在乎
土德。景雲氏土德盡本木星星曆矣！

　　史檢者曾訟「大橈」名，與缺綱領。陳奇猷先生舉譚介甫援《群書治要》
以高誘言「大撓作甲子」。又援蔣維喬等案云：《治要》、劉昭注《後漢書·律
曆志》及《呂氏春秋·勿躬》篇作「大橈」，蔡邕《月令章句》作「大撓」。撓、
橈古通。《新序》作「真」，楊倞注荀子《大略》篇引《新序》作「填」，《漢書·
古今人表》亦作「填」，是「真」乃「填」之省，「填」又「撓」之訛。陳氏以
填、撓形聲遠而否填、撓字訛，以為大撓、大填不必是一人。舉《韓詩外傳》
（五）述子夏語「黃帝學乎大填」，《御覽》四百四引作「顛」，今從荀注改為
「填」〔註51〕。我取「大橈」，從原子頭 M32 尺骨、橈骨星曆義。子夏言「大
填」、《御覽》言「顛」俱是，唯源參差，俱無謬。填、顛以奠而通，皆述瓬疇
家理骨星曆葬闕填埋事，迄末期嗣子依履（禮）而奠，揭前考。楊官寨遺存葬
闕 M234 東側揭露立柱遺跡，可視為「奠」堂之證。

〔註51〕陳奇猷：《呂氏春秋新校釋》，上海古籍及出版社，2002 年，第 209 頁～第 210
　　　頁。

（3）蚩尤之喪考

《海外西經》：「帝斷其首，葬之常羊之山。乃以乳為目，以臍為口，操干戚以舞」。「帝斷其首」之帝推係景雲氏。斷蚩尤首者，生斷而非屠肆。此蓋「刑」，即宗女之罰。此罰又是「甲兵」之罰。施罰者為景雲氏。

蚩尤見殺異乎其他瓬疇家：瓬疇家以豫日鬱被屠肆，為禳眚之寄。被屠肆瓬疇家被命嗣。瓬疇家骨殖被肆陳為星曆圖。但蚩尤被殺，未被冥君命嗣，其骨殖未被理置。斷者，以刃斷也。推此刃係肜日骨匕之碩者，此罰來自宗女，故用宗女罰器匕。

檢此文獻，宜推蚩尤骨殖似被拾掇，而後入土，或其衣冠、器物被拾掇入土：「葬之常羊之山」。「常羊」為何所，不詳。依《啟筮》，蚩尤出自「羊水」。「常羊」二字或出自傍韻，傍「羊」韻讀，言「蚩宗歸本」。我推「常羊」初非地名，僅係事記。其事係「喪」，即蚩尤之喪。

檢隸定字「喪」甲骨文甚夥，《新甲骨文編》錄字 61 狀，今撮錄三者為考：《合 22537（出組）》、《合 34480（歷組）》、《合 29036（無名組）》、《合 19197（賓組）》（第 72 頁）。其狀多旁證，初之喪塙為大喪，眾瓬疇家畫記此事，故此字狀夥。

檢此四字，見其形構難別。倘細察即見其狀以「虍」部為架，間置「止」字，或「口」部，或間置圓圈而成。第二、三字虍部甚朗。虍部字源在半坡遺址，∀（《西安半坡》第 197 頁，圖一四一，第 26 勒記）。喪字從口部，謂「去」。從止，謂「正」。從圓圈，謂日環鬱。第一、第四字上部似嘉生畫局部，此部出自孳乳。聯瓬疇家畫記，比較諸字即知，第一字以圈綴虎部一字，其事由甚清：日環鬱致屠肆，而後以嘉生之名分而祀之，此謂喪。依諸畫記，我推測蚩尤之死乃彼時女宗或赤帝宗大事，故以黿戲、媧宗虍部畫記命之。而今人言喪，謂一戶一人死去，其死後事於生者曰喪事，死者可長可少。此外，哭喪之哀嚎或能驚人，似乳虎之吼，此俗乃狄宛舊事。惟虍部勒記能兆悲愴哀嚎，冬虎吼使人驚。人發此聲，非痛極則為哀至。

「乃以乳為目，以臍為口，操干戚以舞」。諸言出自蚩尤蚩尤之尸畫記。干，盾。戚，斧。「以乳為目」，為日環鬱兩番，寄祈蚩尤之紀不絕。言乳，以告蚩尤之德似乳母。目者，日鬱圖橫截也。「以臍為口」，巫者以圓圖為號令之兆，以臍乃圓物，能出號令。此口寄於瓬疇圖，即為瓦瓠或菱星瓦瓠日環

鬱圖。證在圖四九，銅川呂家崖瓦瓠兼菱星瓠樣 TCLJYI：01 瓬疇圖。

「操干戚以舞」者，徵也，如前考《魚鼎匕》。又即正朔也。干，盾也。戚，斧鉞也。盾平置於地，似平龜之背甲腹甲。縱向狀似赤經線縱向為圈，卯酉線豎直。節令之義凸顯。正朔須貴日月道會之所。非赤經無以言日所。言日所須依赤經之附，故合龜背甲、腹甲而言。盾起於地平龜之效，事本「蚩尤卜鑽用龜」，詳後考。斧鉞者，蚩尤「象舞」之器。此舞旨在正朔，以瓦砥或銅鉞、戈等狀摹日鬱。諸事可命以蚩尤帝事，係蚩尤生前曆為功業。

蚩尤帝事乃正朔為曆之證存於《太平御覽》第 736 卷《黃帝出軍訣》：「昔者蚩尤總政無道，殘酷無已，黃帝討之於逐鹿之野，暴兵中原，……」（第 734 頁～第 735 頁）。「總政」者，豫日鬱合朔曆算曆正。總者，以骨笄抑止，挽發於其上，使不脫落。於瓬疇家曆為，理骨以兆日鬱，則以骨笄附於顱骨。以骨笄兆日出之所，或北極星之所，狄宛第二期 M219、M1 俱是。前考太平莊 M701 類似。豫或記日鬱即謂得元日與曆正，依此曆法便黎民耕種。政者，朔日正而耕得食也。磁山一帶穀物豐收，事本曆法不謬。

蚩尤「總政」曆為屬「宇於少昊」，抑或其外曆為事，迄今無文獻佐證。我推測，蚩尤此番總政屬宗女授命外曆為，屬僭越曆為。蚩尤以僭越被罪。黃帝約於赤帝而伐蚩尤。此大約能釋蚩尤、黃帝鬥本。許順湛先生曾舉《黃帝出軍訣》，但未詳其義（第三冊註第 56，第 155 頁）。

此截《海外西經》背後，存蚩尤之尸記事。蚩尤之尸為畫記，教宗人不忘蚩尤功業。蚩尤之死於宗人不謂怪異，不謂難堪，不謂罪罰，彼時屠肆是宗女正曆伴隨之殺戮。殺生而醢，醢既死者，醢則無別。蚩尤於諸夏星曆史，係一犧牲。

（4）兆肜日之骨器加於蚩尤頸謂太刑考

蚩尤如何被殺，漢初帛書饋證。馬王堆帛書《黃帝·正亂》：「黃帝身遇蚩尤，因而擒之，剝其□革以為乾侯，使人射之，多中者賞。劗其發而建之天，名曰蚩尤之旌。充其胃以為鞠，使人執之，多中者賞。腐其骨肉，投之苦醢，使天下喋之」。

《黃帝·五正》：「黃帝於是出其鏘鉞，奮其戎兵，身提鼓枹，以遇蚩尤，因而禽之。帝箸之盟。盟曰：『反義逆時，其刑視蚩尤。反義背宗，其法死亡以窮。』」

此二文獻珍貴無比，既往學人未能清言者如後：第一，蚩尤屬赤帝，以「背宗」二字顯。第二，鼓士氣以鼓，蓋瓦面蒙皮張而成，以枹而擊。乾燥獸皮瓬疇畫兆夏至熱盛。事本夏至日環鬱正朔。第三，蚩尤被視為畫天者，「禽」字足顯。禽，擒也。禽行於天，以翅畫天。禽兆烏，日烏也。依曆算格羅而得之。如此，蚩尤為瓬疇圖放寫夏季日鬱。蚩尤被黃帝依曆算征服。第四，蚩尤被尚虍部邑人緝拿，被除籍：充胃為鞠者，鞠乃受力不稽之物。兆胃宿喪所，告蚩尤氣欲失常。胃乃氣府，聲氣所自故也。第五，「執」者，把持拿捏也。蚩尤為少君，其氣欲府藏今被從征軍卒把持，兆其心氣念頭被萬人破敗。第六，蚩尤被剝皮，此係屠肆之程，但剝皮為乾侯，兆節令。使人射者，使人投石、擲骨鏃也，兆廢犯氣程率之法也。乾侯者，犯氣程率法也。《黃帝之盟》「反義逆時」旁證。反義者，反電戲菱星之教也。逆時者，逆舊曆算謨四季也。

第七，黃帝之盟「其法死亡以窮」。陳鼓應訓：「以死亡告終」〔註52〕，未得本義。死亡以窮者，「死望」也，猶言日鬱滿月不輪返。「以窮」者，失天空行道也。此盟含詛咒，咒以天象，乃至大咒語。

「亡」字古今義變甚大，字韻讀從芒，月滿之光照謂之芒。又檢亡字通望，西周銅器《天亡簋》「亡」字饋證。于省吾曾檢舊說而考《天亡簋》作器者係太公望〔註53〕。此說精塙。但於先生未釋兩字何以通用。晚近，楊亞長檢《天亡簋》、太公望，仍未檢此題〔註54〕。我檢亡、望所以通者，瓬疇家畫記日鬱月揜日，月滿而喪也。於此，則謂蚩尤絕巒。

由成王之口得知，傳赤帝、黃帝、蚩尤舊事者必係昔聖。又檢馬王堆帛書《黃帝五正》，黃帝時代一人名曰太山稽。推此人乃太公望之祖。太公望授武王，武王周公，周公傳成王。太公望先輩為赤帝一脈，為瓬疇家無疑。

用殺蚩尤之器乃骨匕、玉匕之類刃器。骨匕係宗女之器。以宗女用器而殺蚩尤，乃至上利器。骨匕又即戈狀之刃器部，可刺、可割、可劃。蚩尤之首以骨匕而劃切。此器又係彤日之兆，為犁之祖狀。赤帝為申戎氏，以彤日故也。此器用於殺戮，謂之戎。用於疏鬆田野，謂之劃或犁。用於祭祀，則為彤

〔註52〕陳鼓應譯注：《黃帝四經今注今譯──馬王堆漢墓出土帛書》，商務印書館，
　　　　2007年，第239頁～第258頁。
〔註53〕于省吾：《關於「天亡簋」銘文的幾點論證》，《考古》1960年第8期。
〔註54〕楊亞長：《天亡簋與太公望》，《文博》2010年第1期。

（器）。九黎部名涉此器之用，此題涉三苗，俱屬旁題，暫不檢。

（5）狄宛系瓬疇家骨匕兆肜日之教失傳於春秋考

《春秋左傳・成公十三年》劉康公曰：「國之大事，在祀與戎。祀有執膰，戎有受脤。神之大節也」。楊伯峻先生注：「膰，祭祀宗廟之肉。祭畢，分於有關人員。執膰與受脤均為與鬼神交際之大節」（《春秋左傳注》第861頁）。檢楊說不細，「有關人員」四字甚泛。戎何以聯祀，此問被楊氏輕忽。

《春秋左傳・哀公十七年》：「初，公登城以望。見戎州。問之，以告。公曰：『我姬姓也，何戎之有焉？翦之』」。十七年十一月後，衛莊公蒙難。衛莊公固以髡己氏妻美髮以為其妻姜氏髢。已而遁入己氏而見殺。史檢者不察衛莊公為何不容戎州。《左傳記事本末》錄此事而未釋〔註55〕。

倘使衛莊公曾知戎人之本，想必不敢妄為。《海內北經》：「戎，其為人人首三角」。此記雖粗疏，但仍存瓬疇家舊事局部：戎者，瓬疇家肜日也。為人者，為宗也。人首，宗首也。申戎氏世，宗女掌肜日之器骨匕，猶泉護村太平莊M701冥君。三角者，黿戲菱星圖橫截為二，得三角。狄宛第二期狄宛、北首嶺、半坡、姜寨、龍崗寺瓬疇圖之等。依此「戎」說，狄宛第二期、第三期，僅今陝西境內，戎宗遍布關中、漢中、渭北。此等瓬疇圖記夏至日環鬱正朔，或合朔影日等圖，係正曆事。以匕旋肜日器骨角頻出土於河南、山東等地論，戎宗亦建居所於今山東、河南大部。如此，後世戎人即肜日者後嗣。戎人既能正曆法，則能授時，故不誤農事。如此，以豫日環鬱而正曆法，戎事者為宗，善耕作，得祝盛嘉穀。嘉穀係社祭嘗新之物。此係「戎」、「祀」相連之故。

檢《尚書》，武丁曾肜日，但史家無傳其事。儘管肜日事程不詳，但肜日於殷君為大事。西周降及春秋，衛國貴族已喪舊教，不聞「戎宗」事。依衛莊公事可斷，肜日事失傳於魯哀公時期。

2）絕轡謂蚩宗喪紀元

（1）應龍殺蚩尤在東方之嗣考

夸父是誰之問，歷來是研究難題。檢夸父為蚩尤在東方胤嗣。夸父者，剖由也。我推夸父為蚩尤嗣承，故在「剖由」謂去由日鬱者。讀誇，出自韻遷，從刮、瓜讀。言星象之教，以瓜名，從屬宗女，星名「瓠瓜」為證。言乖

〔註55〕高士奇：《左傳記事本末》，中華書局，1979年，第591頁～第592頁。

戾天象日鬱，則從宗女之教而屠肆，曰由日鬱。冬至後秋分前日鬱俱係由日
鬱。

依此韻檢，夸父系察由日鬱而求去由日鬱者。依《海外北經》，夸父曾
夜察日行跡，「逐走」是也。此人自西方格羅日烏而逮日烏，「入日」是也。
東行於熱季，未喪日行跡，渴，「飲於河、渭」是也。「河渭」，自河套降及
渭水。日晝軌道以夏－冬自北向南變遷。重檢日回北天，回南天之律，夸父
又東北行，察夏季日出所，亦察木星行跡，「北飲大澤」、「道渴而死」、「棄
其杖」是也。既察河套日出，無由再返河套，故「北」謂東北。「道渴死」，
甚熱，故斷以夏季死。「杖」者，木也，謀木事，而貴木、土之德，故言夸
父察木星行跡。棄杖於地而為林，木剋土，行木德也。推大澤在山東某地，
近黃河入海口。

倘檢《大荒北經》，夸父事聯蚩尤以晝察夏至日鬱事。而且，蚩尤用皮
張狀日影圖放寫夏至日鬱日過北極圖之事被彰顯。《大荒北經》「大荒之中，
有山名曰成都載天。有人珥兩黃蛇，把兩黃蛇，名曰夸父。后土生信，信生
夸父。夸父不量力，欲追日景，逮之於禺谷。將飲河而不足也，將走大澤，
未至，死於此。應龍已殺蚩尤，又殺夸父，乃去，南方處之，故南方多雨」。
郭璞以為，夸父事兩述齟齬，「無定名，觸事而寄，明其變化無方，不可揆
測」。「言龍水，物以類相感故也」。郝懿行無疏（第三冊註第 159，第 17，
第 5 頁）。

檢郭璞說非是。二事記述參差，但夸父功業以生時晝記寡而隱微，其逐
日影而死，非搞，此記出自為尊者隱。應龍殺蚩尤，故能並殺蚩尤僕從或嗣
承者。郭氏不詳此事。郭氏也未詳蚩尤之尸能傳蚩尤、夸父功業。

此經述事俱堪從狄宛瓴疇家遊徙施教得釋：成都者，傍水而邑人眾之所
也，此地祀於宗廟。載天者，依瓴疇家丸天術歲曆（陽曆）也。「有人」者，
郁宗也，依日鬱正朔日為曆之宗也。珥兩黃蛇、把兩黃蛇者，用「七日來復」
日環鬱正朔為日曆法，嗣承黿戲舊教也。珥者，盤狀瓴疇圖兩側也。把者，爪
也。黃蛇者，色似磚色如蝮瓴疇圖也。珥兩、把兩者，總計四也。蛇者，蝮
也。依此算，須為七之四倍，折合 28 夜日。此 28 夜日係娟宗夜曆法，又係
娟宗預產曆數，也係依朔望月豫日鬱曆法之略。

「逐日影」者，謨正朔逐日環鬱影也。日環鬱影自西向東掃過。月東行

故也。逐者，攮也，月東偏北速行也。日，似甲骨文正字。日環鬱圖改而為畫記，畫記變為甲骨文，甲骨文變金文，再變而為隸定字，諸變殘損瓬疇圖局部：日環鬱圖，加影日圖似止之圖合，即見舊義。日環鬱圖即日烏月丸圖。金文存舊貌。影日圖之似「止」部存於甲骨文。依前考，日鬱見月東偏北行。唯日西行。河東流而漫川越岸為澤。故經文告東方以及東北方。

「逮之於禺谷」者，在星圖「禺谷」察見日所。檢此字金文，知此地名以由、以蟲為記，此地行「蝮」、「由」之教。於此地觀星，依格羅日烏月丸之法得睹日行跡，摹記其行向，沿此行向而從行東偏北或正東。推其地不在鹽城或連雲港，而在此地之北。

應龍以應字通景字而為景雲氏在東方執事，如前考。應龍處死夸父，傳景雲氏之教，而後南遷。掌男宗之紀，故須南向南行。男宗南行者，從由日鬱、正日鬱類別也。

「南方多雨」可二釋。第一，在南行屠肆之俗，血似水淋灑各地。此際，關中以南蚩尤信眾被清洗。馬家窯周圍蚩尤信眾狀況不清。第二，依升日鬱（食）時段謀食源而南行。覓食源同時，追殺蚩宗舊部。南方降水頻繁，亦被察知。推彼時瓬疇家尚無畫記記乾濕雨霧，僅摘取瓬疇圖表義局部或附加一部傳告。此時節，北方草場乾旱，遊獵者難得嘉生。總之，應龍行跡告景雲氏宗人行遊向南。「少昊」之域，瓬疇家施教更迭。遺物可證三端：宗女之教殘跡、景雲氏施教、來自巫山大溪等地瓬疇家以勒記施教。此三端與鬥夸父。

山東莒縣大朱家村遺址瓦尊 M15：1 勒記自下向上三圖，述二事，可為旁證：第一，胥星圖，即後世造父星圖，揭前圖二九三。第二，其上乃月掩日日環鬱圖。胥星圖之下，又見弧狀。此弧狀兆月自朔日起，自人目不睹之地下而升，猶在山上。圖次依上、間、下聯置，兆義緻密，甚難勘審。我如此勘審，證在此遺址瓦尊 M26：3 面勒記乃乾燥皮張狀彤日圖。此圖係狄宛第二期瓬疇圖模仿，是日環鬱彤日圖。巫山大溪文明也尚此圖。此二勒記互證互補。《嘗麥》言黃帝嗣承者往東隅繼蚩尤，此說翔實。二圖樣次第：1.M15：1、2.M26：3〔註56〕。

〔註56〕山東省文物考古研究所、莒縣博物館：《莒縣大朱家村大汶口文化墓葬》，《考古學報》1991 年第 2 期。

圖四〇五　莒縣大朱家村遺址日環鬱胥星及朔日後月出與日環鬱肜日勒記

瓦尊 M15：1 面勒記，係蚩尤生時或被醢後其宗人勒記。此勒記下部係甲骨文赤字，《合集 3313（賓組）》字作🔥為證。其事係王家臺秦簡記蚩尤卜事。「兵」之鉞刃狀由此勒記之央獲得。讀既往檢討，未見一說為通。

與蚩尤被殺者，不獨夸父，還有「兩暉」，《鹽鐵論・結和》：「軒轅戰涿鹿，殺兩暉、蚩尤而為帝」。王利器先生改「兩暉」為「兩暤」，即太暤、少暤[註57]。我不附議。

我以為，以暤為號，太暤、少暤至少為二人，其治所必異。以少暤為太暤之胤，則二人不能同時。媧宗之世命嗣，屠肆先行。殺一瓬疇家寄禳，而後予嗣。倘屬前者，景雲氏殺蚩尤於「中冀」，殺太暤、少暤於何地？經籍無證。況且，倘以「兩」謂一號分於二人，此二人之後者必係前者之嗣。故此，我不從王氏之言，而推測「兩暉」謂輪日二方，係蚩尤施教時從為瓬疇圖之瓬疇家名。

隸定兩金文為𦥑，字從屠肆納反向胥星圖（第三冊註第 17，第 547 頁）。以屠肆部謂日鬱，即合朔豫日鬱。反胥星圖又似兩「六」字並，狀似羊角。推此字韻讀從盍。並六部可視為日鬱肖魚圖之兩魚尾圖，出自日鬱投影向下圖。如此，「兩」可釋為日鬱屠肆。瓬疇圖如下潘汪遺存器樣 H20：2，圖一九，上行，3。此圖可命「兩暉」瓬疇圖。不詳「兩」如何變成重量名。

〔註57〕王利器：《鹽鐵論校注》，中華書局，1992 年，第 485 頁。

（2）楊官寨蚩尤絕孿附詛咒圖儺面圖跡考

《嘗麥》記蚩尤絕孿，諸言宜墥句讀：「用大正順天思，序紀於大帝，用名之曰絕孿之野」。諸言含三事。第一，用大正順天思。第二，序紀於大帝。第三，依狄宛「馬」曆術而名殺蚩尤之所「絕孿之野」。

「用大正「者，屠肆而理陳骨殖、瓦器而為瓬疇曆圖，從黿戲舊教。宗撟察自西來之月而合朔曆算，後被屠肆。「順天思」者，從丸天術曆算，用由日鬱曆為，以及用母宗生數曆算。思字

「序紀於大帝」者，從月自西東行為日環鬱之本圖，起於黿戲紀鬱圖為男宗之源。男宗掌事，起於此番曆為。

用者，依瓬疇圖記平訟也。用字韻可通雍，狄宛第二期雍覆曆援或精算舊曆闕曆志，更改舊算。每更改必致舊曆為者被糾彈，謬算者必以死而謝罪。而新、舊曆為之從者相爭。後承受者以新算為便，故從之。從之者，知舊訟而便己選新法也。檢甲骨文「用」字僅有三狀之別：平勒、弧勒、垂勒。以弧勒字狀為最早。此字義必係本義。而此字之短斜線向右上翹者兆日東北出，乃夏至日照晝。其舊狀當係《京津四八七六》𦥑或相似者（前註第 199，第 153頁）。檢此字狀左側係曲率不大之曲線，而右側兩弧線相背似八，取曆日從八數，乃狄宛夜曆法算日鬱正朔曆術。下兩短線將前義增補：似八部又顯將雍之狀。如此，「用」字又增雍曆闕精算為曆事。兩短線又似平行線，兆平春秋分。左側弧線以短線在上部而連央弧線，似舟部之省文。舟字兆佚鬱，即宗女佚鬱。如此，「用」字潛藏曆算、佚鬱之訟。

絕孿者，使一宗嘉生無繼也。絕，以骨匕刃斷一宗，猶斷絲線也，使無繼也。「馬」曆術即前考大橈木星歲紀諸算式，楊官寨 M71：1 甲曆算用石串珠 540 枚。蚩尤本赤帝一脈，被殺無嗣，如「絕門」。孿謂察由日鬱而被屠肆者命嗣承也。隸定字「孿」甲骨文從「兆嘉生」、「由」、「幺並垂」三部𦥑。幺部來自🐾下部（第三冊註第 86，第 717 頁）。下部本乎西水坡 M45 黿戲夏至察日環鬱睹菱星圖。此部又係隸定字「午」甲骨文（前註，第 800 頁）。許慎之外，古字學者林、郭、吳、馬、楊、彭諸釋無一告昔義（第三冊註第 44，第 10 冊，第 1139 頁～第 1142 頁）。許慎言「五月陰氣午逆陽」，推此說來自賈氏傳承，甚近昔義——倘以月為陰——月芟日於五月則近古宜。今檢此字初本黿戲王事察日環鬱並見菱星圖。日環鬱發生於午時後。後世以午為時次名，此釋不盡善。我檢菱星圖綴而為會意字，謂世系。武丁之後，契文繁盛。

古字學家無一人知曉其故。今饋說如後：媧宗一脈在濮陽、安陽等地。而嫡
傳即婦好。婦好支脈宗嗣南遷，勒記畫記匿跡。但婦好一脈存勒記與畫記，
廣布教化，契文得傳。商人遠祖實乃宗女，先考未聞。

　　彎字甲骨文上部係嘉生畫記，出自西水坡遺址瓦灶 H221：5 日環鬱與祝
盛圖。菱星圖即黿戲王事與察星象。幺並垂者，男宗、女宗與為曆紀也。

　　「絕彎」係楊官寨遺址瓬疇圖之一，證在月要盆 T1534H2⑤：6 係外莅
犬噬日鳥圖。犬噬日鳥者，從狄宛第二期葬闕 M224 占鬼宿屬星天犬噬輪返
之日，令日環鬱不再輪返。此圖蘊詛咒，詛咒蚩尤絕嗣，此詛咒瓬疇圖所寄
瓦器屬某男宗，推屬景雲氏。

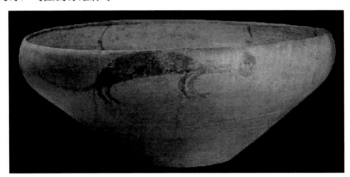

圖四〇六　楊官寨器樣 T1534H2⑤：6 絕彎圖

　　犬者，狄宛尚平獸也。白家村瓬疇家承用，它地也承用。犬乃彼時善獸，
非似現代漢人之念，以畜生而類之。

　　《西安日報》2018 年曾刊發一文，此文承用高陵區文體廣電旅遊局饋圖附
釋 T1534H2⑤：6 以為「天狗食日」〔註58〕。此說局部近是，不詳出自何人。

　　我言月要盆 T1534H2⑤：6 瓬疇外莅圖乃蚩尤絕彎圖，旁證即楊官寨遺
存瓦器或瓦面瓬疇圖已俱巫覡雛貌。前考 H784：1 圖係第一證。

　　另四器饋證便跡景雲氏屬係於景雲氏時代巫覡圖：第一，扶風案板遺址第
一期器 GNZH66：1，係天黿圖之一，揭前訓。察圖三八一，2，器樣 H784：1，
狀係北首嶺、半坡、姜寨、龍崗寺圓盤瓬疇圖變遷。此圖傳者南遷，大抵在巫
山大溪而為肜魚氏。景雲氏南遊娶肜魚氏女，後於夏季北返遊獵之所。景雲氏
娶於肜魚氏，生昌意，昌意又即唱儀，或唱魚，乃肜日肖魚夏至日鬱紀元曆法
掌握者。「唱魚」名訛而藏吉，係後世孟春歲曆歲首前夕張貼魚圖之源。

〔註58〕芳華：《「中國最早的城市」楊官寨遺址》，《西安日報》2018 年 11 月 4 日，
　　　　第 8 版。

　　第二，瓦盆，器樣 H776：29，圖四〇七，1。外菹圖乃天黿圖別樣。此圖來自日環鬱肜日圖。器乃月要器，平置以察。東方似日鳥而有銳端，銳端來自日環鬱三角影日。體長而腰腹為地色。地色者，日照入央也。此畫來自肜魚畫之肖魚尾冥三角夾陽。以此畫反向，對接此畫，使之聯細長日影，即得體部圖。再添蛙四足，兆屬天黿部。

　　第三，我言巫覡行為起於景雲氏，證不獨在楊官寨塗抹朱砂之盤狀瓦臉 H784：1，還在於此遺址起出瓬疇家覆面施教瓦盆 G8-2①：7，圖四〇七，2。瓬疇家戴前者能令邑人念瓬疇家豫日鬱，而減省宗揙骨器。又檢朱砂雖有毒，但能安神而降煩躁。朱砂受熱能揮發，施教者臨篝火，其氣味能入近旁受教者口鼻，安神降煩躁以致心安。靈寶西坡墓起出物也含朱砂，彼地也曾有巫覡。今撮錄楊官寨諸圖如後。

　　第四，合朔瓬疇圖橫並而塑於瓦面，楊官寨器樣 H84：26，圖四〇七，3。推此器初有三面或四面。殘存雙目之左目，右目殘損。左目右側，見鼻狀凸，此乃一目與用之圖，其側旁必曾有似目塑。似目塑即合朔塑，此合朔謂春秋分合朔。此三圖出自《陝西高陵縣楊官寨新石器時代遺址》圖版三，1、5、6。

圖四〇七　日環鬱天黿圖儺覆面圖與合朔塑橫陳圖

前考「弄明」事涉察日鬱，以及畫記日鬱。連弄明功業，今推知，器樣
H776：29 外莅瓬疇圖出自弄明。此人或係景雲氏一宗宗掝。

器樣 H84：26 色冥，係日鬱之兆。此瓬疇圖在蜀、隴、渭水之域傳承，
後傳及廣漢三星堆。周豔濤檢諸器，以為器樣 H776：29 外莅圖係「蜥蜴紋」。
以為器樣 H84：26 圖係「神秘大眼睛」，似三星堆瓦面具。推測其用途特殊，
係禮儀器物〔註59〕。其說無本，言似三星堆面具，此辨不誤。

林向檢三星堆面具，敵解舊說以為弔杏眼兆瞥。以為青銅立人高像「代
表」古蜀酋長兼祭祀。戴面具形象「表現出個性化的傾向」（圖二）。人頭像或
人面像參差。在「程式化的面具下，以長短寬窄來表達人物性格的細微差異」。
林氏察見，神像與神話人物象不套戴面具〔註60〕。而林氏未聯檢此立身像雙
手各持一環。輕忽此模樣與面具雙目異兆。何英德檢三星堆青銅面具，也輕
忽青銅高身立人雙手各持一環，未察知此兩環相向將丗〔註61〕。

我檢舊說以為銅像「程序」化，僅謂模樣僵硬寡變。檢者俱不釋義，出
自不曾體察諸夏圖源。三星堆遺存面具圖、立人銅像手持環相向俱係狄宛系
瓬疇圖。立人銅像係三星堆一帶某男宗宗掝。此人司察日鬱。雙手持環相向
將丗，兆此人能道會日月，係瓬疇家。其雙目狀似合朔瓬疇圖。於瓬疇家，曆
算日鬱輪返盡 223 朔望月，此係曆術。道會日月，則為帝事，故在外莅察天
象者被設擬為掌日月者，能掌日月，能令日月行向，使之背行，使之逆行，使
之逆行而道會。故此，三星堆此銅像是瓬疇家帝事之像，此人為帝，而非巫
覡。由此考證得知，三星堆曾屬帝鄉，男宗帝事而為帝。此銅像合會日月部
係狄宛系合朔圖更新：質地與材料更新、圖樣更新、置向更新，瓬疇家帝事
依舊。此斷旁證在於，三星堆遺存含海貝、銅貝，諸物係合朔曆算之物。

於蜀文明演進，三星堆合朔面具圖、道會日月帝事像等之源不在三星堆
本地。覓源者宜向巫山大溪遺存及狄宛與關中索求。大溪文明屬狄宛第二期
後文明。此遺存瓦器含冥瓦，似元君廟、泉護村冥瓦。此遺址 1959 年掘理者
揭露 M1，彰顯骨殖理置者陳肆而為日鬱天象志。骨架之顱骨橫置，面顱梨狀
孔朝向平行於左右肩胛骨，左右鎖骨放置赤瓦碟。兩瓦碟平行。此兩器兆日

〔註59〕周豔濤：《陝西仰韶文化遺址考古發現神秘「大眼睛」》，《今日科苑》2008 年
　　　　第 9 期。
〔註60〕林向：《三星堆假面考》，《尋根》2000 年第 6 期。
〔註61〕何英德：《三星堆出土青銅面具考》，《史前研究》2006 年。

鬱，梨狀孔朝向平行於此二器，兆瓬疇家為宗撿，目視月撿日。推斷此骨殖屬生者死前係宗撿。M5 起出玉璜兆合朔，M6 起出玉環兆日環鬱，M13 起出玉玦亦兆日鬱（前註第 34，圖 5、圖 35、圖 36）。三星堆合朔面具之「大目」圖來自楊官寨器樣 H84：26，即合朔橫陳圖，圖四〇七，3。

彤魚氏何自來，曾是一難題。顧前考狄宛系宗女佚鬱用瓠，徙居大溪不為難事：綁縛杜口瓠數件，沿嘉陵江漂流，能及大溪附近。大溪人男宗初本庖犧氏，器座 M101：5 下部似「作」瓬疇圖饋證（前註第 46，圖 20、圖 10）。

蚩尤以反宗被肆醢，其絕轡致其新知失傳。其「惡名」多少連累電戲名聲。讀者或以為，前考景雲氏木星紀年，其曆法史功蓋過殺蚩尤，此功致蚩尤新知無謂。此念難以立足：依前著考證，狄宛第二期瓬疇家已能為歲星周旋曆算，木星紀年之法已成。其功遠在蚩尤、景雲氏、申戎氏之鬥前。景雲氏唯襲此算法。倘欲評黃帝、蚩尤功業，難題僅在於，如何考量「從宗」、「反宗」於後世利弊，此處已無檢討之必。

張春生先生檢討《山海經》，其著作未呈文明流變，亦未事文獻字句考證。但張先生察知，蚩尤「應該是蚩尤族幾位首領或連任酋長的通稱」〔註 62〕。此說倘一半可從，必在後半。而我以為，蚩尤生時，僅一人得此號。赤帝、黃帝、蚩尤俱係瓬疇家之號，而非氏、名。我以為，蚩宗生年在五十歲以上。此言出自其遊歷多地耗時，豫日鬱輪返正朔耗時，施教而鬥克多地「不用靈」者耗時。被殺後，蚩尤於男宗則為反抗女宗之英雄，不排除得勢男宗以蚩尤功業而命指某人不絕蚩尤之祀。《韓非子·十過》記黃帝合鬼神於泰山，蚩尤居前。此蚩尤推係蚩尤奉祀者，而非蚩宗之嗣。

（四）東方瓬疇圖衰變與蚩尤甲兵致怒跡考

1. 大汶口瓬疇圖衰變體釋與故求

1）葬闕 M35 瓬疇圖釋

（1）葬闕與納物

依大汶口遺址初掘理者言，M35，坑長程 2.37、寬程 0.99、深程 0.49m，土葬闕，納成人男女骨架各一具，童骨架一具。男骨在南，女骨在北，童骨屬女，依成年女骨在北。俱仰身。男骨殖掌執獐牙，左手佩一骨指環。女頭佩束髮器。顱骨上方見一大背壺。其右邊見兩壺、一杯，左邊見礪石、牙料、蚌

〔註62〕張春生：《山海經研究》，上海社會科學出版社，2007 年，第 230 頁。

片、獸骨與瓦杯。多數隨葬物近男子。男骨殖左側自東向西布置鼎（納豬骨
二塊）、豆、壺、罐、豬頭與殘瓦。右足骨旁見一鼎（《大汶口》1974年版，
圖二三）。葬闕納器物26件，不撮錄。

　　掘理者屬係 M35 於「合葬墓」，此名出自照顧後世君後合葬之俗，但未
顧此葬闕納童骨。依瓬疇家察日鬱正朔日曆為事，掘理者類別不可採。

　　（2）宗女監瓬疇男察夏至後日環鬱

　　依繪圖軟體檢此葬闕東西走向，倘依平面掘理圖子午線加繪東西線，此線
過男右肱骨、女左肱骨間，伸向東方雙耳敞口壺5，西方月要罐21。檢葬闕無
直角邊。東北、東南彎曲甚於西北、西南。由此得知，此葬闕告日在東北、東
南弧轉。自男顱梨狀孔畫線，能及丸罐12，此證 M35 瓬疇男察月丸自南偏西
向東移動。西南方條狀礪石16直月要罐21。礪石謂砥礪，即日烏丸月磨礪。

　　又檢此葬闕女顱骨戴獐牙弧凹相向，係日環鬱之兆。又檢女骨殖在南骨
殖之北。此係瓬疇女占北方星宿之兆。男顱梨狀孔、眼眶隨顱骨偏左，即視
向正南，此所乃日西行之軌。瓬疇女視向器12，丸罐。依此圖得知，男司察
午後日鬱。女骨殖顱骨向南少偏，似監男察日鬱。其右側女骨殖係嗣承者，
今繪圖如後。

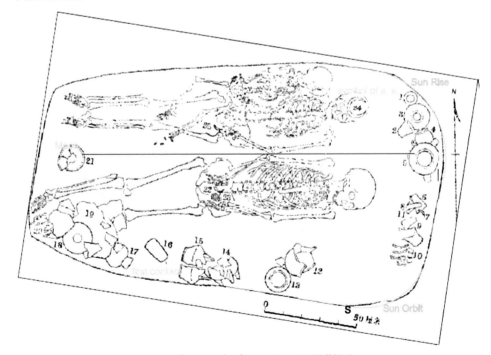

圖四〇八　大汶口 M35 日環鬱圖

圖示英文義不必釋述。宗女頭戴獐牙兆日環鬱，即 symbol of a.e.，縮略名全即 annular eclipse。圖示日環鬱滿度發生於午後，地平子午線交日環鬱線以 17°，約當 180°十分之一，以平角折合 6 個時辰計，日環鬱發生於午後，晨日出第 3 時辰後，零頭折算 1.2 小時，日環鬱發生時刻約當 13 時 20 分。倘顧瓬疇家天極視向差，此度數增大若干。此葬闕屬大汶口遺存文明晚期葬闕。依此圖示，迄大汶口文明晚期，宗女仍掌正朔日為曆。

2）大汶口葬闕瓬疇義釋要略

（1）大汶口葬闕瓬疇義釋之基

大汶口葬闕瓬疇義訓宜從狄宛系葬闕瓬疇圖釋，釋前宜先別葬闕、間葬闕。瓦器圖釋亦從狄宛系瓬疇圖釋。而豕首曆義宜依葬闕平面圖向甄別。

《大汶口》（1974 年版）葬闕段別：M26、M6、M7、M38、M131、M23、M55；間段：M9、M118；末段：M10、M4、M123、M5、M122、M35、M1、M36、M45。此掘錄附圖間葬闕盡屬前段：M13、M22。或屬間段：M25、M53、M94。

（2）大汶口遺存掘錄圖示葬闕曆義略覽

葬闕 M7 似葬闕 M35 瓬疇女，顱置凹弧偶向獐牙，兆日環鬱。葬闕 M38 胸有骨匕，兆掌直匕彤日。此骨殖乃瓬疇女骨殖。M10 外框斜邊走向兆黃赤交角曆義。M123 西方丸轉，骨殖面顱殘缺，雙眼眶殘去，兆盡冥目不睹物，故繫日全鬱圖。M5 重見瓬疇女掌日環鬱曆圖。M122 瓬疇家察午後日鬱圖。M1 瓬疇家察元朔日鬱輪返，系曆正圖。M36 瓬疇家察午後南偏西日鬱圖。M45 所謂俯身葬係瓬疇家察丸天月行 360°圖，瓬疇家察得日環鬱，兆在葬闕納雙耳罐。

間葬闕之間葬器納物係方天瓬疇圖曆義之兆。間葬闕外納物係體曆義之兆。其邊直而角正，係方天曆圖之兆。其平面圖識見宜用清晰原圖，殊宜細察諸器置向。我用電子檔圖不清，不便輔繪，今不圖示。

又檢大汶口葬闕者頻見豕首或豕下頜骨。豕首、豕下頜骨曆義參差：下頜骨謂六，依置向而別寒溫。向東北、向西南俱告節令用數六。但西南置向兆冬至，東北置向兆夏至。豕首東向而置謂春分，西向而置兆秋分。

3）瓬疇圖衰敗與地平龜卜興起淺考

（1）龜鑽自西向東傳播小考

自上世紀 60 年代發掘大汶口遺存，掘理者察見地平龜甲鑽孔。其背腹甲

面見鑽孔 8 眼。鑽孔小大相同，圓滑工致，出自硬刃鑽（《大汶口》附錄二，
《我國首次發現的地平龜甲殼》，第 159 頁）。

用龜事見於狄宛系淅川下王岡遺存，也見於舞陽賈湖遺存。後者不屬狄
宛系文明。今別用龜二題，先考述淅川下王岡遺存，後考述舞陽賈湖遺存。

淅川下王岡第一期遺存：葬闕 M212，龜傍腰椎左側，龜地平板向上。
M281，龜 3、4 置於骨殖右尺骨橈骨上，龜地平板向下。罐口向東南。葬闕
M404，骨殖之股骨、脛骨腓骨與形夏至日環鬱菱星圖，顱骨、脊柱東西向陳
肆。兆正朔平春秋分二氣，乃雹戲遺教。下王岡葬闕 M411 係原子頭遺址運
斗樞葬闕 M32 別圖，推測此葬闕與原子頭遺址 M32 同時或少遲，時在景雲
氏並得軒轅氏之號產生前。葬闕 M473，日環鬱圖，係丸半器覆面覆腰腹上身
圖。覆面謂不睹光線，冥或晦也。日在東南升，晨時行向天西北。此圖乃升日
鬱（食）圖。

淅川下王岡第二期瓦器器身或器座瓬疇圖出自蚩尤施教。此時段頻見似
姜寨第二期體葬闕。葬闕納骨甚夥，使人覺酷烈甚於宗女屠肆。高足瓦豆頻
見：器樣如 M530：1、M540：6、M600：3、M109：3。瓦豆高足雕孔。瓦豆
上部似能容（截）丸瓦器，故能兆崇隆某星體。

此遺存所謂「仰韶」第三期遺跡之營窟並築模樣怪異，背牆似斜線掠去
（圖一七七），我以 Auto CAD 繪圖軟體檢此線交緯線以 24°，係狄宛高地遺
存斷崖邊線別樣。狄宛高地遺存懸崖走向線兆日出點在東北，66°，合夏至赤
經地赤道。

依前考，聯檢葬闕 M212，龜地平板向上，及 M281 之龜 3、4（《淅川下
王岡》第 25 頁～第 165 頁）龜腹甲在下。依此推知龜地平板在下能兆地平或
春秋分地赤道。倘使龜地平板置於骨殖右尺骨橈骨上，則兆夏至。倘見此所
龜地平板向下，得兆冬至。東西向地平告地赤道線。日行落於赤道線下端點，
謂冬。日行於赤道以上及端點，即謂夏。如此可斷，蚩尤引入地平龜功在兆
冬夏瓬疇義。用龜固謂生物學物種殘害，但瓬疇家用此器即謂不再耗時造丸
瓦器。不用丸瓦器，瓬疇家為圖之所減損，瓬疇圖由此衰減。

（2）舞陽賈湖 M233 日鬱志與 M344 用龜瓬疇星占考

蚩尤固以地平龜兆瓬疇圖輔瓬疇曆為，但檢眾掘錄，用龜起於舞陽賈湖
文明。而此係文明若干細節迄今未檢，今聯蚩尤功業唯察用龜，以昭瓬疇家
用龜史，以及丸瓦瓬疇圖淪喪之踉。

《舞陽賈湖》錄葬闕不少，多數葬闕底開以直邊、直角，或正矩形，或似梯形。依前考，此等葬闕多係方天圖。方天圖曆義限於縱向矩天，而非規天。規天較之矩天，屬進益瓬疇，但矩天以平面察星空。平面矩天，不便定距星。賈湖遺存葬闕多以骨殖面顯梨狀孔——視線向東，或向西為軸線，丸天義單薄。正春秋分之義昭然。

檢葬闕諸圖，惟 M233 異狀，其底開東端半圓，含丸天義，而掘理者未察（《舞陽賈湖》第 164 頁，圖一二八，1）。此葬闕述曆早於狄宛第一期 M15。納物：1.與 10.瓦壺、2.瓦罐、3.與 4.骨笛、5.骨鏢、6.骨錐、7.骨鏃、8.牙削、9.瓦鉢、10.～16.龜甲。今依狄宛系葬闕瓬疇圖考之道訓之如後。

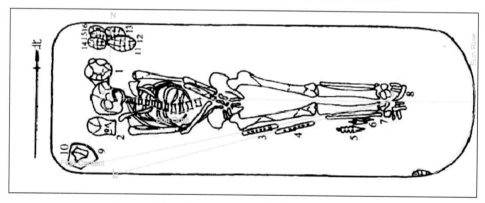

圖四〇九　賈湖 M233 夏季日環鬱瓬疇圖

龜長程東西向置，龜背甲在上，謂夏季，晨昏日照綿長。六塊龜甲謂 6 夏。6 夏跨 5 年。5 年睹日環鬱，時在午時之後。視向線 v-a.e.。骨笛兩管，兆陰氣陽氣砥礪。橫笛依分氣而生音。氣直節令則為律。此念同狄宛第一期瓬疇家赤色畫記氣程率六之數。此處用龜六，管律宮調當冬至之調。兩管骨笛斜置之向亦兆夏至日出東北而後東南向旋。旋及器 9、10，而得日環鬱。此圖志日環鬱或係諸夏最早日環鬱圖志。脊柱之胸椎迄腰椎部見彎曲，兆瓬疇家曾貓腰。此理骨之道頻見於賈湖葬闕，係彼時瓬疇家述察星象之技。

賈湖遺存起出瓦片數千公斤，器樣 2548 件。器面雖見紋樣，但無施彩。器樣較之裴李崗器樣單薄，施彩較之狄宛系早期器樣寡趣。但此遺存用龜係諸夏最早，遠在蚩尤用地平龜之前。而龜於此時謂占兆，龜甲雖見孔，但不涉卜鑽。龜納石子，係占星之兆。龜 M344：18 下腹甲右側見勒記 ⬭，掘理者以為目字（第 986 頁）。我以為，此說草率。此勒記推係賈湖瓬疇家

日環鬱勒記，合葬闕瓴疇義。此日環鬱以存於腹甲，容許推斷為秋分日鬱志。

　　檢賈湖遺存去南陽不遠，而南陽去淅川不遠。此三地文明交流不可排除。賈湖用龜之俗倘傳及淅川，大汶口遺存地平龜之用則本乎中西部。而瓦面瓴疇施彩圖衰落凸顯於魯南、皖北與蘇北。同時，用龜頻見於東部史前遺跡。粗察後，可疑心此二事密聯。

4）大汶口瓴疇圖雕體釋

（1）外葪膏汁瓴疇圖釋

　　圖四一〇，1，器樣 M10：57，頸部下外葪瓴疇圖之上層係日環鬱影日圖，本乎狄宛第四期 H226：13 日環鬱影日圖變。間層：菱星圖截割而位移夾置圖。圖四一〇，2，器樣 49：8，外葪瓴疇圖，狄宛氣程率赤畫單股變樣附日環鬱圖。圖四一〇，3，器樣 63：9，影日與曆算圖，不詳值合畫總數，不能測算。

　　圖四一〇，4，器樣 M55：1，外葪日環鬱影日圖，容許值合曆算。此外葪圖或許與福臨堡 H108：2 內底勒槽圖存在某種聯繫：倘拉開此槽勒，似三角部間距增大，上部似 M55：1。圖四一〇，5，器樣 M123：8，外葪日環鬱影日圖，半環狀日影。圖四一〇，6，器樣 M4：9，狄宛第四期器樣 H846：3 外葪日環鬱影日反乙圖變。

　　圖四一〇，7，三足罐：器樣 M56：6，外葪日環鬱影日線圖，後圖 7。掘理者言「鼎」，我以器狀類丸，故從碗韻讀之罐名納之。圖四一〇，8，器樣 M65：4，外葪日環鬱影日圖。上層半環、下層半環本係日環鬱之環狀，但半解而連屬為圖。夾圖乃日影半環狀。

　　圖四一〇，9，豆，器樣 M106：2，外葪格羅圖夾值合畫，不詳總數，故不測算。下部器座或把柄部廓線繫月要圖。圖四一〇，10，器樣 M18：1，外葪格羅日環鬱圖，附胥星圖。圖四一〇，11，器樣 M75：1，外葪日環鬱四方影日圖。央見烏丸，係日環鬱圖。唯日鬱日影帶以升日鬱、降日鬱、秋分日鬱別為北閾帶、南閾帶、央帶。日鬱輪返之北、南界盡被呈示，狄宛太初秋分前日鬱也被呈示，「五」係其別義。此瓴疇圖匹江蘇邳縣大墩子蚩尤龜卜圖四二七，為蚩尤時代之物，詳後蚩尤龜卜考。

圖四一〇　大汶口狄宛系瓴疇圖

（2）瓦雕骨雕骨匕瓴疇義釋

　　圖四一一，1，器樣 M34：1，瓦豆，豆座雕圖係日環鬱影日圖。圖四一一，2，器樣 M73：7，瓦豆，器座亦遍布菱星圖雕。圖四一一，3，器樣 M60：41，器身央圖難辨，但下部乃月要狀，側棱邊線兆「八」，乃宗女夜曆法孑遺之物證。

　　圖四一一，4，器樣 M117：45，鬹，其流依器置向變東而能兆夏至日出或夏至日入天所。圖四一一，5，器樣 M117：55，器蓋，紐上鏤圖係夏至日環鬱過極影日圖，央圖似乾燥皮張，側旁乃日環鬱錐影圖。

　　圖四一一，6，象牙梳，器樣 M26：15，日環鬱反乙示仄極雕。仄極者，天極仄也。反乙者，狄宛氣程率乙晝反向也。仄極認知，係黿戲王事見北極認知傳承。

　　圖四一一，7，器樣 M4：8，匕旋肜日器兼鬆土器，亦為刃器，用於剝刮

獸皮，或虐體之器。圖四一一，8，器樣 M6：10，承用狄宛夜曆法以八算晝
冥子遺之證物，兼月要肜日器，木把勒刻乃格羅勒。此器樣係江蘇邳縣劉林
遺址 M25：4 姊妹器〔註63〕。

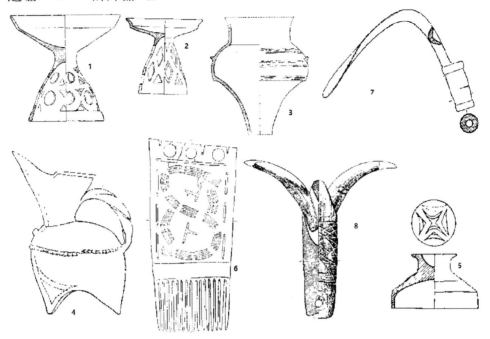

圖四一一　大汶口瓴疇家用器瓴疇圖

另檢《大汶口》器樣 M4：27，係地平龜代丸半天瓦器曆象。器樣 M5：
3，杯高把雕孔兆日環鬱。器樣 M5：1，臂環兆日環鬱。器樣 M5：8～11，瓦
線陀以其置所兆日環鬱發生，其證在於骨殖左下臂套石環。倘自《大汶口》
圖二一，即 M5 第 5 器、第 3 器之央畫線，見此線連並石環、線陀。此線交
地平子午線以 43°許。依石環置所與顱骨梨狀孔視向線推斷，此番日環鬱乃傍
晚日環鬱，而且發生於冬季。東北諸器無一直立，告日斜射在西南。如此，
M5：3 高柄杯月要狀之日鬱義亦被揭示。換言之，大汶口文明遺存晚期某年
冬季曾發生日環鬱。

器樣 M13：24，圈足尊。足雕菱星圖，出自电戲菱星圖。器樣 M26：36，
係外菡影日圖，附日軌下極與升上圖。器樣 M22：9，兆肜日之骨匕。器樣
M22：10，兆日環鬱之瓦指環。器樣 M10：9，月要高足杯附雕孔兆日環鬱。

〔註63〕江蘇省文物工作隊：《江蘇邳縣劉林新石器時代遺址第一次發掘》，《考古學
　　　　報》1962 年第 1 期，圖六。

下部係雕孔兆日環鬱。央係月要杯狀，廓線頗似「八」。上部細長，乃增程杯頸。連此器身走向，能見日環鬱發生時日月道會之線程較長。而且狄宛系瓬疇圖之平面畫與天際日月體會之圖復原。央月要部有立體圖義。器藝者設擬在天察二丸相會。非外菿瓬疇家莫能為此器。

《大汶口》圖四一，直芟骨匕，1、2、3、5：器樣 M13：19、器樣 75：14、器樣 M119：4、器樣 M111：13，器用清白，圖不拓錄。圖六六，細高把杯，把皆雕日環鬱圖或影日圖或日環鬱圖，今不撮錄；此掘錄圖八五錄物被掘理者命為「骨雕筒」，其第三器即器樣 M25：56，此器乃宗撽用骨管，其圖並不拓錄。

（3）鬶源自日環鬱瓬疇圖釋

既往，器藝文明檢討者不曾考究，瓦器之鬲、鬶起源。體釋瓬疇圖流變之際，我今饋給鬶源。檢鬶成器者效日環鬱瓬疇圖。大汶口葬闕起出鬶，器樣 M47：34，為鬶初狀，它狀出自衍生，不再跡故。

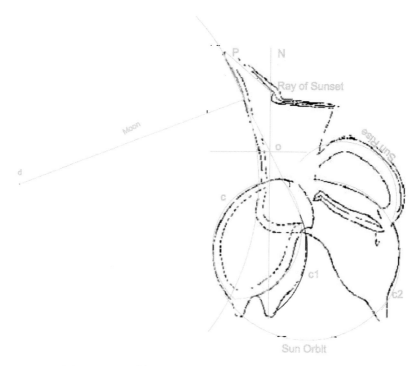

圖四一二　鬶本夏至日環鬱合朔與黃赤交角圖釋

鬶器藝瓬疇義釋：日夏至，北極在地平西偏北 P。是日，日軌道交切線交昏刻日照線以 23°許。日自東向南弧行。日午後在天極劃過，及西而會月。月

碩大，僅以鬶弧邊為兆，其圓心遠在器外 d。鬶三足正視圖各似合朔圖。合朔
豫致日環鬱，此乃鬶成器之念，此日環鬱即夏至日環鬱。瓦器器藝以鬶為最
複雜之物。掘理者在陝西長安馬王鎮客省莊遺存起出某種瓦鬲，係單把柄瓦
鬲。張忠培等撰文檢討。其文題涉某樣瓦鬲，編碼 H206 之 5（圖一）〔註64〕，
我檢其狀仍本日環鬱瓬疇圖。蘇秉琦先生早年饋給有耳瓦鬲圖樣〔註65〕，其
狀亦來自日環鬱瓬疇圖，此蓋以「象圖」造器之事。此事不見於經史，比數喪
佚舊事。

但無半圓柄耳諸瓦鬲圖樣不涉日環鬱圖被襲模之事。依田建文先生檢張
忠培先生研究瓦鬲跬步，張先生傾力比較瓦鬲與似鬲諸器，能甄別瓦鬲模樣
參差，能鑒察諸器受熱參差。但終境未曾覓得瓦鬲器樣之源〔註66〕。

2. 膠縣三里河與兗州王因瓬疇圖變體釋暨瓦豆崇隆春秋分北極星義釋

1）三里河冥瓦與戎器及銅鑽頭匠作義釋

（1）元君廟泉護村冥瓦嗣承與瓬疇圖消失源問

檢三里河遺址起出冥瓦及灰瓦。冥瓦係華縣元君廟、泉護村冥瓦在此地
發展。如發掘者言，此遺址冥瓦為主，次為灰瓦、再為褐瓦、末為赤瓦。赤
瓦不再居首位。且冥瓦器素面磨光。掘理者言，此地無「彩陶」，僅見按壓
紋、弦紋、堆紋、劃紋。起出鬶、甗、鼎、豆、壺、罐、甕、杯、碗、盤等。
器壁厚程有小於半毫米者，內外壁黝黑，表面光澤〔註67〕。掘理者言「彩
陶」，限其義於施彩瓦器，但未鑒狄宛瓦器外菑瓬疇圖在此地以器壁雕工演
變。既往頻用丸瓦，今不再貴重丸瓦，而貴重器座或器足。既往，器壁渾全，
而今器座器足透雕。諸般變動乃丸瓦瓬疇圖變遷之兆，非謂狄宛系赤色丸
瓦瓬疇圖淪喪。

（2）豆 M216：7 崇隆春秋分北極星與器足瓬疇圖雕義通釋

豆，器樣 M216：7，掘理者言，泥質灰瓦，盤淺、圈足肥大、有鏤孔。
掘理者未檢器座模樣。

〔註64〕張忠培、楊晶：《客省莊文化單把鬲的研究——兼談客省莊文化流向》，《北方
　　　　文物》2002 年第 3 期。

〔註65〕蘇秉琦：《蘇秉琦考古學論述選集》，文物出版社，1984 年，第 111 頁。

〔註66〕田建文：《我對張忠培陶鬲研究學術思想的認識》，《中國陶鬲譜系研究》（楊
　　　　晶主編），故宮出版社，2014 年，第 545 頁～第 562 頁。

〔註67〕昌濰地區藝術館，考古研究所山東隊：《山東膠縣三里河遺址發掘簡報》，《考
　　　　古》1977 年第 4 期。

圖四一三　三里河豆 M216：7 合朔日環鬱與肜日雕

　　檢此器上係盤而下凹，下乃倒扣罐。盤狀來自狄宛系瓦盤覆置。罐器源
自爟事，爟事貴在察夏季日所，爟宿用事，此乃狄宛第二期以降瓬疇家曆為。
似罐部覆置，以配盤覆置，求得上部穩置。而盤容許放置丸瓦器。故此，可恃
此狀而識丸瓦器被缺省。倘繪下部似罐部邊線，能見菱星圖去下部三角存上
部三角之狀，存星宿大角星、五帝座一、常陣一。顧兩側邊線較長，倘全其本
狀，菱星圖自角宿一向上乃長弔狀，北天極之遠被擬告。似罐部之上，缺省
之丸似近常陣一。倘以此器為宏大春秋分時節北極星之器，則北極星在正北，
北極星之碩大義或至高無上義被表達。崇隆北極星之事發生地不在西水坡
M45，而在山東膠縣三里河等地。凡見此等瓦器，俱可推斷瓬疇家崇隆春秋分
北極星之義。此器壁上下雕圖乃瓬疇家合朔日環鬱與肜日圖。此圖饋證狄宛
系瓬疇圖改良，而非廢除或淪喪。

　　（3）高柄杯 M2116：1 面圖涉連林西水泉及師趙村似井字旁證

　　薄胎高柄杯，器樣 M2116：1，座以上，頸以下，鼓腹部有壓印紋，近似
圖樣見於北方，赤峰林西水泉遺址缽器樣 F9②：5 面紋樣，或師趙村遺址第
五期瓦筐底紋樣似「井」字，器樣 T205①：129，比較而見傾斜而已。諸物圖
樣旁證，「井」字狀念頭深入人心。蚩尤以「井」圖施教，殘跡存於此器。而
師趙村第五期已在後絕轡時代，黃帝後嗣主東方，承蚩尤舊教用「井」。狄宛
系膏汁瓬疇圖邁出瓬疇家施教舞臺。

　　（4）工器銅鑽與鹿骨肜日器

　　此地起出銅器，屬匠作之工器。掘理者以為是鑽形器，可採。此遺址起
出此類器兩件。掘理者未細考其用途。圖四一四，1，器樣 T110②：11、圖四

一四，2，器樣 T21②：1，前者起出時被罐殘片覆蓋，掘理者言，未見擾亂。
由此得知，此器乃珍物，故被掩藏；肜日鹿骨，圖四一四，3，器樣 M279：
20〔註68〕。第一器即使在今日也可用於鑽孔。推測此器材質係合金，非純銅。

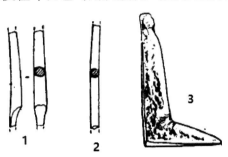

圖四一四　三里河似工器銅鑽頭與肜日骨勾

此鑽頭非錐形鑽頭，也非似扭槽麻花鑽頭。縱向著力部似平面，鑽頭部
側視如馬耳狀，端為薄刃，無鑽尖。其底面呈扁條狀。係一種翼狀鑽頭之單
翼鑽頭，此器頭在瓦器面圓周運動時平角出渣。較之錐狀鑽頭，生熱後熱量
易於散發。鑽頭經向受力，即來自雙手搓轉並向下加力。鑽頭刃部頗似某種
鑽岩石鑽頭，譬如魚尾狀鑽頭之一半〔註69〕。較之現代以鉬合金三翼或多翼
鑽頭，其鑽功不佳。

倘沿鑄造工藝承襲，姜寨第一期起出管狀殘銅器。管、棒貌似，質地同
為銅。於鑄造者，此鑽器非全新對象。憑依既有鑄造技術能夠成造。依此，可
推證，狄宛系關中文明銅器鑄造藝程遠播膠縣三里河。依銅鑽所出自地層推
測，諸物屬係姜寨晚期，距今在 5600 年內，時在蚩尤施教之際，或蚩尤「絕
轡」之後。蚩尤或受其教者造銅刃器在膠縣三里河，略可跡證。

但第三器係鹿骨肜日器。此器既是申戎氏宗人肜日之兆，又可用於鬆土
耕種。此器旁證三里河一帶文明不獨貴重狩獵，也貴重耕種。此器又饋證，
赤帝、蚩尤在東方所際乃宗人所際。

2)王因外菭圖係狄宛系瓴疇圖子遺暨母宗依夜曆法生數算流產七周風險日

（1）狄宛瓴疇圖嗣承

器樣 T4011H25②：10，圖四一五，1，器口沿下畫作乃外菭值合畫，係

〔註68〕中國社會科學院考古研究所：《膠縣三里河》，文物出版社，1988 年，第 6 頁
　　　　～第 47 頁，圖四。

〔註69〕（蘇）貼爾·格里哥良撰，佮樹基譯：《旋轉鑽井用鑽頭》，石油工業出版社，
　　　　1957 年，第 50 頁，圖 14。

狄宛、白家村瓬疇值合畫承襲。器樣 T4701③：1，圖四一五，2，外菈圖，乃菱星圖綴並，似《西安半坡》圖版壹壹壹，3，P.1129。

器樣 M1238④：1，圖四一五，3，瓡杯，此器高足，側棱邊線似「八」，兆崇「八」，又即崇掌夜曆法母宗。器樣 T4005H4006（上）：1，圖四一五，4，似狄宛第四期 T703②：61，器足周圈圖乃日環鬱影日肜日縮朒圖。

器樣 T4018H3：6，圖四一五，5，高程 7.7、底徑程 20.6cm，上下沿各著一周褐色。月要狀器座，似狄宛第二期器座 T307②：5。器樣 T4005H4006，圖四一五，6，間層圖義：日環鬱影日；下層日環鬱分照圖。冥色謂畫冥。

器樣 T448H411，圖四一五，7，狄宛第一期氣程率乙畫反連。器樣 T4011H31，圖四一五，8，係菱星圖截割。器樣 T448H411，圖四一五，9，圖係合朔日鬱圖。

器樣 T448H411，圖四一五，10，係日環鬱影日圖，右側圖似含用「七」算式。器樣 T448H411，圖四一五，11，係日環鬱匕旋肜日圖。

器樣 T448H411，圖四一五，12，係匕旋肜日圖。器樣 T448H411，圖四一五，13，係合朔日環鬱肜日影日圖。器樣 T448H411，圖四一五，14，似狄宛系 H395：18 日環鬱單向匕旋肜日似鳥風翅圖，即「勿」畫記孑遺。

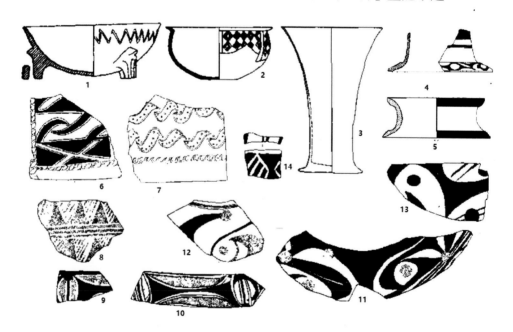

圖四一五　王因外菈圖嗣承狄宛系瓬疇圖

　　另識見王因遺址瓴疇家嗣承與更新狄宛系瓴疇圖之證：器樣 M188：2，
圖四一六，1，沿面圖含二等：第一，合朔圖。第二，日曆法七算式。器壁外
菈圖係星狀圖，係陽地色夾陰光芒狀，陰光芒即白色兆陰冷之色，貌似某大
星。能兆日環鬱日照圖，或許也能兆太陽於春秋光芒八方而射，而央地色乃
暖色。

　　器樣 M189：2，圖四一六，2，面北，使器底右置，察見菱星圖平春秋分
氣圖。器樣 M2514：9，圖四一六，3，盆沿，合朔日環鬱圖。器壁係外菈日
環鬱影日或日照散射圖。日環鬱圖似磁縣下潘汪器樣 H20：2 合朔圖間日出日
落圖。

　　瓦瓤外壁圖，器樣 M4002：3，圖四一六，4，係合朔與合朔日環鬱及黃
赤交角圖。器樣 M2544：2，圖四一六，5，丸罐。雙耳兆日環鬱輪返，器外
面係外菈合朔與彤日圖。

圖四一六　王因瓴疇家嗣承與更新狄宛系瓴疇圖

　　王因遺址外菈瓴疇圖亦含日鳥月丸格羅圖之咸羅圖、合朔日環鬱影日
圖之日影自西向東移動圖、合朔日環鬱影日匕旋彤日圖、日環鬱日射直匕
圖變。

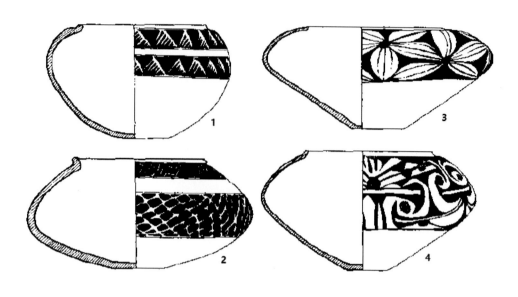

圖四一七　王因瓬疇家更繪瓬疇圖四樣

圖四一七，1，器樣 M2401：5，日環鬱日鳥風翅圖單向變形。器樣 M182：5，圖四一七，2，日環鬱咸羅圖。圖四一七，3，器樣 M176：7，係合朔日環鬱圖。圖四一七，4，器樣 M2376：13，合朔日環鬱匕旋肜日影日圖。察其彩版〔註70〕者倘不更改此器置向，難覺其美：橫並日環鬱二畫小大不等，猶兩眼一大一小，各以斜線聯兩側日環鬱，甚覺乖戾。斜線乃黃赤交角畫。其實，此器外菑圖乃申戎氏後嗣器藝之果，頗含母宗宰制之義：不獨見日環鬱影日圖，頻見匕旋肜日圖。

（2）母宗依「七日來復」豫孕婦產前風險七星期與合朔布算歲長陽曆

另見王因瓬疇家器藝融合狄宛月要器與菱星器，此等瓦器兼具黿戲前後瓬疇家察日鬱造器心念，故成器精美。察者倘面北，使器口向西，大角星似喪佚，倘繪輔助線，能還原菱星圖，而棱邊近似同邊長菱星。黿戲察菱星圖於夏至之節令義於此不顯，依此器藝推知，黿戲與菱星圖之聯繫漸隱於山東王因一帶。但諸器沿曆算算式顯黿戲用七而為日曆法之聲望顯赫。

〔註70〕中國社會科學院考古研究所：《山東王因——新石器時代遺址發掘報告》，科學出版社，2000年，彩版一，2。

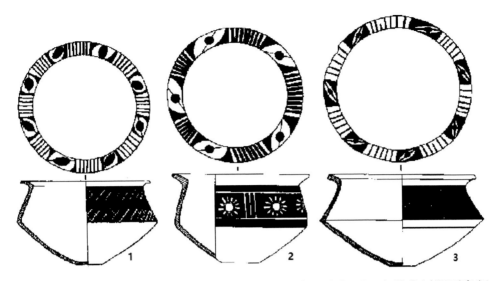

圖四一八　器廓變正菱形暨壁寄圖與器沿寄預產風險七周及布算歲長陽曆畫記

圖四一八，1，器樣 M214：10，沿面乃合朔日環鬱圖附「七日來復」曆算圖，間算得三十五，算隔（柾）則算四十二，俱係七倍數。圖四一八，2，器樣 M2514：9、沿面乃合朔圖，用七倍數算式存直與非直算法：凡輻輳向圓心者為直，｜斜而不徑圓心之組非直。直算七倍數者四組。斜算七倍數者一組。直算七倍數四組含：｜總計十者一組（右側），折合七十。｜總計九者一組（上右側），折合六十三。｜總計七者一組（左上），折合四十九。｜總計七者一組（左下），折合四十九。斜算七倍一組（下），｜七者折算四十九。諸數堆為曆日術算：

$$直：（49 * 2）+70+63 = 231$$

$$斜數加直數 = 231 + 49 = 280$$

此數寡於母宗夜曆法生數 288 日計 8 日。由二算式聯繫，得知王因瓬疇男仍服從宗女曆算之夜曆法算式。婦人預產係王因文明遺存之大事。七個星期日數為斜日，依運動力學之奮足邁進，無體斜拋推斷，比照婦人預產候產立身產子，直下、斜下之別必在運動致斜下。由此推斷，斜斜｜算式之七個星期乃婦人有身最後七個星期為女宗宗首免去孕婦狩獵之法。其校準期間是八日或七日。

圖四一八，3，器樣 M2326：4，沿面｜記乃曆算算術。推測此算術乃陽曆歲長未平二分算法，附曆日間以奇偶數。

｜隔記總計七組。｜總計六者六組，每組折合四十二，總計二百五十二。

｜總計八者一組，折合五十六，曆日術算：

$$252＋56＝308$$

此算術義在於，顯間隔陰陽數以合次第曆日。陽曆三百六十五日倘不加平二分各一日算法，用此數能算得天地數：

$$363－308＝55$$

五十五乃天地數之和，天地數謂奇偶數，此間隔之法乃歲長曆日之法。

（3）體葬闕與器用兆嗣狄宛系瓬疇曆為

葬闕 M2516、M2249，似姜寨第二期與葬闕 M205。女知日環鬱輪返之證：葬闕 M171，納女骨殖，左尺骨橈骨佩瓦鐲。M2201，右尺橈骨佩瓦鐲。葬闕 M216，童骨殖，左右尺骨橈骨各佩 7 件瓦鐲，兆知傳夜曆法。葬闕 M188 納骨匕一把。M189 納女骨殖，左右尺橈骨佩瓦鐲 7 枚。

骨直匕附值合畫：器樣 T4011④：9，長程 9.5、寬程 2.4cm。殘、磨刻而成。長條弧背，弧面見值合勒，表面磨光，乃曆算器，或用如算籌兼截數器。

（4）地平龜兆蚩尤施教於王因

地平龜，器樣 M2301：25，器樣 2301：26。背甲與腹甲合體，高程 6.4cm、周長 31.7cm（前註，第 48 頁～第 287 頁）。周長近狄宛效尺長程 33cm。檢此掘錄圖二三七，1，此龜背板有二鑽孔。依此器溯推，此地亦屬蚩尤施教之地。題涉鑽孔曆為事細部，詳後大墩子 M44 龜卜圖考。

3. 野店與劉林瓬疇圖體釋暨瓬疇圖變為瓬疇雕記考

1）野店瓬疇圖體釋

（1）雕繪瓬疇圖

圖四一九，1，器樣 M35：2，沿面可見合朔圖與日環鬱圖，用｜總計六組，兆畫曆日算法。每組見｜總計十二，曆算即十二倍七，再倍六，得數 504。此數大於陽曆歲長日數。此數容許減算璇璣歲算法，相減剩餘數等於 144，為坤冊數。此數又是 288 日孕婦預產期算法滿數之半。盆面圖：上下層係菱星格羅圖。夾層係合朔日環鬱多番影日行方圖。似大星圖樣底圖為方，周遭光芒來自錐影四方以二錐影並畫。

圖四一九，2，器樣 M89：6，似唐河茅草寺器樣 T4：1 面圖。雙層圖義：日環鬱匕弧旋肜日變直彎後反彎肜日，效骨直匕勒刻。如此圖樣即後世「雷紋」之源。圖四一九，3，器樣採：01，合朔日環鬱影日與匕旋肜日圖。

　　圖四一九，4，器樣 M22：24，日環鬱正方圖，或曰奉日環鬱正朔為曆行方圖。器底似耳狀墊亦兆日環鬱。圖四一九，5，器樣 M47：51，依赤經圈遠去似橢圓四斜向而布，取日在夏至、冬至橢圓軌道扁長而兩端在北、南。圖四一九，6，器樣 M47：45，合朔豫日環鬱無窮圖，此圖圓孔兆日環鬱正朔甚頻，不詳圓孔總數，不便測算。圖四一九，7，器樣 M49：06，合朔日環鬱影日圖暨日照乾燥皮張圖。此圖樣蘊藏遊獵者嘉生之兆。

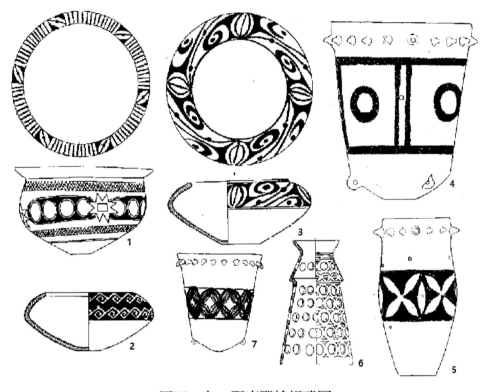

圖四一九　野店雕繪瓶疇圖

　　（2）崇隆日環鬱為瓦暨鬶面丸天「神」堆記釋證

　　圖四二〇，1，丸壺，器樣 M22：31，菱星格羅圖間日照圖。圖四二〇，2，器樣 M31：34，丸壺在上，被雕日環鬱圖之較高壺座支撐。壺似丸天，倘以支撐部為基，孤察丸部，能覺崇隆丸天之義。

　　圖四二〇，3，器樣 M49：06，附《鄒縣野店》彩版二之 6 彩圖，掘理者以為，係以深褐色膏汁在碗內外側各畫三個等距「母」形編織紋圖案。檢掘理者識見不搞，細察即見圖左右狀側來自「八」形變，親緣狄宛第二期瓶疇

圖 T306③：P6 日環鬱肜日影日圖。自右向左見似反「乙」圖，此乃合朔日環鬱圖別樣。日環鬱義出自用八曆算。底層上下兩短畫謂春秋分氣平，貴春秋分曆算故也。春秋分乃嘉生節令。諸器與雕圖，乃至雕記使人覺野店瓴疇家未敢在瓴疇曆為事上辭別瓴疇女舊部。第三圖使人察覺惟日環鬱正朔，而後能平春秋分二氣。日環鬱正曆之韌念由此獲得養分。

圖四二〇，4，鬹，器樣 M47：56，掘理者言，三足為紐繩狀圓錐體，把手作寬扁紐繩狀，腹部兩側飾以連續正倒「ㄇ」狀堆紋，猶似鳥禽雙翅。細檢即知，掘理者鳥禽雙翅之識見非是。如前考，器樣 M47：34，鬹本夏至日環鬱合朔與黃赤交角圖，乃瓴疇家導於天象器藝所致之器。而此圖末器堆記乃隸定字神字初文即甲骨文申字別樣。《新甲骨文編》援《甲骨文合集（賓組）》等字作 𝄜、𝄡、𝄢、𝄣（第 802 頁），皆係旁證。由此堆記得知，神念由自在萌芽到成熟，曆狄宛文明東傳及山東鄒縣，神念來自日鬱曆記。依此可言，諸夏神學本於日鬱天象圖。推測此念之喪在虞夏期末，證在《逸周書·諡法》「民無能名曰神」。「絕地天通」事可為鑒證史事。

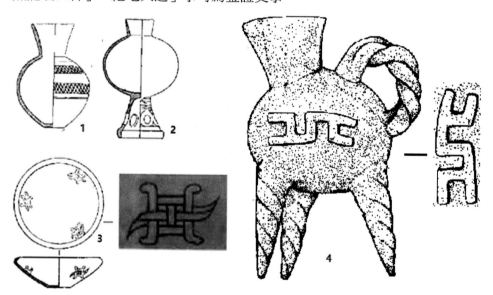

圖四二〇　野店瓴疇畫記與雕記及鬹面「神」堆記

（3）效日鬱器藝為盉

依《鄒縣野店》，掘理者起出若干瓦盉（第 77 頁）。其狀參差：盉嘴或長或短，或上翹而斜甚而近頸，或自丸腹部微向上翹。為何見此異狀，值得深

思。

檢諸器嘴多數直翹向上，唯翹角參差。器本乎效日鬱而成。此蓋日鬱圖器藝之類。但此器非效日環鬱圖而成，故在器無環狀把柄。器或有三足，或無三足無妨器嘴上翹角辨識。

今檢二器器狀，盃，圖四二一，1，器樣 M47：53。掘理者識見：侈口、高頸、球腹。腹一側向上方伸出特長把式嘴，腹部與把各飾深褐色寬帶，其上繪斜柵欄式彩紋。圖四二一，2，器樣 M62：34。侈口、折平沿、高直頸、折肩、瘦腹、平底。腹一側向前上方伸出直管狀嘴。諸器不便握持，故不便納液體，亦不便傾倒液體。盃 M47：53 嘴長甚，有側傾之虞。而 M62：34 嘴雖短於前者，但嘴不直。

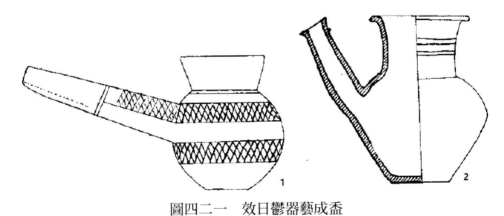

圖四二一　效日鬱器藝成盃

細察盃器構，別三部：似器樣 M47：53 者，頸部側邊線延長線斜伸向腹部。或見頸部側邊狀似「八」字狀，器樣 M62：34。容器部俱係丸狀，而近底部少異。長嘴似筒，筒內無它物，通而無阻。器嘴甚長，長程或至於器縱向總長三分之二，或大於器身總長。此等瓦器無柄，故不得視為日環鬱之兆。此二器外貌仍兆日鬱。前器能兆日全鬱圖。口沿面與頸部兩側狀似三角三邊，而下銳角隱沒於丸腹，去器底不遠。此狀乃電戲菱星圖下部。丸部或可視為滿月，或可視為日烏。倘僅顧此二義，則器嘴與器身圖義無歸。聯繫日鬱能見月揜日，似在高空得日月合會丸狀。日鬱義來自器身格羅合朔曆算。如此，盃 M47：53 長嘴能兆日月道會行道或日出之所。此器置向依長嘴左右為宜，表義少別：長嘴在右側，兆月行向東北。準乎嘴央線，圖示日出之所折合日在黃道以北 20°許，即日鬱發生於春分後 20 日許。倘使長嘴在左側，圖兆月

自北偏西而來。

長嘴直故能謂月行道，月行及菱星圖所發生日全鬱。日鬱發生於秋分前，夏至後，係某降日鬱輪返。繪圖告此日鬱發生於黃道以北 161°，約當秋分前 15～17 日。依望月為夜曆法朔日測算，15 日月盡晦，次夜仍不見月，而其後日即後世太陰曆朔日。但盉 M62：34 器面無瓬疇圖。其日鬱義之兆僅在盉頸部兩側邊廓線似「八」字。繪圖告盉嘴央線去子午線 26°。而此盉嘴顯彎曲，故不可視為月行道。而可視為北極星之所，或在地平正北西方 26°，或在地平正北東方 26°。於前者，得夏季日全鬱之義。於後者，日全鬱亦發生於夏季。故此，盉 M62：34 告日全鬱發生於夏季某日。

此外，野店遺址「聯鼎」，器樣 M33：10 器藝來自北首嶺早期，前已申述，揭前圖三一五。堪為宗擝骨管之器三件：器樣 M49：16、器樣 M61：3、器樣 M62：47（第三冊註第 75，第 96 頁）。地平龜甲一付，器樣 M88：1，背甲一端穿孔四眼，兩相成組（前註，第 35 頁～第 97 頁）。依穿孔龜甲得知，野店遺址也曾係蚩尤施教之所。

2）劉林瓬疇圖流變釋證

（1）殘瓦瓬疇圖變之一

掘理者在劉林遺址起出殘瓦，也起出成器〔註 71〕。兩等器面俱見外菢瓬疇圖。殘瓦三片外菢圖饋證狄宛系瓬疇圖誘導。圖四二二，1，器樣 T708：33，合朔日環鬱肜日圖。圖四二二，2，器樣 T804：13，菱星圖鏈，其本乃黿戲王事，橫鏈而難辨。黿戲舊教藏於單樣重複寡味圖樣。圖四二二，3，器樣 T804：19，合朔日環鬱肜日南北氣不丑，狄宛系瓬疇圖變，器樣 T802③：25。

劉林遺存初掘理起出瓦器四殘片，今舉其二，以顯其面圖印記之狄宛系瓬疇圖蛻變：圖四二二，4，器樣 T706：13：8，日環鬱肜日圖變，似北方邊疆瓬疇圖。圖四二二，5，器樣 T404：0，日環鬱影日圖變，方塊圖鋪陳不吝。其置向變更不能減少單調之感。依此圖檢得，舊存之日環鬱影日圖念頭消亡。末二圖出自《江蘇邳縣劉林新石器時代遺址第一次發掘》（《考古學報》1962 年第 1 期）。

〔註 71〕南京博物院：《江蘇邳縣劉林新石器時代遺址第二次發掘》，《考古》1965 年第 2 期。

圖四二二　劉林遺址瓶疇圖變之一

（2）瓦器瓶疇圖變之二

　　劉林遺址第二次發掘得成器若干，今擇二器外涾瓶疇圖釋證。其一顯舊圖變遷，其二仍存舊圖：圖四二三，1，器樣 M148：3，屠肆星圖變樣，封央兩短線之端口，連而直轉，平行於屠肆圖短線。使之傾斜即得此圖。圖見屠肆圖殘跡，每圖連旁圖。連圖部呈「上六」或「下六」相間。器地色冥，兆日鬱影日。圖四二三，2，器樣 M72：1，似野店遺址採：01。細察即見合朔日環鬱圖道會圖，兩條軌線連四番日環鬱圖，而且兩所見此雙線。西南－東北斜向，兩斜線與器口沿平面交角不等。此圖又含匕旋彤日圖。

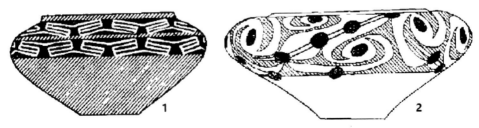

圖四二三　劉林遺址日環鬱合朔雙線連四番日環鬱與屠肆圖變之二

另外，劉林遺存第一次掘理，起出器樣 M25：10，係地平龜甲。第二次掘理起出 6 付地平龜甲。M182 納龜甲函石子，數不詳。第二次掘理者自 M7 起出穿孔地平龜甲。地平龜之用，兆蚩尤施教與教田。M182 納龜含石子，事見於賈湖遺址。入石子於龜殼，此事能兆蚩尤用龜事，非出自蚩尤自察知，而來自賈湖文明某人傳授。入石子於龜殼者，北天星宿之兆也。星者，火、氣、石也。古人目睹流星，眼見石自天降。星豈非石？

此遺存第二次發掘起出器樣 M117：1，屬繫大汶口器樣 M6：10 同類，承用狄宛夜曆法第八兼月要彤日器。此器頻見，能兆月要器頻用。而月要器之盆、壺等寡見，得舊器消亡以及替代之兆。

3）瓿疇雕記奮興隨從瓿疇圖衰微跡考

（1）瓿疇為瓦工技五等

迄今器藝考釋導致一珍貴關聯，無論一遺存納何等遺跡，何等遺物，凡可圖顯曆義者，於察看者無非曆志。換言之，瓿疇家曾為乃曆為，曆為曆義於他人為曆志。於史檢者，欲論瓿疇家功業，不檢其曆志則無以知其於諸夏文明貢獻。如此，瓿疇家功業總名系曆志。

倘將題域限於瓦器器藝，能得「器藝－埏埴－曆記」軌道。沿曆記之名，可將瓿疇家為瓦之工技別為：捏記、繪記、堆記、纏記、雕記等。與行兩技者不為寡見：雕記配畫記，或捏技配纏技，或堆記配捏技。倘檢見兩等以上工技，何者能體一器曆義，則宜以此工技為首技，譬如，北首嶺 M186：（1）心宿並日鬱畫記，檢者宜貴重心宿畫記，故在此畫記上承西山坪心宿畫記，下傳而為心宿圖，乃寡見星圖之一。此遺存罐 77M17：（1）面屠肆與造父星圖俱係畫記，而口外沿以下第一層係匝勒，第二層乃堆記，兆日鬱。但此器面畫記乃首技，其星曆史志義遠大於日鬱曆志之義。倘檢者以此層堆狀視為堆飾，猶掘理者曾言，必墜於瓦面裝飾說窠臼。

又譬如野店遺存之鬶，圖四二〇，4，器樣 M47：56，其三足來自纏紐而向下收縮，器把來自纏後附著。而器身「神」係堆記。倘檢此器狀曆義，必宜檢其日環鬱曆義。倘以此曆義為嗣承，求其新義或進益義，此時宜以堆記「神」而論此器於曆記變遷之義。由此義而推導諸夏「神」念。而且，後者宜為首題。

（2）東部瓿疇雕記寄於瓦器雛形於泉護村文明

倘依高座為題，檢知狄宛第三期已見高座瓦器，但器座無雕孔。某種瓦

器，掘理者以為「盆形座」，器樣 T312②：16，圖四二四，1，此器或係豆座
之本。狄宛第四期見某種瓦器，掘理者以為「制盆形座」，其下部徑程大於上
部徑程，譬如器樣 T803③：107，圖四二四，2。倘使認可此說，則高足或高
座瓦器最初係高座上置某瓦器，其高程必大。高程大即謂崇隆底座上部瓦器
曆義。如此，即能察知高座瓦器出現於狄宛第三期、第四期間。圖四二四，
2，器狀乃定狀。

　　檢北首嶺遺存之瓦器無論早期、間器或晚期，絕無高座瓦器。但掘理者
在泉護村起出瓦豆 3 件，灰泥瓦與紅褐泥瓦。掘理者言，器樣 H1114：02，
圖四二四，3，殘存圈足，飾圓鏤孔，下部外撇。殘高程 8cm。器樣 H342：
01，圖四二四，4，殘高程 10.8cm。器樣 H1：06，圖四二四，5，殘存圈足，
喇叭狀，飾鏤孔。此三器屬係泉護村文明第一期第 III 段。倘再縮小器樣 T803
③：107 上部徑程，即得三里河豆 M216：7 下部無雕孔盤狀座。如細察狄宛
第四期器座、泉護村第一期豆座，必得瓦豆雕孔器藝源自關中華縣泉護村文
明第一期第 III 段，而大汶口文明乃嗣承，而非孤異。倘讀者仍不能滿足於
此說，今再饋一證：魯南多地起出高足月要杯，杯座高聳，杯體兩側廓線繫
月要狀，或似「八」字狀。此器藝亦源自泉護村，屬繫泉護村第一期第三段
文明，圖四九，3、4、15，器樣 H342：01、H1114：02、H193：639（第四
冊註第 13，第 69 頁）。

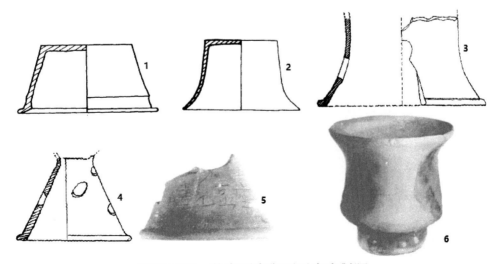

圖四二四　狄宛瓦座與瓦豆底座對照

此外，在淅川下王岡「仰韶」文明第二期地層起出瓦豆，其座似圖四二

四，4，器樣譬如，器樣 M109：3，圖四二五，1。而且，此時段地層亦起出瓦器面存瓬疇圖，證在某殘盆，器樣 T4 擴④：2，圖四二五，2，其面圖乃狄宛系瓬疇圖之日環鬱影日圖。某器座，器樣 M581：8，圖四二五，3，柱狀，大座似覆碗，上部腔空，周壁具 12 個長方雕孔與圓雕孔，高程達 26cm（《淅川下王岡》第 152 頁～第 160 頁）。依此推斷，大汶口文明器藝之柱狀杯座或豆座之源乃淅川下王岡文明，約當狄宛文明第三期末。

淅川下集遺存某種高座丸壺，圖四二五，4，器樣 T4：19（《淅川下集新石器時代遺址發掘報告》圖二三，5），頗似圖四二〇，2，器樣 M31：34。二器之別僅在後壺座有圓雕孔。至於鑽孔於瓦之藝，早見於白家村瓦器，屬狄宛第一期。

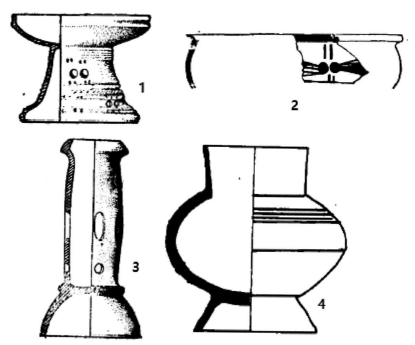

圖四二五　淅川下王岡與下集遺存器足雕記與畫記

如此，可斷大汶口文明瓬疇圖高座雕孔瓦器之近源在華縣泉護村，其遠源在狄宛文明第一期迄第三期，其演變在秦嶺之南，傳及湖北棗陽雕龍碑一帶。顧淅川、雕龍碑等地瓬疇圖甚夥，對照而知大汶口文明瓬疇圖為數不多，推知瓬疇雕記排擠瓬疇圖記或畫記之事發生於大汶口文明。儘管魯南瓬疇家器藝精純，器壁甚薄，檢者終境不可否認高足瓦器瓬疇雕記之本在狄宛文明。

（3）瓴疇雕記考釋之道

題涉瓴疇雕記考釋，宜綴數言：既知瓴疇雕記出自瓴疇圖變，瓴疇圖為
本而瓴疇雕記為末。依此線路，考釋者宜問本末義質與義變。能考證瓴疇圖，
而後能考證瓴疇雕記。倘一地瓴疇雕記不堪義跡瓴疇圖，檢者宜與問檢某瓴
疇雕記本於何等遺存，比本乎葬闕，抑或本乎曆闕，甚或本乎營窟，甚或本
乎「野」，即遠去前言諸遺跡之一探方。

唯本乎某探方雕記最難訓釋，故在遺跡曆象曆志之體釋須為此雕記訓釋之
嚮導。此工夫最耗時日，此事以遺跡曆義評價之故勞心最甚。倘察知某雕記所
寄瓦器出自葬闕，檢者必得一便：恃此葬闕曆志能得此器雕記瓴疇義。倘使此
一器出自類似遺跡，亦從此途而勘審雕記瓴疇義。從此安途而跡考瓴疇雕記，
而後盡得瓴疇圖變曆義，而後可安然比較諸夏瓦器瓴疇義與西方瓦器表義。

（4）瓴疇雕記得助於「神」念出成暨畫記衰微二果

瓴疇圖代以瓴疇雕記，瓴疇圖代之而興。神念成形者，宗女宗男瓴疇家
之等謨日環鬱正曆，被宗眾與寄宗者奉為「神」事。此服從根植於心，為念頭
而不移。此念形於心思，成於尊崇。此神念乃諸夏神念，亦係觀射父言「神」
之本相。

此神念輔助瓴疇雕記生成、演變，而瓴疇圖變遷與衰微也由此念頭主導。
前考饋證，瓴疇雕記甚難並存於瓴疇畫記或瓴疇圖記。為二等曆記之瓴疇家
側重不等，而雕記一脈在東部占上風，而畫記一脈不能敵抗。而且，堆記「神」
念蘊藏之崇隆工技別樣即造器高聳。高聳瓦器頻含月要狀或「八」日鬱曆記
替代畫記。由此推知，狄宛系畫記瓴疇家在東部漸被狄宛系雕記瓴疇家替代。
諸夏瓦器器樣隨之變遷。膏汁施曳不再興盛。此狀況導致二事：第一，素面
瓦器器樣增益。所謂龍山文明之瓦器器藝講究素面，講究以器狀益納瓴疇義。
第二，施彩者於器藝變遷之時，察覺其力能為另類畫記，此等畫記即太初文
字。諸夏表義畫記於此生成。如此，東部瓴疇畫家著力造字。此蓋諸夏「體」
文字之初階。甲骨勒記係其證。

4. 邳縣大墩子遺存瓴疇圖與蚩尤龜卜考

1）大墩子夏至日環鬱菱星圖等變更

（1）菱星圖及夏至日環鬱正朔算法釋證

圖四二六，1，M30：9，月要盆，外蔖圖見夏至菱星圖，本乎狄宛器樣
F234：18夏至菱星圖。惟狄宛昔聖用夏至日環鬱影日肜日肖魚圖附記。而大

墩子器樣 M30：9 以合朔及日月會於日月軌道線圖為旁釋。此器菱星圖甚大，此圖兆大墩子昔聖之一來自狄宛，黿戲後嗣嫡傳瓬疇圖於此地。時在狄宛第二期或第三期。

圖四二六，2，器樣 M44：4，口沿曆算：地色畫記為算式。垂線 7，倍 5，乘以 6，得 210 之數，合 30 日乘以 7，月總數不大於七，故是歲長陰陽合曆之證。日數終於夏至日正朔，其前番基數來自冬至日。

外薙瓬疇圖：日環鬱方上移動圖。近方地色周遭見四方雙棘刺狀，體察此畫似大星圖。此圖其實是日環鬱錐影在一所移動圖。狄宛系日環鬱圖冥芯今變為地色方塊。周遭錐影今呈白色。故此，此圖有日環鬱正朔於方之義。方者，平方算式是也。如前考楊官寨大橈甲子算式用六之方數。

圖四二六　大墩子瓦圖合朔日環鬱曆算用七算式等

（2）日環鬱影日圖

圖四二六，3，器樣 M30：8，圖別沿面、器面，兩所圖俱係外薙圖。沿面圖義：日環鬱影日圖附倍 7 曆算算式。器沿日環鬱影日圖本狄宛日環鬱影日肖魚圖，證在狄宛第二期 H227：22。M30：8 沿面見錐影兩向而連圖八方。此兆承用狄宛宗女夜曆法第八夜見日鬱。沿面用 7 以夾色，色界不清，故不檢其曆算。

器外壁圖乃合朔日環鬱圖。合朔圖別四斜方與直南北方。直南北方者，夏至合朔事也。四方斜向合朔圖謂冬夏合朔圖。倘側置此器，面北使器底東向，即見春秋合朔之兆。此器腰腹以下非似月要器，可側置。

2）蚩尤龜卜考

（1）傅家門獸肩胛骨灼卜源問

依掘理者掘錄，諸夏鑽卜之鑽起源甚早，臨潼白家村葬闕骨殖鑽孔是鑽石、鑽龜先驅。鑽謂透，或穿，或兆圓物或圓象，後者譬如日鬱。蚌殼鑽孔係後者之兆。而卜、鑽、灼如何聯，迄今不清。依李零先生檢，先秦卜書喪佚，僅褚少孫補《龜策列傳》具文獻價值。楚竹書記卜者審兆之字作𠵵，兆、卜並用。李先生言，商周龜卜，先在龜版上開挖鑽鑿，後施火其中，使龜版背面呈裂紋，以裂紋斷吉凶。此裂紋即卜兆。卜兆由一豎一橫構成，卜字象之〔註72〕。

我不盡信李先生言，故在其言不舉故。言不舉故，則行言而無考。我察鑽鑿而灼，裂紋必具走向。卜居吉凶必恃審兆向。而此審從何則，係大疑。殷人卜四方風，灼而審者亦得察紋向。此外，《龜策列傳》以龜為神物，訛傳之源不清。

「卜」為勒記源自姜寨第一期，證在 T109H103：2 拓片。卜為驗兆證在甘肅武山傅家門遺址豬、牛、羊肩胛骨灼卜之跡。諸物無鑽鑿之跡。依此可推，卜不必鑽，但必灼。傅家門卜骨 6 件，來自西元前 3800 年〔註73〕。此時，蚩尤或已被「絕轡」，或即將被屠肆，在時代臨界點。勒記變為畫記，事在雙墩遺存器底諸證。由畫記變為文字，僅一跬之遙。

此處存二問：第一，卜兆者初灼而卜兆，但不鑽。鑽起於何代？第二，卜兆之骨非獸肩胛骨即龜甲，罕見以它骨。獸肩胛骨何以類龜甲，或替代龜甲？此三問屬源問，既往龜卜檢者未顧，晚近檢者亦未察覺〔註74〕。

（2）蚩尤龜卜暨夏至井宿占考

依王家臺簡 536，「勞曰：昔者蚩尤卜鑄五兵而支占赤□▨」。此文獻珍貴無比。勞者，坎也。坎位北方。《坎》何以須聯蚩尤卜，不詳。蚩尤卜不見於經籍。既往，檢讀王家臺《易》占者未以此簡文為要題。

我以為，姜寨第一期之「卜」源自電戲王事，如圖三〇七西水坡 M45 紀鬱圖暨夏至日鬱室女座大鑽石星和陣圖考揭示，用子午線為經，自菹中點聯

〔註72〕李零：《卜書》，《戰國楚竹書》第 9 冊，上海古籍出版社，2012 年，第 292 頁。

〔註73〕中國社會科學院考古研究所甘青工作隊：《甘肅武山傅家門史前文化遺址發掘簡報》，《考古》1995 年第 4 期。

〔註74〕李華倫：《上博九卜書與出土甲骨實態比勘研究》，《出土文獻》2020 年第 4 期。

夏至北極點，即得此勒記 T109H103：2，為卜。蚩尤之卜在此後。卜而後鑄兵。今先考蚩尤卜事。

蚩尤卜係龜卜，龜卜即工龜曆為，證在大墩子遺存地平龜鑽、磨。此物出自葬闕 M44，器樣 M44：13（前註第 147，圖二二，3、4）。此兩件繫同龜背甲、腹甲。腹甲尾部被磨成「下六」狀，圖四二七，右。較之半坡遺址上六、下六陰爻畫記，此龜勒六為卦畫新源。腹甲、背甲鑽孔迥異：察背甲鑽十二孔，腹甲鑽五孔。背甲十孔徑等大，為大孔。二孔孔徑等大，為小孔。鑽孔諸所之所際使我疑心其義深邃。自初察鑽孔迄 2019 年考釋，思決此疑耗時超四年。

檢兩龜甲分置男骨架肋骨以下左、右兩處。右邊一付器樣 M44：13 盛 6 枚粗骨針。左側一付器樣 M44：26 盛 6 根骨錐。骨管套於骨架右手指骨上。骨殖來自 30 歲許個體。其左腿側見犬骨殖俯於瓦盆與瓦缸上。此係尚犬之俗，初證在白家村 T203H25 納犬骨，次證在狄宛第二期 M224 納犬骨。M44 亦見骨栖、骨帽各 1。

骨錐 6 根者，指陽壯者也，在左。6 兆月數，為歲半，承取狄宛烏往以 6 個月，來以 6 個月。骨針 6 枚者，指陽荼者也，在右。檢葬闕平面圖（前註第 147，圖一五），骨殖之左為南方，骨殖之右為北方。M44：13 位於腹北，兆北方。陽壯、荼數之和等於 12，當 12 個月，為歲長數。此葬闕男骨殖之手指佩骨管。骨管套手指，較之骨管為宗撝之器，變動甚大：宗撝以目視日鬱用骨管，而今以骨管套手指，手指兆節數，每節為 14 分之一，用數 14，此承取狄宛母宗夜曆法之證。骨帽係影日器。依掘理者言，犬骨架臥於左腿側施彩瓦盆與瓦缸上。依此所置得知，以《祖述之二》考南方星宿天狗、燋宿之聯，今知 M44 宗人骨殖、犬與兆熱季。此所際匹骨錐在南所置。

檢骨栖用於舀食，兆斗樞周旋，司南承用此狀。其本在狄宛第一期，器樣 T316⑤：1。骨帽係影珥，兆日環鬱錐影。

附繪以為旅疇圖四二七，即知二龜甲鑽孔曆義非凡。圖左：龜腰部格羅日烏月丸圖，曆為用四配六（大孔），格落日烏與月丸得日環鬱圖。夏至日格羅日烏恰在午時後。此圖 P 點告午時前日鬱、午時後日鬱俱可格羅。格羅者，龜甲自具方格，不待施彩為格羅圖而羅日烏、月丸也。背甲脊線兩側，為蚩尤取井宿圖之藍圖。M44 承狄宛 M224 察天象於夏，龜背甲脊線之央兩側可右取縱橫交點四、左取縱橫交點四，而為井宿八顆模擬。依此考，蚩尤係狄

宛瓬疇家之傳承與發揚者。商周卜用龜甲，實承用蚩尤之秉鼀戲之夏正。其
事本乎圖四二七潛藏井宿圖。此星圖又係諸夏「刑」別源，係狄宛第二期以
降瓦硎增補。

　　龜脊兆地平子午線，或曰春秋分赤經線，而北端為北極星所。既往，須
為葬闕納俯臥骨殖兆察夜間星空日所，可恃此龜可擬察星空日所。此龜橢圓
邊兆黃道平面在底緣下。夏至日，目視日出東北，日落西北。北極點在西偏
北。冬至時，北極點在東偏北，遠於 P、P'。

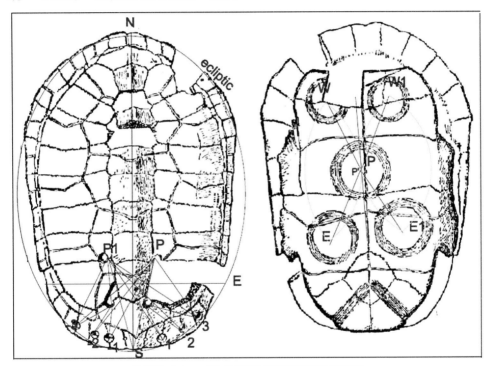

圖四二七　　蚩尤施教靈曆圖與日鬱圖

　　俯視此圖即知：龜北向，謂春夏之半或夏秋之半。在冬春之半，北極點
在東北 13°許。春分則及正北。夏至及西偏北 23°。夏至迄秋分之半，及北偏
西 13°許。秋分日，北極點在正北。如此，一龜兆四時之間，寒暑四分之法成。

　　圖右：龜周匝似橢圓，放大周匝，即得黃道滿度。歲曆依周天 360°補 5 日
得其數。此 5 日於出自升降日環鬱過地極或秋分日環鬱過央而得。兆五之圖
即鑽孔所際連線。日鬱在地赤道以北過北極，得兩端。日鬱在赤道以南過地
南極，得兩端，計四隅。夏至日環鬱過北極。冬至日前降日鬱過南極，得兩
端。加秋分日或秋分日前後日鬱過赤道。依日鬱正朔，用朔日，滿算日月周

旋，不外加於璇璣歲 360 日以 5 日而已。此五來自圖右側鑽孔所際連線。兩側弧線謂升降日鬱，此狀又納第八「夜」日鬱為朔日之晝曆日之數。於冬至後，日鬱過南極，此時反轉腹板，以 P 為 P'，猶日行去南極，升日鬱發生。圖右橙色外凸弧線謂日鬱軌道弧行，此龜鑽圖即龜卜圖，匹前考大汶口器樣 M75：1 面圖，前圖四一〇，11，為蚩尤龜卜施教鐵證。

右圖又係蚩尤為斧鉞狀源。諸夏東南部玉器之斧鉞甚夥，故在蚩尤施教彼地，以及嗣承者施教。而斧鉞係罰器，不涉刑字所從「井」字義。龜裙邊兆黃道，於地域即謂廣袤無邊無別。

連四方日環鬱，使線交於央日環鬱，得 X 圖，謂五，此圖本乎狄宛第四期月要盆外萢圖，器樣 H838：4。倘存丨，與其側面單向短線，即得姜寨第一期卜勒記 T109H103：2 狀。

照察斗樞與斗杓朝向，並照黃道滿度，用斗樞圖，似原子頭遺址第四期 M32 斗樞圖。取此圖八方加央，用數九。此數堪為曆算，為璇璣歲。此蓋《嘗麥》記「九隅無遺」之義。

北極點依季節遊動而移動，北極點去地平之方位目視線隨之變動。依此又考知，蚩尤乃古之旅行家，而夸父系蚩尤新算法踐行者。春秋分平二氣與秋分日環鬱影日圖也寄於此圖。自上層東北、西北兩孔向兩側連線，自下層兩孔向左右兩側連線，得三角乃影日圖。如此，不必耗力耗時而為夏至日環鬱影日肜日肖魚圖。肜魚氏、申戎氏之功以此圖替代。媧宗自珍祖輩功業者，豈能不怒？

（3）蚩尤龜卜兆《勞》考

蚩尤承襲賈湖文明嗣承者之教用龜，而非獨見或先見龜背甲腹甲兆丸天與黃道面。如此推測，故在賈湖遺存某種雙耳無彩瓦瓠可在大汶口文明覓得孑遺。此狀瓦瓠不見於狄宛遺存早期。蚩尤曾「宇於少昊」。《舞陽賈湖》圖一八四，5，器樣 M222：2（第 230 頁）與《大汶口續集》圖三二，11，器樣 M1009：1﹝註75﹞器狀相似。兩地器藝親緣不得否認。

於蚩尤曾否與用律管之問，我傾向於是答。我雖無物證，但依「令」、「靈」、「音」韻近。於為治者，令出自口告。口告者，聲氣也。橫笛之聲不外聲氣。笛聲聲波較之張口出言為令無異。經籍言黃帝使伶倫為律管，此說難連賈湖

﹝註75﹞山東省考古研究所：《大汶口續集——大汶口遺址第二、三次發掘報告》，科學出版社，1997 年，第 53 頁。

骨橫笛。賈湖文明之骨橫笛曾否為《樂記》古題，恐係音樂史檢者要題。

蚩尤用龜替代半丸瓦，宜評以偉業，其瓬疇義勝於賈湖遺址 M233 瓬疇義。此外，賈湖遺存掘理者所謂「折肩壺」，即《舞陽賈湖》圖二一二，1，器樣 M233：1，宜名「月要壺」。雙耳，告日環鬱。依掘理者檢，賈湖龜甲巳見勒記、穿孔。譬如，M378：4、M355：15、M344：18。瓬疇家功業以此被勒記（《舞陽賈湖》圖三一七，2、3、4）。

以此考及識見，蚩尤施教之地覆淅川下王岡遺存，葬闕 M212，M281 用龜曆義堉似丸半瓦器效北天或南天曆義。《呂刑》言「弗用靈」者，弗剞龜也。用，剞也。靈字從屠肆圖，較之屠肆星圖之靈義，龜卜兆天極、地平（黃道）之定所模擬乃莫大挑戰。此又是宗女怒恚別故。王先勝先生以為，龜甲被古人用來象徵和隱喻北極天蓋。大汶口文化墓葬龜甲或一龜或兩龜，一龜寓意太極、北極，兩龜寓意太極、陰陽〔註76〕。此說粗泛，又故無證，故不能立足。

澄清蚩尤龜卜，今答卜兆灼龜題檢三問：第一，鑽起於蚩尤龜卜。第二並第三，於卜者，獸肩胛骨非用於替代龜，而用於告菹中、子午線、卯酉線，為卜方之則。

生牛肩胛骨之三角狀以短邊向上，兩側邊在左右，左右兩邊夾央線。此線狀似圖四二七右圖上部。瓬疇家取此象，故取用獸肩胛骨。寄告之力於上部，出自黿戲（帝）「造乎震」之告也。其本仍是西水坡 M45 黿戲「造乎震」圖。此告昭示方向、極限、節令、天象、吉凶。以昭示方向，為卜居之則。灼紋者則南北向為經，察西北、東北、西南、東南向。讀《甲骨文合集》者輒見卜辭所在牛肩胛骨反向而用，此方向出自勒辭者取冬，而不取夏，取《離》，而不取《坎》。取《離》，圖明也。既往卜辭檢者不別朝向，係一疏漏。總之，蚩尤之卜係龜卜，而非牛骨卜。牛骨卜遲於蚩尤龜卜，而且來自取用蚩尤龜卜。

王家臺秦簡 536 記蚩尤卜聯《勞》，今可得釋：蚩尤帝鑽五孔於地平龜腹甲，五孔圓心連線似甲骨文𠂤，聯夏至日鬱黿戲「造乎震」於乾方，而為「造乎乾」之象，得三角底邊在正北，自央圓心察其邊線向西北、向東北，兩線夾線居中。蚩尤依此察西北、正北、東北星象。並以龜腹甲上部圖樣指北為兆，取夏季天河縱灌之象，以為熱季得水，此為天饋飲之象。勞者，於熱季而得

〔註76〕王先勝：《大汶口文化遺存與遠古天文曆法試探》，《齊魯文化研究》2008 年。

饋飲水也。依此考釋，《周易》「涉川」諸條俱宜釋為「往天河彼岸」，為星曆觀象之言，非徒為占兆者徙居之由。五大孔連線平面圖之央直背甲之脊，當丸天圖之地北極。

「占赤□☑」四字之「赤」，其本字推係前考《合集 3313（賓組）》字，即字下部如圖四〇五，1，莒縣大朱家村遺址瓦尊 M15：1 下部勒記。「占赤」即勒記「赤」。大朱家村遺存文明屬大汶口文明，而大汶口遺存起出地平龜，佐證蚩尤施教之域覆此地。大朱家村瓦面勒記佐證蚩尤不用瓬疇圖，而為瓬疇勒記，如此曆為不得宗女歡心。鑽龜遍見於劉林、野店、王因、大汶口遺存，塙證蚩尤龜占。「鑄兵」事亦涉及莒縣遺跡瓦器勒記，容後考釋。

5. 蚩尤行夏曆兵硎與征伐考

1）蚩尤靈（繭）曆為通考

（1）「甲兵」舊說初檢

《國語·魯語上》臧文仲言：「刑五而已」，「大刑用甲兵，其次用斧鉞，中刑用刀鋸，其次用鑽笮，薄刑用鞭扑，以威民也。故大者陳之原野，小者致之市朝」。「甲兵」二字最難訓。

韋昭援賈逵曰：「謂諸侯不式王命，則以六師移之。」韋昭以為：「甲兵謂臣有大逆則被甲聚兵而誅之。若今陳軍也。」董增齡疏援張晏注《漢書·刑法志》援此言而謂以六師誅暴亂。董氏以為賈、韋二說同（第四冊註第 31，卷 4，第 12 頁）。

張晏注「甲兵」係賈逵、韋昭二說之基，以天子之師罰為說。賈逵說從之，六師被視為甲兵。此甲謂被鎧甲。韋昭承用穿戴鎧甲說，但補以「陳軍」。舊說「大刑用甲兵」歸諸「軍罰」，降罰者為天子。

我檢此說草率，故在「陳之原野」被視為「陳軍」，「大刑」之「大」被轉釋為「天子」，不顧天子名遲起之事。

舊說流向軍罰，軍罰不外殺戮與寬宥。但臧文仲不言寬宥，此何故邪？倘以軍罰之器為刃器，聯臧氏言可推諸夏刃器生勢。刃器生勢之念又為君力、刃器與存之念。由此推導，言君威服以刃，則能造刃器者擬能自為君。造刃器之工匠眾，而且為君，則眾君威眾，或互伐而戰不休，或自為封疆。前者或能是《五帝本紀》「諸侯相侵伐」。但經籍無片言記刃器工匠眾。強勉言經籍失記，而言曾刃器工匠眾，而且混鬥於赤帝、蚩尤時代，則彼時必無無體統瓬疇圖。但前考彰顯，彼時無眾君為人器而征戰不休，而蚩尤之「亂」來自新

知傳播，其質為新曆法。

如此，宜聯蚩尤功業檢討「大刑用甲兵」，以揭示迄今未知舊事，而且此事不可依後世用兵、械刃屠戮訓釋。

臧文仲之言必含舊事。察臧氏言含兩名之聯，大刑、甲兵二名之刑、兵能以義相通。此二字何以通，係大疑。甲、大二字何以通，也屬宜檢舊事。

（2）「靈」「練」俱謂蚩尤繭龜為陽曆歲長暨蚩尤得罪於女通考

依《呂刑》，「苗民弗用靈，制以刑」。「弗用靈」，如前考謂弗刳龜。「制以刑」，謂折以刑。依《呂刑》記，「弗用靈」致「作五虐之刑」。如此，刑必能謂罰，或體罰。此係罪降罰。此罪、咎謂何，迄今未知。此疑之釋乃成訓「大刑用甲兵」之基，亦為《嘗麥》「以甲兵釋怒」成釋之基。

孫星衍疏援《緇衣》引《甫刑》「靈」作「命」，引注曰「命謂政令」，「高辛氏之末，諸侯有三苗者作亂，其民不用政令，專制御之以嚴刑，乃作五虐蚩尤之刑，以是為法」。孫氏案云：「《詩箋》云『靈，善也』。與令通義。『弗用靈』當是弗用善以治奸民，……」，又援《墨子・尚同（中篇）》云：「苗民否用練，折以刑，惟作五殺之刑曰法」。孫氏言：「《緇衣》作『命』，《墨子》作『練』，聲俱相近。」孫氏未跡考命、練、靈三字之何者堪當本字（第三冊註第 68，第 521 頁）。而鄭玄以善訓靈僅得引申義，但鄭氏未言靈何以堪當「善」。

畢沅已來，檢讀《尚同中》「練折」者俱未澄清「練」、「靈」、「命」何者當古，何者遲起（前註第 4，上冊，第 84 頁）。屈萬里先生不曾題檢此疑〔註77〕，于省吾先生亦未題檢此疑（第四冊註第 34，《雙劍誃尚書新證》第293 頁）。

依伏勝傳本《呂刑》記「弗用靈」。《尚書文字合編》岩崎本、內野本、足利本、上圖兩版本、唐石經諸本，《呂刑》記此言含同字〔註78〕。「靈」字為正字，略可定。

又檢「命」、「靈」、「練」三字前二字韻讀甚近，鍊字韻讀少近。《新甲骨文編》無錄靈、練二字，但錄「命」字。檢《尚同中》「練」字或本墨子釋用，或釋以昔傳。前者之證在《尚同中》墨子言「《呂刑》之道」已含「之道」，此

〔註77〕屈萬里：《尚書集釋》，聯經出版事業公司，1983 年，第 353 頁～第 353 頁。
〔註78〕顧頡剛、顧廷龍：《尚書文字合編》，上海古籍出版社，1996 年，第 2910 頁～第 2990 頁。

二字為附釋。依此言知墨子屬《呂刑》於道書。我推墨子釋以鍊字來自宋史。墨子事宋，得宋國存留王官典冊。

檢《說文》，「鍊」謂「湅繒」（第 273 頁）。今檢「鍊」以韻讀通「丸」、「官」。倘深思金文「官」兩橢圓相連之部，即知此釋仍未盡是。今從蠶繭之繭為訓，順道補釋「官」字義，顯蚩尤龜卜丸天舊事。

照以《釋名》，知煮繭控全繭之絲於某物，此謂練。又即文火煮蠶繭致絲軟白，而後自溫水撈出繭絲套於弓狀竹木杆上。如此必得扇面。在半截球之央縱切，即得如此扇面。如此，「鍊」韻讀從丸，述扇面，讀「官」，也告扇面，其事同佟刳龜而取腹甲扇面。倘逕從蠶繭之繭釋，必得新釋，此釋輔證蚩尤以丸天術致「五兵」之「弓」。

《古文字詁林》引《睡虎地秦簡文字編》繭字作𧗊，許慎釋「蠶衣」。馬敘倫言徐鍇本作𧗊（第 9 冊，第 1136 頁）。檢徐說雖不精但已及字源金文。《集成》第 804 𧗊二字，作𧗊（第 3 冊，1993 年，第 170 頁），下部似繭字金文。《集成》編纂者依此字命所寄之器《⁕𧗊》，器下字被釋如繭〔註 79〕。此說可採。字構饋證練義之源在曆法。⁕字六方圓點兆一星宿六所。檢此星宿即斗杓端恒星瑤光。瑤光六所兆一歲六節令，即每六十日當一節。故此字謂瑤光歲六節，含冬至夏至。倘從圖四二七右側圖為釋，此字謂「靈」，即龜腹甲圖樣變易。我訓此字「繭」，即《集成》804 器名宜為「繭𧗊」。此義合乎前訓圖四一〇，11，大汶口雙耳壺面瓬疇圖。

下部字別上下、外內。上部乃嘉生圖，兆樹藝種植得食，下丗而兆｜，謂黿戲已來曆算用七之曆日曆術。此部丗門部上橫而下垂。其兩側見綴聯之紀。依此，知繭字義源密聯黿戲功業，而黿戲以夏至日鬱察看並得菱星圖而聞。其命即其紀年，得節令之正。此字決非狀摹蠶衣，而屬曆記之類。倘以氣程率數而得節令，則命、令二字義通，譬如黿戲以宗胥之任於夏至察日鬱，察見菱星圖，此蓋受命之命。以時節言，即為夏至節令之令。換言之，繭、練二字指事密聯。以全字論下部，繭指器即姜寨第一期「繭狀壺」T112M52：1，聯前考，知「繭」藏蚩尤伯事，揭前《魚鼎匕》銘文新考。

以物狀論，蠶繭外廓為橢圓狀。俯視橫置蠶繭，頗似自高處俯視地平龜龜甲向上，腹甲著地。順長側視，使地平龜背甲弧頂點高過眉心，得睹其狀

〔註 79〕中國社會科學院考古研究所：《殷周金文集成釋文》第 1 卷，香港中文大學中國文化研究所，2001 年，第 570 頁。

頗似全蠶絲套於弓形竹木杆狀。如此,《尚同中》「練」字,係「繭」假字,謂
蚩尤曾以二龜腹甲蠶而正曆,揭前考,圖四二七。

《尚同中》「否練」者,否繭也,謂苗民不從蚩尤蠶二龜龜卜,彰顯每歲
正朔限於 360°增五日算法。《呂刑》言「弗用靈」訓弗剞而龜卜正曆,「用」
字源自「㠯」別體。

剞龜即存全龜甲,與存背甲、腹甲。依不少掘錄,昔聖存全龜甲,以兆
半天丸與黃道。剞龜前,先煮軟,後以鉤狀刃器掏出可食部,再以清水沖洗。
如此得全龜甲。煮蠶繭、煮龜俱係煮,依此跡知《尚同中》記「苗民否繭」謂
「非苗民」以煮地平龜而得正曆之物,但苗民不從此道。由此間推,蚩尤復
興了舞陽賈湖剞龜,以蠶二龜正朔為曆。蚩尤自成曆法,其算法是:

陽曆歲長＝日行滿度＝璇璣歲 360 日＋5 日＝365 日

全龜之證存二:其一,掘理者在舞陽賈湖遺址曾起出背甲、腹甲扣合之
物(第三冊註第 121,第 456 頁)。此龜種非地平龜,但腹背兩甲扣合即證占
龜者先掏挖龜背甲腹甲骨肉之事。其二,大墩子遺址 M21 起出地平龜腹甲背
甲一付,清理時套在「人架」右肱骨上,含小石子。掘理者言「套」,足證腹
背甲渾全。腹甲背甲未析開而納石子非謂稀罕石子,而謂占星[註80],亦謂
半天丸旋轉,星體隨之旋轉,黃道面隨之更改,黃道赤經交角變更。肱骨套
龜,旁證 M21 昔聖模擬黃道與北天半天丸所際更改。而黃道帶星宿認知以此
物被塙證。M21 曆為必涉陽曆半歲歲曆 182.5 日曆法。

(3)《諡法》「靈」名補釋

檢《金文編》「靈」作靈或靈(第 26 頁),字上部來自橫平下見屠肆畫記,
屬本北首嶺間期器樣 77M17:(1)外壁屠肆畫記。央層狀似形土曆闕而鄰,
下層或從心、或從示。從心部屬本西山坪器樣 T18④:35 內壁心宿圖形變,
似有蚌殼撬開廓線狀或缺環狀。倘將兩全龜腹甲抵近,外廓線似此部。「示」
字本乎狄宛第二期勒記 G300:P56,即丁。此勒記訓「示」,但本謂黃赤交角
23.5°蠶正朔依日鬱于晝曆算,∣兆用七。此二者俱以龜甲擬曆法彰顯。如此,
「靈」字表義較之「繭」傳承更古,而且母宗掌屠肆之義突出,但∣兆男宗
得紀,其事可溯及黿戲。昔聖用龜或用蚌事並被記錄。

《尚同中》記繭、《呂刑》記「靈」,何以判二者新舊或高下?我傾向於

[註80] 古人不別恒星、行星、衛星。星體墜地睹隕石而以石兆星體。

認定「靈」古而「繭」近，故在靈字從屠肆部，係北首嶺早期遺教。而繭字述事，不早於姜寨第一期。《呂刑》之訓來自宗女，故從西土之訓。《尚同中》記練（繭），來自殷商昔傳，即蚩尤施教末期，存細部。西土古傳於周滅商之後被西周貴族保留，諸念多存於《謚法》。今依其「靈」名之則，覓蚩尤文史之跡。

《逸周書·謚法》「靈」：「死而志成曰靈。亂而不損曰靈。極知鬼神曰靈。不勤成名曰靈。死見神能曰靈。好祭鬼神曰靈」。孫詒讓未曾體釋諸言〔註81〕。

《謚法》含六項靈謚。第一項之「靈」乃雅言。以「死而志成」為瓩疇家功業，以志謂曆志，則黿戲、申戎、鴞君俱曾死而志成。第二項，倘究問「亂」謂何，則《呂刑》旁證此字含褒義。以我聯檢，《呂刑》蚩尤「惟始作亂」之「亂」謂咎治。「亂」、「治」可通訓，故在「亂」初義謂某種新「曆志」。其事質在「作」，此事為於冥君或東方宗女之治謂敗壞，後世承此用此義，故以亂謂敗或壞。第三項，以殺戮理骨謀正曆法，使骨殖歸於地府，為葬闕曆志，此蓋「極知鬼神曰靈」。鬼者，歸也，以葬闕為陰所而納之，使掌星宿陰行。第四項，不勤者，節用氣力也。用地平龜較之耗時埏埴施彩諸般瓩疇事為，用地平龜必係恤力而能清擬丸天與黃道所際之舉。然則蚩尤以用地平龜而致名望。此非「不勤成名」而何？第五項，「死見」之見讀「顯」。神能者，身死而其教之功顯也。蚩尤之法存，其無以言表之能得顯。如此，六項之前五項俱堪以蚩尤功業為釋，唯第六項事涉大祭祀之虔敬與心感。俗世雖寡驗，而藏地密宗虔敬法師今猶能為之。此釋第四項無疑許可導出，「靈」乃用龜曆為事。

2）蚩尤行夏曆「甲兵」「大刑」征諸侯初考

（1）《用兵》篇兵類戎義釋

《大戴禮記·用兵》頻見「兵」字，但其義唯一與否，迄今未被學者操心。哀公疑問「用兵不祥」，孔子否認「用兵不祥」說，但證以「聖人之用兵」。舉故在「禁殘止暴於天下」。又舉「後世貪者」用兵，刈百姓危國家。如此，早期用兵、後世用兵以敵舉而論。「兵」義似乎唯一，僅謂「械制」止暴，限定暴域。

哀公問「戎兵何世安起」，孔子對以「傷害之生久矣，與民皆生」。戎事起於何世，孔子不詳。「戎、兵」二字連而為問，非無教本。但孔子以「兵」

〔註81〕孫詒讓：《周書斠補》（卷3），《續修四庫全書》第301冊，上海古籍出版社，2002年，第9頁。

對，必非失應。但「兵」何以連「戎」，係一大疑。此外，「戎兵」、「傷害之
生」、「與民皆生」三者之聯難解。

我以為，孔子知申戎氏肜日事。但不必知狄宛舊事。肜日事協日鬱事，
母宗逢此事屠肆為星陣，如前考。母宗宗首依此正曆，為新紀元，前亦考證。
對照狄宛第二期肜日、影日事，五一瓬疇圖含甲骨文「兵」字狀。依此，知
「兵」遲起。在瓬疇圖衰變期。依孔子理《書》可間推，孔子既知「戎」事，
連「戎」、「兵」二字，必知此二事相類。

「與民皆生」宜訓「與（戎兵）民皆生」，即賜戎兵，民皆生。以戎為肜
日事，邑首、邑眾相與而見日鬱。邑首使邑眾睹日鬱，正朔為曆而頒賜曆法，
須基於「百姓」目睹日鬱，倘不目睹，必恃肜日圖告日鬱、其時、合朔曆日。
依此，「皆生」謂邑君、邑眾「皆生」。前訓二顱骨或多顱骨並理而肆謂「皆」
事非孔子所知。

如此，「兵」、「戎」義類似，「兵」義含肜日事。而非謂械鬥殺戮之器。推
測哀公知「戎、兵」二字義似，俱涉日鬱肜日，故不再究問「戎兵」。此考之
故在於，《用兵》篇末，孔子言「曆失制」，災異致害，五穀不登，君、民與得
災殃之報，而哀公懼。哀公倘不知肜日事本豫日鬱曆日正朔，豈能不疑孔子
連而言災異於五穀不登？此際義聯被既往學者輕忽。

基於「戎」「兵」義似，逢哀公問「蚩尤作兵與？」孔子答：「否！」。孔
子之「兵」非謂肜日或申告某一似夏至日鬱之天象。而謂甲冑戟戈弓矢等軍
械。孔子既言「否」，必否認蚩尤造軍械。

孔子釋云：「蚩尤，庶人之貪者也，及利無義，不顧厥親，以喪厥身」。庶
人者，庶宗也。庶宗非謂無紀，唯無正紀而已。正紀者，男宗之紀或男宗寄於
女宗之紀。媧宗不紀，黿戲之後男宗也不紀蚩尤及其後嗣。隸定字貪，《甲骨
文新編》取《合集 17468（賓組）》字作 🦬（第 379 頁）。字上部從黿戲王事三
角狀星圖及兩側延伸線，下部從某種瓬疇圖，呈扣合狀，似紫微垣星宿弧狀
而耦，摹記天官之央。由此而釋，蚩尤被視為檢討天官之無正紀者。此「庶
宗」欲銛割不尊祖（及利無義），不顧其母宗（厥親），最後身死。

孔子又釋云：「蚩尤，惛欲而無厭者也，何器之能作？」於此，孔子否認
蚩尤為器。倘以此「器」謂瓬疇瓦器，即面上存瓬疇圖之瓦器。如此，孔子之
言近是，則蚩尤不以繪瓬疇圖得聞。倘非如此，孔子言器必係無鏤無雕表面
無圖之器。殷周不存此等銅器。於此，我認定孔子之言屬前者。他又舉蚩尤

不為瓬疇器之故，在「惛欲」、「無厭」。「無厭」似為「貪」字新釋。

題涉「惛」，義難理順。郭店《性自命出》簡六三，裘錫圭先生讀「樂欲瞫而又有志，憂欲僉而毋惛」。圖版惛字作■（第三冊註第 210，第 181 頁；第 66 頁）。字下部入「忄」，字最上乃一橫置瓬疇畫↩，來自狄宛第一期，「乙」字源，亦是「申」字源（《祖述之一》第 111 頁）。依此字構，推此字義必涉曆日，亦連申戎氏功業。倘從「不明」訓「惛」，必涉日鬱時日暗淡無光之「昏」。隸定「欲」字不見於甲骨文，推其本係《南山經》「中谷」、《西山經》「涇谷」、《中山經》「大谷」之「谷」字，《性自命出》可證。檢《新甲骨文編》（賓組）等字，字下部似穩定，上部參差：◈、◈、◈、◈（第 621 頁）。第一字上部別二層：上層係八，母宗夜曆法日鬱芒夜第二輪夜次數，次層謂「六」。下部乃口字。後三字下部同。而上層、次層字狀參差。第二字、第三字猶堪跡「八」字，第四字上部強勉視如「八」，必係其變形。檢第二、第三字上部必見一層似「小」減筆字。如此可辨，此字上部從少陰、老陰曆數。二數夾「少陽」七被減省。依此識見，「谷」印記兩等曆數曆法參差：少陰、老陰曆法係母宗夜曆法，夾少陽「七」，謂畫曆法。第一字則謂夜曆法用六、用八，夾七曆算未被彰顯。後三字至少上部缺省「丨」，兆「少」。此少即少陽，謂「七」。此字下部口部系曆闕總名。

總前訓，「惛欲」謂豫日鬱，雖承用夜曆法，但崇尚畫曆法。其曆術如前考釋。而狄宛母宗曆法依此新算法被黜。依此考釋，孔子言舊事，加以申述，蚩尤遂為「無厭」者。而「欲」本義隱沒。依此訓，孔子依傳說而言蚩尤舊事。此傳言內涵未必被孔子知曉，但諸言本乎周太史。而且，周太史確知蚩尤以謀黜母宗曆法之故被毀。

末了，孔子言「兵」義類螫，述親族內不興兵之題。親族即母宗曆算及星曆文明傳承圈宗人與宗近者。蜂蠆倘臨損傷，即發聲赫阻侵害，但同類不害。故「蜂蠆挾螫而生，見害而校，以衛厥身者也」。王聘珍援高誘注《呂覽》、《淮南子》訓「衛」以「利」（《大戴禮記解詁》第 210 頁）。王說非古。「衛」即宿衛，又即夜守而防備來襲。字從韋，甲骨文韋字多樣（《新甲骨文編》，第 113 頁～第 114 頁），但其義圍繞曆算，謂逢異象而上、下止，或在周遭止。止者，毋行也。曆算以異象之豫（譬如日鬱）為節點，故曰止。字又含下六、上六之數限定彳字亍字。引申義即雙足住。秦漢皇帝宿所以夜守者得安。外人止步於此營造近處。

而古昔宗首以日鬱為災眚，能喜怒。喜者，釋怒正曆而樂也。倘以日鬱興彤日，即賜邑眾曆法。邑首、邑眾「皆生」。故曰：「人生有喜怒，故兵之作，與民皆生」。「人生」之人，倘為廣義，「故兵之作」含義以不類而失屬。倘訓「人生」以「宗眚」，即宗首臨災眚，其義顯著，此處之兵謂戎事：日鬱乃災異，故為眚。如此，孔子以為戎事非本乎蚩尤，由戎器改造兵器及兵器施加，亦非本乎蚩尤。

孔子繼之述釋：便邑眾，布曆法之邑首能以戎事止害，但蚩尤以戎（兵）事被殺，故曰「聖人利用而弭之，亂人興之喪厥身」。聖者，通也，通夜曆法、晝曆法者也。此言告景雲氏。「亂人」謂「亂宗」。人，宗也。亂宗即亂母宗者也，《呂刑》蚩尤「唯始作亂」之「亂」也。

（2）蚩尤瓦硎或銅硎為象正朔為夏曆兵事通考

檢隸定「兵」字甲骨文筆劃不眾，但字形字義甚難勘審。倘非檢見瓶疇畫黃赤交角線，以及大墩子 M44：13 靈龜瓶疇圖，我亦不敢題此磨言。

檢「兵」字初本瓶疇畫記。證在圖四〇一（鮑家堂瓶疇圖版之二）之 1 及 2。前者器樣 H5：4，前考係「乃」圖，或「兵」圖。其本在邠縣下孟遺址 BXXMC：13 圖樣變更。日環鬱影日似波流狀，又係日環鬱圖無日影過極狀。後者器樣 H7：6，夏至日東北日出以乙狀向西波流。非直射圖。西北向見昏時日直射下，聯晨刻及午時日照射殘波。

使此前圖四〇一之 1、2 器口向右，第 1 器外面瓶疇圖表義立顯：下部見「申」、上部斜線束兆夏至日日宿之所或傍晚日落之所。第 2 器外面瓶疇圖相似而微別：下部見「申」、上部見夏至日之晨日出所。此斜線或斜線束可視為狄宛第二期器樣 G300：P56 畫記 ↿（示）上部。此部即日所黃經 66.5° 畫記。兩部畫記合謂「示」，前著作已考。如此，「兵」字本義不涉器械殘損人體、肉身，無掠誅某人，或殄滅某宗之義。

《甲骨文編》卷三援《京津一五三一》「貞勿出兵」，字作 𠬢。又援《佚七二九》「甲子卜貞，出兵若」，字作 𠬢。又援《後二・二九・六》字作 𠬢（第 101 頁）。許慎以手持斤，並力之貌訓，給義「械」。《唐韻》「補明切」。王襄等九家訓此字並不中的（第三冊註第 44，第 3 冊，第 203 頁～第 204 頁）。于省吾先生釋「斤」從減省說，未考甲骨文斤字構形起源、韻讀（第四冊註第 26，《釋斤》，第 339 頁～第 342 頁）。

檢第一字上部斜線即 ↿ 字斜線，告日出所在黃經 66°，其下乃「申」字或

反「乙」字。下部「乙」來自狄宛第一期器樣 H3115：11 瓯疇圖。將第一字反轉 90°，得「乃」圖，蚩尤瓯疇圖。此證「兵」初謂瓯疇家曆為正朔。

字下部⁁，舊說紛紜。葉玉森援孫詒讓釋此字為「尹」，孫海波釋「拱手」，吳其昌釋「執」（第三冊註第 44，第 3 冊，第 278 頁～第 280 頁）。諸見不可從。我檢此字訓「逼」，謂逼仄之逼，逼使中丨也。此字央部空缺，為丨空缺，即丨為逼仄之的。上部本乎狄宛第二期瓯疇勒記 H235：P13⟩，反置此二部上部之序，即見「八」字。逼者，逼使之於丨所也。丨者，「七日來復」之七也。

此識見據何？答曰：左、右二字甲骨文從反「八」，反「八」者，自夜曆法芒月之夜次夜算第二輪八夜前求索。索求何物？答曰：放擬或索求書日鬱，即從雹戲「七日來復」為曆，正朔日，為夏曆。

倘問，如何逼？答曰：自右向左，自左向右使力謂之逼。左者，左戾也。右者，右戾也。左戾、右戾俱不中，逼之則中。中者，曆日正朔以第七書也。此字乃諸夏六書說之「象形」說之源，也係諸夏六書至難勘審之題。

此字難訓，故在此部蘊藏四層義。第一層，此部勒記述瓯疇家「令」日鬱之作為，此作為難以言表，唯恃勒記而摹。第二層，摹記瓯疇家逼日月逼日月，又即逼日月於行道，使之道行而近，而後得中。第三層，日月在天，手臂不及。故在地而象逼。第四層，如何象逼？答曰：以瓦硎或銅硎、骨硎、石硎象逼。象者，肜日以象也。形者，硎逼也。此二者與見於狄宛第二期。依此可決，諸夏象形字源屬係狄宛第二期。

狄宛第二期以降，瓦硎眾，骨硎寡。狄宛第二期地層僅起出骨硎二器：H326：16、T210④：8。姜寨第一期後，瓦硎日寡，銅硎興起。姜寨第一期降及大汶口文明期，東方銅硎之可跡者多在齊魯，係蚩尤施教之地。

前舉卜辭「勿出兵」非謂今人言「毋出兵」，而謂：以瓦（青銅）硎為匕旋肜日風翅狀，彰顯夏至日出黃經 66.5°之所。三字每字俱含「象」義。勿者，匕旋肜日風翅圖也。舉圖九九，2，器樣 H112：1 圖，其錐影三股附匕旋肜日單向兩間風翅圖，似狄宛第四期器樣 H395：18 瓯疇圖，及王因器樣 T448H411瓯疇圖，圖四一五，14。出者，彰顯也。

「貞勿出兵」謂卜算，依「勿」瓯疇圖出銅硎放寫匕旋肜日。此圖即「象硎」，即後世「象刑」。象硎者，放日鬱天象以瓦硎或銅硎徵不從夏曆者也。虞夏之後承襲。夏曆者，以夏至正朔，為四分曆，《月令》「仲夏之月」「其數七」

為塙證。

（3）蚩尤曆為象硎致鑄兵器考

於此，須昭示讀者，「鑄兵之兵」係兵器總名。而兵器總名來自蚩尤象硎正夏曆。如此引申，出自蚩尤鑄兵而尚日鬱天象。此兵決非「大硎用甲兵」之「兵」。題涉蚩尤「作兵」之疑，盧辯舉《管子·地數》言蚩尤受葛盧、雍狐兩山出產之金，為「劍鎧矛戟戈」、又援《五經異義》言「《公羊》說『甲午祠兵』」，以為祠兵即祠五兵。以為「是古有蚩尤作兵之說」（《大戴禮記解詁》第209頁）。

檢盧氏說牽出蚩尤冶金、為金屬刃器與銳器。舊說蚩尤鑄兵參差：《地數》「劍、鎧、矛、戟」，或許慎說「矛、戟、劍、楯、弓矢」。二說之矛、劍、戟同，餘者異。此兩說前者可靠。

王家臺秦簡言「鑄五兵」，係三事。鑄為一事，五為一事，兵為一事。「五」謂龜腹甲鑽孔五，非謂許慎言五等兵器。「五」系曆日數，係蚩尤曆數，揭前考。「兵」謂金屬戎器，或曰放寫日鬱諸器。依前考狄宛第二期瓦硎，三件足以兆日鬱月要圖：央以圓，兩側以匕旋狀。倘摹記合朔，以橢圓狀器物而為。總計四件。橢圓物係弓之源，但蚩尤時無弓。許慎言蚩尤鑄五等兵器含「弓矢」，我不盡信，推其本僅係蚩尤鑄物取象於合朔圖狀，為橢圓物，用於放寫日鬱合朔。此物係後世弓源，但非弓。《海內經》記「少昊生般，般是始為弓矢」。此少昊即「少昊清」，在蚩尤歿後。許慎言鑄矢可信。矢二用：摹寫日鬱日射。刺入人體。前用旨在肜日為「象」器，後用旨在威眾故為兵器。

盧說混淆兩題：「兵」本義、「兵」引申義。兵本義即前考類戎之義，肜日事為證。蚩尤為象硎似狄宛瓶疇家肜日，史家記以戎，申戎氏之號從此。肜日器引申為兵器，出自冶金為器。蚩尤為肜日銅硎，改造狄宛第二期以降行瓦硎之俗。匕旋肜日銅器又可用於銛割。故此，兵器之「兵」以蚩尤為瓶疇圖並以銅器肜日，由象硎之「硎」引申而來。秦漢後學者混淆兵、硎，出自不知蚩尤以青銅器肜日，也不知蚩尤以青銅硎肜日來自更改狄宛瓦硎肜日。

我讀《春秋左傳注·器物圖》，照以狄宛第二期瓶疇圖，檢得矛具瓶疇圖之影瑁狀。戟具影瑁圖，亦具匕旋肜日圖。戈具匕旋肜日圖。劍高舉必兆用｜，畫曆法用七。盾上部兆日月合會，下部兆日影布於方面。鎧謂甲，甲謂龜背甲腹甲。胸前弧凸，背則扁平。係蚩尤「龜卜」剖龜之念移於鑄造鬥士上身防護之器。匕旋肜日器、瑁影器為要。

般為弓矢，本乎蚩尤「龜卜」曆為，再補一證。弓者，遠近、周旋也。言遠近以射。言周旋以經。弓字韻讀從經（更）。檢甲骨文弓，與「官」金文內部同源。讀者倘存疑竇，試以二龜腹甲拼為丸狀，再設擬判之。而後，以腹甲長程為效度，造一弓弦並使弦長等於腹甲長程，以弦一端為軸，水平旋轉 180°，再旋轉 180°，即得此二龜構造橢球（丸）狀。自判橢丸而得截割線而察其狀，必得弓狀。此乃蚩尤致弓為之源。蚩尤被視為兵器之神而得祠，故本此。

羅西章先生等考述商周匠作銅器，未聯匠作器源，失考器面瓶疇圖義〔註 82〕。鄭軼偉檢越王劍首同心圓，以為此狀係蓋天說日月星辰運行之軌跡，劍首半球形內凹形狀是蓋天說如倒扣碗的天的形狀。全劍首代表宇宙上天。握同心圓青銅劍，能得天祐助，可期待勝利〔註 83〕。此說不塙。越宗係大禹在南方血脈一支。大禹傳狄宛舊教。夏緣起多涉鯀宗遊徙而行夏曆，大禹徵「有苗」事涉「干戚之舞」，其本屬係蚩尤以象硎肜日事。依此線路跡考，句踐劍首同心圓謂日鬱得紀。得紀者，為新元也。此狀又兆越革吳命，代吳伯於東南。東南者，冬至後升日鬱之所也。依此察考，此劍鑄於越王滅吳之後。此前無力會聚匠工與物料。

後世檢者以為，刑始於兵。此說於上世紀 90 年代被張景賢先生曾質疑〔註 84〕。此說惜乎未被重視。

（4）蚩尤太硎甲兵考

臧文仲言「大刑用甲兵」，宜別二事：「大刑」、「甲兵」。前者別二等。後者亦別二等。此二等須聯「陳之原野」。舊學不得本義，出自多故。其一，不知瓶疇肜日事。其二，未知敬姜係媧宗傳人之一，傳舊事久於孔子傳授。第三，不知臧文仲言「原野」聯《繫辭下》「古之葬者，厚衣之以薪，葬之中野，不封不樹，喪期無數」。

此三等未知之第一等，今已澄清，如前考瓶疇肜日事。我知敬姜係媧宗傳人之一，證敬姜謂其子曰：「天子少采夕月，與大史、司載糾虔天刑」。采夕月者，王依月相合朔，效比旋肜日圖尋歲曆也。天刑者，大硎也。非夜曆法何以紀日鬱正朔？非肜日何以象太一之硎？「天刑」者係「大硎」訛變。大

〔註 82〕羅西章、羅芳賢：《古文物稱謂圖典》，三秦出版社，2000 年，第 105 頁。
〔註 83〕鄭軼偉：《中國古代冷兵器》，上海文化出版社，2008 年，第 115 頁～第 117
　　　　頁。
〔註 84〕張景賢：《「刑起於兵」說質疑》，《歷史教學》1993 年第 7 期。

者，太也，太一也。日月道會，豈非太一？太一豈非曆日之首？非媧宗，何以知「肜日」之硎？

第三等，「古之葬者」，此古非狄宛第二期前之古，而在狄宛第三期後。半坡遺存揭露一葬闕殘存板灰，北首嶺似此。屬「少昊」之域大汶口遺存「衣薪」之葬。棚木於上，或為原木之棺。「葬之中野」者，葬地中於「星野」也，星野即瓿疇家肆理骨殖，使之中某星體，含日月合會。「不封不樹」者，不奠也。迄今昔聖功業考無一得奠而尊，狄宛第一期迄第三期瓿疇家不為奠，俱為證。「喪期無數」者，赤帝、黃帝、蚩尤之前，無喪禮。死葬之日以屠肆，屠肆從瓿疇家之命，瓿疇家唯豫日鬱。宗人或宗人外一人性命不上算。黃帝已來，喪期從喪禮。而喪禮之期從黿戲「七日來復」之教，宗女傳之，男宗傚之。傳及今世，七期為數，日數四十九。澄清前三題，今可檢臧文仲「大刑用甲兵」「陳之原野」義。

「大刑」者，謨夏至日正朔為日鬱之象（太一）而龜卜以彰夏至「井」宿顯亮。大，太也。隸定「大」字甲骨文別上、央、下。上乃六字值合畫，此部夾「丨」，其下乃日鬱影日肖魚圖之尾畫部，此朝向來自外壁繪此圖瓦器口沿著地，器口向左而察見肖魚尾部向下狀，《後一‧四‧一七》字作（前註第199，第418頁）。此字藏肜日圖，即日月道會，日月為二，二合為一，謂之太，太一也。大、太通訓，本乎此事。而許慎言「象人形」，倘訓為「象宗」，即得一部之本。

「刑」含二義：第一，蚩尤「龜卜」以「井」宿顯亮正夏曆之教，此教旨在傳揚夏至日環鬱不過天極圖，而過地北極圖。加刀部，屬後世綴補，非初狀依《合集22474（子組）》，刀字作（第三冊註第86，第264頁）。檢甲骨文刀字決非摹狄宛瓦刀狀，也非摹骨匕狀，而係狄宛第一期乙教陽射率六圖一股附加一短勒，即器樣H3115：10赤色圖一股，附加一短勒。如此，「刑」兩部別偏正。正者乃蚩尤施教之「井」圖，偏補者乃舊教傳承者，增補部係狄宛第一期「乙」教氣程率數之申。如此，「刑」事之記非本乎蚩尤，亦非本乎景雲氏，而本乎申戎氏或申戎氏之後女媧後嗣一脈。既如此，蚩尤「井」事於狄宛系瓿疇家僅是狄宛乙教變更，而非革除。略其要，「大刑」謂蚩尤以夏至日環鬱瓿疇井宿圖行夏曆。第二，以銅器放寫日鬱天象。銅器總名「硎」，挖掘學所謂鉷也。此名屬器名，不涉井宿圖。

「用甲兵」者，蚩尤剞地平龜曆為而行夏曆，用銅硎放寫夏至日鬱圖。

曆為事如前考，或如大墩子事，或簡便從事。如此，太硎、甲兵通。

蚩尤簡便了天象術算，係一重大革新。行夏曆而遇阻力，加罰於不「用龜」者，係罰事，此罰即《呂刑》「制以刑」。制以刑者，以銅硎為器而虐體也。

「太硎」「陳諸原野」為事，證在多地體葬闕乃至疊體葬闕。其模範即姜寨第二期葬闕之體葬闕效夏至日射北回歸線，詳《祖述》之二（第 586 頁～第 604 頁）。臧文仲言「甲兵」之兵以石骨瓦銅硎為「兵」，依象而屠肆，故陳諸原野。原野者，非奠所也，又即無宗廟之所。

（5）蚩尤之征初考

「大刑」既為蚩尤行夏曆之教，效夏至日正朔為日鬱之象（太一）龜卜以彰夏至「井」宿顯亮，其教或被採納，或不被採納。被採納者，夏曆行。不採納者，必被徵。被討伐對象。此蓋蚩尤徵「諸侯」之事。徵則以瓬疇圖，也以青銅利刃。殺伐之器由此而功，被殺戮者眾。

韋昭注「用斧鉞」以軍戮，注「用刀鋸」以割劓用刀，斷截用鋸，亦有大辟，以《周語》「兵在其頸」為證。注「鑽笮」以臏刖、黥。注「鞭扑」以「官刑、教刑」。其說近《呂刑》記苗民制五虐之刑。而《尚同中》記「聖王制五刑以治天下，逮至有苗之制五刑以亂天下」。如此，存兩種「五刑」，其一系臧文仲記「五刑」，此五刑推係《尚同中》「聖王制五刑」。其二系苗民制五虐之刑。苗民之刑係蚩尤五刑變更，苗民非但不行蚩尤力行夏曆曆法，而且制五刑於蚩尤歿後。括要而言，韋昭說不塙。

蚩尤五刑之四者或屬殺戮或屬虐體。殺戮而醢，骨殖不埋而為器，肉被分食者，斧鉞也。刀鋸加於上肢、下肢，使之生而彰其不從夏曆之惡，刀鋸、鑽笮也。鞭扑者，輕重之撻以使從夏曆之教。「市」「朝」為二所。分食之所或使人警怖之所曰市。懸於門闕受晨日暴曰朝，事從晝曆法，且後日照為要。被殺戮者骨肉分離於市。肉體被虐而生者亦在市，使其恐懼，也使睹者觳觫顫凜。秦漢降及滿清，殺死因於市為證，鴞首懸置示眾為證。《地官大司徒》「正月之吉，」「懸教象之法於象魏」本乎「朝」。

蚩尤之硎含曆法、肜日，又彰夏至井宿。其事蹟存於文字。郭店楚簡此字作 〔註85〕。右從刀、截割得棒狀物，似尺骨橈骨或股骨脛骨之類，係去骨之字，冎字象之。左上從井宿，下從「甲」。

〔註85〕滕壬生：《楚系簡帛文字編》（增訂本），湖北教育出版社，2008 年，第 430 頁。

（6）經籍混淆戎兵初證

《世本》：「蚩尤以金作兵器」。宋衷注：「蚩尤，神農臣也」。張澍按云：
「《路史》引《世本》云：『蚩尤作五兵：戈、矛、戟、酋矛、夷矛。黃帝誅之
涿鹿之野。』《太平御覽》引《世本》云：『蚩尤作兵。』又按《太白陰經》：
『伏羲以木為兵，神農以石為兵，蚩尤以金為兵。』是兵起於太昊，蚩尤始以
金為之……〔註86〕』」。

宋衷言蚩尤屬係神農，此說近是，但不塙。前考蚩尤宗屬宗女。張氏援
《太白陰經》記伏羲以木為兵，此兵即後世戎，初即以木削瓴疇圖而兆日鬱
圖。木易朽敗，今唯存瓦器瓴疇圖，如前考。蚩尤以金為兵而戎事，存於《越
絕書》：「少昊治西方，蚩尤佐之，使主金〔註87〕」。

「少昊」如前考。蚩尤興起前，庖犧之宗一人初在北首嶺嗣豫日鬱依畫
曆法用七，為少。此宗寄於媧宗。媧宗東遷。蚩尤嗣承此人，治域及鄰縣下
孟、寶雞北首嶺、半坡、楊官寨早期、姜寨一帶。姜寨第一期遺物含冶銅殘
餘，旁證彼時冶銅技術成熟。主金事在西方，但蚩尤東徙，將冶銅術傳於東
方，膠縣三里河遺存銅器似鑽頭，為冶肜日砌器之證。

神農以石為兵者，以石為斧兆日鬱事，以此正曆。此人係申戎氏後嗣一
人。用石為兵者，石斧兆帶食而落日鬱圖，係裴李崗文明以降日鬱輪返曆象
之繼。檢臨汝閻村遺址瓦缸外面鳥罜銜魚附石斧圖，見石斧圖平面狀似日鬱
帶食而落狀，似裴李崗遺址起出之圓端研磨板。我曾考罜圖乃復古圖，記鳥、
魚韻遷，我曾訓右圖為「斫」（《祖述之二》第 195 頁）。今省右圖舊說不塙。

細察石斧圖，見斧柄固可握持，但柄上見 X 畫記，此狀記蚩尤「龜卜」
鑽五孔事，為陽曆歲曆曆法之兆。此石斧縛於木杆上，此石斧非日用器，乃
「戎」器，即用於兆帶食而落之器。宣教之時，高舉木柄，邑人目睹而信從。
斧頭部是「象」，即砌瓦。斧、鉞刃部呈月芟日之狀。清真寺頂端月狀亦屬此
類，為肜日圖。

言此石斧為肜日器，故在此物不可用於伐木或斫木。倘如此砍斫，必致
斧頭、斧柄崩裂。此器屬申戎氏東遷一脈。此宗即楚竹書記新戎氏（第三冊註
第 20，第 2 冊，第 250 頁）。我推此器記文明時代在蚩尤歿後。

〔註86〕宋衷注，張澍輯補：《世本》，《續修四庫全書》第 301 冊，上海古籍出版社，
　　　　2002 年，第 50 頁。
〔註87〕袁康：《越絕書》，涵芬樓藏版，1937 年，第 22 頁。

《呂氏春秋・孟秋紀・蕩兵》言蚩尤利其械。許維遹具高誘注，言蚩尤係少暤氏末九黎之君名，始作亂，伐無罪，殺無辜，善用兵。許氏又援梁玉繩言，蚩尤乃炎帝之裔，與九黎無涉，此說乃馬融臆解《書・呂刑》〔註88〕。言蚩尤「作亂」等，此屬實。而「亂」、「繭」、「丸」韻讀同。事在蚩尤「龜卜」行夏曆。「殺伐」以臧文仲言「五刑」。

（7）瓬疇圖式微始於蚩尤演夏曆用龜

蘇秉琦先生曾詢，「仰韶文化」去向何方（《考古尋根記》第39頁），舊學皆不答覆。我今饋答曰：所謂「仰韶文化」去向，非謂仰韶村古文化彩陶或其彩陶文化去向，也非謂各地仰韶文化彩陶逸出域內遺址，而謂狄宛第一期以降赤瓦瓬疇圖匿跡。以地域西東而論，此程始於陝西關中臨潼以東。以南北論，此程在秦嶺之南始於淅川一帶。華縣泉護村第一期末係此程之始，終點即素面瓦器隆興於齊魯、皖北、蘇北。

瓬疇圖以三故衰微。其一，東部瓦豆底座瓬疇雕鏤致施彩不得，但瓬疇義猶存。而瓬疇圖喪失寄託。其二，致瓦豆等器瓬疇雕鏤興起之故在於，蚩尤引入靈龜放寫黃道，黃道星宿被並舉，初鑽龜而正朔基於日鬱之豫，及其為畫曆法而行之。其三，蚩尤為瓬疇硎而兆日鬱，舉金屬瓬疇硎為象。較之瓦硎肜日器，金屬肜日硎便於握持，便於高舉宣教。硎瓦衰微，瓦器瓬疇圖隨之衰退。此外，青銅硎耐久，而瓦硎碎。瓦器瓬疇圖喪失立足之地，系曆史必然。

狄宛系瓬疇畫自泉護村第二期文明之後，在東方、北方不再見體統瓬疇畫，赤瓦被冥瓦替代，瓬疇圖被瓬疇雕替代。瓦盂外薀圖遁跡，代之以無圖但具瓬疇義之瓦鬶等。月要觚替代瓦壺，而瓦壺外薀瓬疇圖被瓦瓠高足透雕瓬疇圖替代。

此時，日環鬱匕旋肜日圖寡見，但日環鬱直匕直角轉向圖出現，此致半環狀、弧狀、圓芯瓬疇圖喪佚。器足透雕合朔、日環鬱、菱星圖、影日圖與肜日圖頻見，既往瓬疇圖義今寄於器足透雕，透雕即雕記，並列於畫記、勒記、堆記，與為中國文字源。

題涉東遷宗女侍從之男宗，黿戲後嗣必屬之。狄宛系瓬疇圖東傳，而黿戲後嗣男宗與工諸器。春秋時期，郯子言太暤龍紀。推測其事初記於邳縣大

〔註88〕許維遹撰，梁運華整理：《呂氏春秋集釋》，中華書局，2009年，第158頁。

墩子菱星瓩疇圖與合朔日環鬱圖等。欒豐實先生曾識見「彩陶東播」，但言其源限於「仰韶」、「廟底溝」，他未詳甘肅、陝西瓦面瓩疇圖東傳，也未識見西來圖樣衰變〔註89〕。

瓩疇圖之遁跡徹底者，係日環鬱肖魚影日肜日圖。其替代者是地平龜（Terrapene）鑽，如器樣 M44：13 可證。不獨如此，龜腹甲背甲轉動，能得子午圈、卯酉圈耦動，較之狄宛第二期用宥坐器係一大進益。以此物模擬正朔靈，不必屠肆而殺戮。北天極、黃道、星宿、日鬱升降，分至之間氣程率等，俱被龜兆。

晚近，趙婧、袁廣闊曾檢「大汶口文化」「彩陶」，別圖案 6 等。依其檢討，大汶口遺存似存瓦器獨樣圖形〔註90〕。二人不察，大汶口瓦器圖畫源自狄宛瓩疇圖，而且在魯南變遷以致式微。

（五）媧祖虎妝乙教暨後有是氏瓩疇義釋及狄宛瓩疇功業襃議

1. 媧祖虎妝乙教跡考

1)《山海經》虎妝令禮跡考

（1）開明獸虎事令宗人

《海內西經》：「崑崙南淵深三百仞。開明獸身大類虎而九首，皆人面，東向，立崑崙上」。袁珂援郭注「崑崙南淵」云「靈淵」。袁珂云：「開明獸即《西次三經》神陸吾也」。又援郭璞注「東向立崑崙上」云「天獸也〔註91〕」。郭璞言「崑崙南淵」為靈淵，可從。靈、雨、雷、電等字皆從屠肆畫導出。倘以崑崙淵為靈淵，即謂崑崙為靈所。經言「崑崙南淵」，則「南」為要名，不可輕忽，宜加申釋。

《盂鼎》作𤯍〔註92〕，隸定南字從此字。許慎釋：「艸木至南方有枝任也。從宋𦍌聲」（第三冊註第 41，第 127 頁）。檢，𦍌讀飪。許慎又說：「宋，草木盛，宋宋然。象形，八聲」。許慎言「任」，本壬，指妊娠。南為方，指妊，非謂北方無妊或礙孕。其遠古信息在於，夏季斗柄南指，夏季日鬱成弧，敗稷。故此壬謂弧壬。由此引申，以孕婦腹部隆起而狀似弧圓得壬義。於冬季，

〔註89〕欒豐實：《大汶口文化——從原始到文明》，山東文藝出版社，2004 年，第 49 頁。

〔註90〕趙婧、袁廣闊：《大汶口文化彩陶圖案淺議》，《華夏文明》2016 年第 2 期。

〔註91〕袁珂：《山海經校注》，巴蜀書社，1992 年，第 349 頁～第 350 頁。

〔註92〕高明、涂白奎：《古文字類編》（增訂本），上海古籍出版社，2008 年，第 913 頁。

北方寒冬草木枯萎，南方則有綠植，乃至穀物。

南字甲骨文依《鐵一四·一》作🔲，依《掇二·一五八》作🔲。餘字狀或從前者，或近後者。檢釋此字者十數家，體統未顯，故不可從。我檢甲骨文南字從前考「禾稈」圖訛變，又從青。「青」於星圖指井宿，而菁名被井名替代。此事乃南方七宿被重視後星曆學大事。《金文編》錄字從🔲，從用，證在《虢仲盨》🔲字（第三冊註第 44，第 6 冊，第 87 頁～第 88 頁）。上部來自前考「禾稈」圖。「用」字源自「凸」別體，含屠肆事。用字韻從雍，狄宛第二期若干葬闕、曆闕雍援係其本。「用」字也可謂屠肆。

此南、用二字表義相連，狄宛系文明增以南方文明，係虞夏文明佳證。括前考，「南淵」謂生產之淵，某子被屠肆，故又是靈淵，靈淵又須釋為令淵。即從令殺祭之所。

開明獸者，妝以獸，但能「開明」。此人乃乙教者，妝以獸而已。開明者，用弓狀弧而宣教日鬱（食）也。開訓張，張弓謂之開。明，日月合會也。身大類虎而九首，虎妝而體高大。九首，有淺深二等訓釋：淺訓，即謂極術算，於妝則狀摹人面。深訓即謂依曆數極，臨日鬱而屠肆。金文首字從屠肆，證在金文《首農卣》字作🔲、《史懋壺》字作🔲、《舀鼎》字作🔲、《令鼎》字作🔲（《金文編》，第 630 頁，第 1484 字）。此字上部俱從屠肆反置，下部從日環鬱，即囧圖變形。隸定首字非謂頭，本謂歲首。故此，「開明獸」乃以合朔謀日環鬱而正朔定四時曆法之乙教者。

東向者，察日鬱者睹月東往也。依日鬱正朔，乃正曆法之途，以日環鬱正朔，乃狄宛第一期以降合朔正曆之高端。「立崑崙上」，此崑崙乃正曆之所。立，涖也。前訓含虎事四點：第一，乙教者能妝虎。第二，乙教者司日鬱。第三，以日鬱正曆法。準乎「首」字，此「虎」神曆法含晝曆法，而非純夜曆法，此曆朔日起於日環鬱當日。第四，此神掌生育。

《大荒西經》：「西海之南，流沙之濱，赤水之後，黑水之前，有大山，名曰崑崙之丘。……有人，戴勝，虎齒，有豹尾，穴處，名曰西王母。此山萬物盡有」。

袁珂案：「崑崙之丘已見《西次三經》、《海內西經》。《海內西經》丘作虛」。「有文有尾」，袁珂依《太平御覽》卷三八引此經無兩「有」字推此二「有」字衍。袁氏援郭璞注「皆白」句云，「言其尾以白為點駁」。袁珂援王念孫依《文選》、《思玄賦》注此經「豹尾」上無「有」字（第四冊註第 91，第 466

頁~第 468 頁）。檢袁說可從，去「有」字是。人，申也，乙教者，即西王母。
我曾檢見，《大荒西經》含《易》教陰陽消息說，所教為易候，施教者是尸：
「戴勝」是鳥，清明後十日降於桑。聯經文「戴勝」、「西王母」，即得西王母
頭有戴勝頂羽毛之狀。此合《春秋左傳·昭公十七年》郯子述其祖鳥官圖景。
虎齒、豹尾者，虎妝是也。虎齒即虎犬齒。銳而能刺穿，象徵刺死而食。穴處
者，居營窟也。狄宛第三期、第四期仍存此等營造。由「戴勝」可推，西王母
司易候之教。

　　《開元占經》舉西王母三事：第一，援《帝王世紀》云，舜時西王母來獻
白環及貢益地圖。第二，援《瑞應圖》言黃帝時，西王母使乘白鹿來獻白環。
第三，援《大戴禮》言舜布恩散德，日月出入，莫不率俾，西王母來獻玉琯
（嶽麓書社，第 1135 頁）。前二事涉日環鬱、勘輿圖志。第三事告中西部曾
為樂教發達之地。關中之東，河南舞陽賈湖遺址骨管曾否為律管，其骨管與
狄宛系樂器有無聯繫，皆屬懸疑。而中西部樂教必屬發達。舜能正曆，故能
散德。如此，樂教、日環鬱正歲首必存聯繫。西王母獻玉琯旁證虞舜「天命改
易」大事。

　　（2）神陸吾妝虎司罰

　　《西次三經》：「西南四百里，曰崑崙之丘，是實惟帝之下都，神陸吾司
之。其神狀虎身而九尾，人面而虎爪；是神也，司天之九部及帝之囿時」。

　　袁珂言：「經文『是實』，王念孫校衍『是』字，實作寔」。袁氏具郭璞注：
「天帝都邑之在下者」。袁珂案：「郭注天帝即黃帝，見《海經新釋》卷六『海
內崑崙之虛』節注二」。袁釋「神陸吾」援郭璞云「即肩吾。莊周曰：『肩吾得
之，以處大山』也」。袁氏又援郝懿行舉《大宗師釋文》引司馬彪說「山神不
死，至孔子時」。袁珂言：「此神即《海內西經》之開明獸」。袁氏釋「司天之
九部及弟之囿時」援郭璞言：「主九域部界、天帝苑囿之時節也」（第四冊註
第 91，第 56 頁~第 57 頁）。

　　「西南四百里」述地面行程里數，起點未知。「崑崙之丘」告此所地勢凸
顯。此高處依「丘」訓，則在地，倘依「虛」訓，謂在天。虛、空也，空即蒼
穹，後世分野出自星區與地望對稱。郭云「天帝都邑之在下者」謂丘。

　　王念孫說「是實」之「是」字是衍字。我以為，「實」是衍字，其本「是」
字，訓氏。唯，佳也，占星尚短尾禽謂佳。此時，尚鳥鸛舊俗已改。是唯帝即
氏佳帝，謂某乙教曆為者，以短尾禽施教。此人既亡，但被視為在天，故言

帝。「下都」者，地上宗廟也。古宗廟藏典冊，含曆法。

「神陸吾司之」謂當時，「陸吾」掌乙教。題涉「陸吾」，郭注引《大宗師》「肩吾」為訓，二名俱涉「履」。「陸吾」綴讀「履」，推係禮字古讀音，或係虞夏時期或少前具韻無字但義指顯著之事。人或以夏代文字文獻無存而疑夏代，甚無謂。韻足以指告，猶西文之音聯，不必為畫記。郭璞以《大宗師》「肩吾」訓「神陸吾」，值得深究，但郭氏不言其故，而袁先生又未補缺。

我檢「陸吾」之「吾」入「模」韻，「五」也入「模」韻。兩字韻近而通。倘言人代數多，則從五讀。從「五」讀，是疑母字。從姥讀，則是明母字。而「暮」字也屬明母字。屬《七音略》「內轉第十二」〔註93〕。暮能謂日環鬱之光照不足，猶暮時或傍晚。

遲起金文吾非吾字本。依《金文編》，其初狀係吾。吳大澂檢相似字吾，以為敔字，即御字（第57頁，第131字）。又檢隸定吾字一本從虍，證在楚簡字虖（《郭店楚簡老子校讀》，第103頁），依《七音略》為曉母字。如此，「陸吾」之吾是虍部字，屬係狄宛太初女獵人一脈。關中長安杜陵方言「虖虍」某人，謂「能以悍勇害之」。依此推，古之「吾」能替代虖字，或可視為通假字。虍、肙、噓三字韻似，聲部相近，其事俱本狄宛獵人老祖母虎事。吾字在以吾假借之前，此字上部猶存「丨」，乃日鬱曆日用「七」之證。

「陸吾」或可讀「履噓」，係命令句，謂行乙教者之令也。履者，端於始也（《史記·曆書》），即正朔依日環鬱，曆日用七。次第始於望月。神，乙教者。此乙教者虎妝：狀虎身而九尾，人面而虎爪。九尾喻極曆算而正朔日，得歲首。人面者，乙教者為人，其面固係人面。虎爪含義別二：蓄指甲使長，能摳傷他人。或綁縛獸爪於手指上。黃焯言「詐」即今之妝字〔註94〕，乃塙言。此「詐」又是後世記「乍」，即作。從此跡考，狄宛第一期宗女已行「乍」事。而黿戲之作乃衍生之作。虎妝即「作」似虎物什。

「是神」，此乙教者。「司天之九部及帝之囷時」，謂女君令蒼穹九部星宿，使先帝四時循環。司，依許慎訓反后，《吳王光鑒》后字作后狀（《金文編》，第639頁，第1497字）。帝，先人曆帝事，今乙教者嗣承其先，傳此教。如先帝號令星宿運轉。虞夏時期，民心淳樸，信帝能逼日月行道圖示，能令星動之力。於秦漢，此念消逝。「天之九部」之「天」謂蒼穹，是星宿之所。「九

〔註93〕陳彭年等：《宋本廣韻·永祿本韻鏡》江蘇教育出版社，2005年，第21頁。
〔註94〕黃侃：《字通》，《文字聲韻訓詁筆記》，武漢大學出版社，2013年，第91頁。

部」或謂三垣星宿，諸部以星宿距度盡別，故取數九。《史記・曆書》:「至今上即位，招致方士唐都，分其天部」。《史記集解》援《漢書音義》曰:「謂分部二十八宿為距度」（第 1261 頁）。「帝之囿時」謂時猶依苑垣而轉也。囿，時被設擬為獸，此即獸字引申義。取不改或守禦之義。此囿即後世天文史之垣，譬如紫微、太微、天市三垣。

2）《履》兩版本俱告虎事可協跡考

（1）傳本「咥人」帛書本「真人」異字舊說欠妥

《周易》傳本《履》卦詞:「履虎尾，不咥人，亨」。帛書《易》:「《禮》虎尾，不真人，亨」。廖名春訓傳本卦詞:「老虎在後面行走，而不被老虎咬傷，亨通」。他未檢基礎，其訓不涉禮源。

我曾撰文，考證兩版本差異。於彼時未澄清利氏本《易》，誤將二者視為同版本別傳，依此照顧《西次三經》「虎爪」，並以虎為歲時、天命守護者，以「尾」為時至而祀。訓「不咥人」為「否咥人」，謂「否，數術如虎，將噬為尸（巫）者」。由此導出依天命處罰「尸教」者之言，今檢此說不盡合屠肆事體。凡被更正於《祖述之一》而未及宗女虎事諸題，今補正於此。

（2）帛書《履》卦詞告教化始於虎事

帛書:「《禮》虎尾，不真人，亨」。其關鍵字「真」義堪依韻學澄清，「虎」謂妝虎乙教、「尾」:得後顯雌雄合會。後者，曆算而得某數。生子、生數互為譬。「不真人」之「不」訓「否」，謂曆卜未曾正朔為歲首。「真人」，屠肆占算之乙教者。前訓俱有其證。此證又以孔子言夯實：馬王堆帛書《衷》:「子曰：無孟之卦，有罪而死」。「大有之卦，孫位也〔註95〕」。

劉彬釋此文徑取《无妄》卦名，代孔子言，似乎孔子曾言此卦名為《无妄》，欠妥。劉氏又援《經典釋文》記「馬、鄭、王肅皆云妄猶望，謂無所希望也」。復援《周易集解》俱虞翻說:「京氏及俗儒以為，大旱之卦，萬物皆死，無所復望」。由此釋「無望」:無所期望而有得〔註96〕。檢孔子僅言「無孟」，倘以《大戴禮記・誥志》孔子記周太史傳虞史伯夷言「明，孟也」，強將明訓望月，則得望字。但此說不全。伯夷以「孟也」釋「明」，而且以幼言幽。孟者，歲次之首，孟春是也。虞夏之政，皆貴孟春，此乃「率天」。率天者，

〔註95〕廖名春:《馬王堆帛書〈衷〉》，《續修四庫全書》第 1 冊，上海古籍出版社，2002 年，第 29 頁。

〔註96〕劉彬:《帛書〈衷〉篇新釋八則》，《周易研究》2010 年第 5 期。

率天象也。天象者，日鬱（食）是也。孔子言無孟，告太史為曆占，但未曾算得日鬱，但塙發生日鬱天象見。天象告太史占算失誤，失朔日。此蓋太史敗算日鬱輪返。此人豈能存活？

倘依陸德明援馬融言「妄」讀若「望」，可通，但須增補若干：第一，狄宛夜曆法滿月之夜或次夜為月長初一。第二，日鬱見滿月，故朔日為亡，芒日。通望。上海博物館戰國簡本存「亡忘」二字。「亡」謂喪，「忘」謂望。第三，黿戲氏後若干年，夜曆法改為晝曆法，以日鬱之晝為朔日。今本「无妄」之「妄」依許慎訓「亂」，但此說須轉訓為「治」，謂治曆，即轉換夜曆次第為晝曆次第，平狄宛母宗望月為初一之曆法，黿戲王事之後朔日為初一曆法。漢魏經生迄此前曆檢者無以考知此事。由此，我不取馬融說，逕採孔子言。「大有」二字固是卦名，入今《周易》卦名。「有」訓日鬱（食），前已考，不贅言。《易》用於占算日鬱，前考「羅賀圖」曆法算式為證。「孫位」，遜位也。君逢某種日鬱輪返，君被視為德衰之證。帝堯晚年，商紂晚年，皆為證。

僅「真人」二字難訓。郭店楚簡《老子》「其悳乃貞」。校讀者以為貞「借作真」（《郭店楚簡老子校讀》，第 101 頁）。案甲骨文字形，真、貞同源。故《老子》、《莊子》「真人」皆昔古乙教者。「真人」、「貞人」義通。

季旭升引殷契文《前 6·34·6》真字作 ，周早期《真盤》字作 。季氏推測，甲骨文、商周早期金文「真」可能讀「鼎」。又言，「真」字上部本從匕，後世或繁化為「止」形；再進一步省為目。季氏舉朱芳圃援唐蘭說，以為殄字古文是 。季氏援何琳儀《戰典》釋「真」：從鼎， 聲，珍之初文，轉引裘錫圭說：本當「從貝、聲……。應是『顛隕』之『顛』的表意初文」〔註97〕。

裘先生說為上。季先生說不塙。推此字讀「顛」而謂填。顛者，顧頂也。填者，正朔屠肆而後瘞埋也。於昔聖既葬，謂填。於待虐者受虐，此字宜讀顛。此甲骨文必可二讀。由填而引申為顛。其事本宗伯屠肆正朔，施教邑眾或徵它邑眾虐體。事在蚩尤及嗣承其法者。此字不從「神」訓。圖四二〇，4，鬙 M47：56 面「神」（申）堆記不見於此字。《真盤》字上部從匕，兆宗伯掌匕，告古女人掌曆數，其取食之器為匕，由此器而「申」得考妣之妣，此係畫記之轉兆，為六書之轉注。季先生言楚系真字 下部省為「目」說，不可從。我檢此部來自金文「首」字，從屠肆之陳得韻，或從「申」得韻，而從屠肆之

〔註97〕季旭升：《說文新證》（下），藝文印書館，2004 年，第 12 頁。

肆得義。此字上部似「止」字，係屠肆畫記變遷。二者變遷之故在於，宗女屠肆於豫日鬱正朔。正朔則正曆。正曆則得「止」舊曆算。

　　此字各部合而韻讀近陳，乃屠肆事所致。述昔事遠在北首嶺間期，證在葬闕 77M17 納器 77M17：（1）外面屠肆圖。如此，「否真人」宜句讀「否，真人」，其義是：倘不從（虎妝者令）合會雌雄（合朔），屠肆占算者。在此，「真」含二義：卜者、屠肆，聯則謂正曆者被屠肆，或卜者被屠肆。莊子言下「真人」其實是遠古被屠肆者，彼等無私欲，故又是聖賢。「貞」字訓「正」，故在合朔合乎日鬱天象，得曆日之正。

　　括前考，凡從許慎釋「真」為仙人而登天，信從此說，釋者與信後黃帝時代畫記或勒記之誤傳，釋者自知畫記或勒記乃至雕記或堆記矯飾。黃季剛言「乙，即履之初文」（《字通》，第 133 頁），此說搞當。從此說聯考卦名、卦詞，復顧狄宛第一期乙教之事，必得昔聖功業本相。

　　（3）傳本《履》卦詞告羅賀乙教者犧牲事

　　虞翻依易象與旁通釋《履》卦詞「履虎尾，不咥人，亨」（《周易集解》，第 1 冊，第 69 頁）。虞氏此說不及「咥」本義。倘對照許慎取《衛風·氓》「咥其笑矣」，釋「咥」以「大笑」，「從口至聲」（《說文》，第 32 頁），即見咥義難協。《唐韻》讀此字「許既切」，或「直結切」。《詩三家義集疏》未究此字（第 298 頁）。檢者倘安處卦詞、詩用同字而存義不協，跡古者必生疑竇，將疑心舊教散漫不體。

　　依前考「履」本字乃乙，「虎尾」，如前。以「啖」釋「咥」似通，但義單事陋，頗似分食乙教者終了舊事，旁事無涉。

　　細味《衛風·氓》，推「咥」韻讀從乙，聲母如孝字，起聲為 h，又或依黃季剛說，可讀「訶（虎何切），即戲、笑本字」（《字通》，第 91 頁）。聯迄今瓬疇家功業考證，「咥人」可讀「胥乙」。乙乃陳數布算為曆者。胥於後世謂蟹醢，於狄宛謂蚌醢。蚌醢者，拆解蚌為陰陽爻數布算曆日。蚌肉被烹食。曆日者倘不得朔日，或不能正曆，將被屠肆。如此，「咥人」係「理骨」以陳之隱喻。此乙教者被殺死、分食。依聞一多採苗人言電戲名，其名納烏韻、係韻。而烏韻能指日及日數，「係」謂「定值」。其曆義合乎前訓。烏韻存遠古日烏、禽鳥之教。黃說「虎何切」讀「訶」，近「羅賀圖」之賀。故此，「咥人」即咥乙（教者），其事頗涉電戲氏舊事。此事亦是後世以人倫、從教為核心之禮教之源。

《衛風・氓》「咥其笑矣」之「咥」宜依《七音略・外傳二十三》從「窒」訓，謂「嬉致氣滯」，為端目字，入聲。此狀猶吞噬致噎。如此，句義通達。許慎言「大笑」，抵近古義，其從「至」聲之論不誤。吞噬者不顧食管納食限度，驟然吞噬致噎礙於呼吸，乃二文獻同字義近之證。

（４）掌屠肆女宗胥虎妝社祭嘗新日鬱教義暨社祭用木考

上世紀 60 年代初，發掘者在江蘇六合縣程橋東周墓起出銅器若干，下別食器、樂器、兵器、車馬器等。編鐘 9 件使人重視。發掘者言，墓室填土含碎銅片，五片面上可見「淺刻畫紋」。五片屬同一銅器。畫紋有「茂盛的樹木、張嘴豎耳的野獸、鼎旁烹飪的侍者和對飲的人物等場面」，「應該是一幅貴族燕飲狩獵圖案中的片斷（第三冊註第 211）」。發掘者言貴族，檢即春秋吳貴族。諸銅片面圖見於圖四二八，圖樣別主次：圖上部係主圖，下部諸殘片圖係次圖。

圖四二八　掌屠肆宗胥虎妝坐尸祭祖嘗新圖等

發掘者釋圖義粗糙，其說不可從。自左向右面北而視，見銅片 1 主角乃虎妝宗首，著虎尾、戴胥冠、依宗女之治推知係女性。胥冠乃胥教者之冠。胥教者即人倫之教者。胥冠即狀似胥星之冠，胥星即造父星。放此狀為君冠，乃禮教冠源，但被父宗施教者隱沒。此狀君冠乃華夏最早君冠，此冠狀似西

方王冠，西方王冠狀摹仙後座，係其側視圖變形。仙後座即胥星座，或造父星座。在諸夏，狄宛舊教之胥星在後世變為造父星，題涉此變發生時代，詳後胥星更名造父星考。

　　檢圖四二八主圖坐者雙手持一器，背靠松樹或柏樹。舉此器令人饋食而坐尸。檢此器頭部狀，非後世日用器掃帚之帚字模樣，但塙為「帚」字源。此圖本乎北首嶺器 77M17：(1) 面上屠肆圖變形：增二齒、加長柄。隸定帚字之甲骨文從屠肆圖變向。而且，甲骨文帚字含甲骨文「帝」字模樣。如此，初「帝」事乃女君之事，其初發地在狄宛。此圖繪持此器者必係女君，此女君乃胥君。其背後松或柏兆此祭能為太初社祭，或土祭，報地產穀物。

　　陸忠發曾檢此主圖，察知坐几者係尸。陸氏言，「尸者雙手扶膝，垂足安坐，兩邊獻祭品者的動作十分清楚明白，……〔註98〕」。陸氏識見無誤，但未考此圖餘義。今檢坐尸張口、伸長右臂、戴冠，此冠非胥冠，乃坎冠，即其上部之央下凹。其坐所係幾。此坐姿非本淮水流域，而本乎白家村 M22 骨殖 E 坐姿。尸口納一物，狀似殘月之半。依次見二人自左，向尸而行。在第一人、尸之際，存一物於支架上。其狀似截球，上部見缺。第一人以雙臂並向上舉，其次一人貓腰作揖、從者手持食器。器納物似有蒸汽直上，或似某種禾苗，此乃嘗新圖。宗胥使尸嘗新，使持器者饋食。持器者背向有人反行，此人頭戴某物，手臂前伸。頭戴之物面上似有某一瓬疇圖。推測此圖係日環鬱瓬疇圖。依諸圖景推測，圖寫之事在於嘗新。

　　嘗新出自正曆，正曆貴在正朔。正朔貴在合朔曆日而算得日鬱輪返塙日。日鬱之教難以口言，難以瓬疇圖告，宗胥今以尸吞殘月狀一物、以半截球圖、坐几而止、雙足止動而言定日等傳教，施教者乃某為胥之宗女。

　　尸口納物謂「噬」，噬係後世日食之食名源。殘月狀一物似在其頸部、又肩之際。此物狀似彎角，口向東。兆月芟日以月要狀而東行，日將全見。尸足前支架上截球圖乃月芟日剩餘日狀，此狀謂判，如前考器樣 H379：85，圖一二四，7，乃判瓦之替代，兆月芟日而得日之半。此狀又兆月丸在上而去日鳥，日尚未圓滿。截球圖在坐尸雙足前，謂度足而後見日鬱輪返。度足含二義：長程滿數以當日數，前考度當日曆日算法是也。坐以度足，不再行數而得日鬱，故止、故坐。尸戴冠曰坎冠，坎冠之坎謂「陷落」，即月行將歸東而入谷，日西行而入谷。此義乃《海外東經》「朝陽之谷」、「湯谷上有

〔註98〕陸忠發：《中國古代尸祭的文字學考證》，《尋根》2001 年第 1 期。

扶桑，十日所浴…」之谷。聯飲食之念，坎冠之坎兆「隱沒」、「無窮入」，此義在後世引申為「欲」字。戰國簡文證此說不誤。細檢主圖，不見飲器，故無灌（裸）事。倘強將判瓦狀圖視為截球狀瓦器，此器為盛水器，但圖兆且其支架恒連此器。此坐尸性別無以推知。但我猜測，此人是女性，此人以坎而威懾宗內男人。坎謂藏，即葬闕之葬。故在坐尸能兆「使暮」，即月芟日而日亡，日亡則暮。

圖下部聯刻畫乃畫記，即甲骨文「且」字。從殘片眾 △（祖）字得知，此圖述祭祖。為圖者聯諸畫記，故在祖代數眾。依殘圖占全圖比例及「且」字右側嘉木圖之所推測，「且」畫記或許多於十二個。以祖訓且，以三代之上端為祖，算及身，此圖記宗女代數能達 30 代。此畫記之源係黿戲王氏目睹大角星、角宿一、五帝座一等三星圖狀，如前考。宗女祭祖用星圖基於黿戲王事，而無孤在畫記或勒記。此謂宗女察知，祭初祖仍不可捨棄陰陽合會之念。陰陽合會即男女交合。依此溯跡，黿戲之時，男女交合能使女受孕之念出現。

第 5 殘銅片圖義聯主圖義。諸畫似獸尾圖，右側旁上部頗似獸面略刻。此畫部似環節生物，實係金文「嬰」本字局部，《金文編》俱嬴字含此狀（第791 頁，第 1952 字）。此構字雖在商，傳於周，含媧祖舊事。依此檢《大荒西經》「女媧之腸」，此句「腸」又謂嬰，言其得宗女之紀。如此，嬰、成年（身）、祖諸念密連。

又檢圖四二八主圖係宗（女）胥掌祭祖嘗新禮。此禮質在「乙教」，即用尸為教，教旨歸諸日黷、食物所際，胥使宗人、邑人貴天象之日月合會大義。亦貴女宗首之祖佚黷而產子而得後人之事。此禮教既含天象之教，曆法之教，也含人祖產子生殖之教。虎妝之宗首（胥）教宗人、邑眾知日黷，非用此儀程不可。此儀程既含狄宛嘗新禮舊俗，又含虎妝兆生殖之具，亦含宗胥以胥冠象徵之北天至高星宿之令。此令即胥星出沒時辰蘊藏之生死時定之義。生死時定之義即生死天命之質。胥星乃北天配北斗之星宿。胥星即後世造父星。《天官書》不記造父星。天文史學者也不曾檢其本名與諸夏原教所際，或許基於黃帝時代史家故為，而非疏漏。此信息隱藏之深之久，使我驚愕。

文獻記西周君貴女宗，至少存二證：第一，穆王會西王母。第二，周厲王貴「衛巫」。程橋葬闕填土納殘器銅片面上古禮圖，能證蘇北宗女掌屠肆祭

祖坐尸嘗新禮殘存於東周，但已被貴族罷黜〔註99〕。此情狀足證此葬闕骨殖生身必為男子，而且此人屬係某顯貴男宗。以填土納諸古禮圖殘片，能旁證狄宛系嘗新祭祖儀程衰落。圖四二八祭祖儀程嘗新穀物或稷或粟，而非小麥、大麥或青稞等夏獲穀物。

對照此圖，今知春秋時期魯莊公「如齊觀社」饋證彼時掌屠肆宗女以姊妹為尸之俗殘存於齊國。《穀梁傳・莊公二十三年》「公如齊觀社。常事曰視，非常曰觀。觀，無事之辭也，以是為尸女也」。何休注：「觀社者，觀祭社。社者，土地之主。祭者報之」。范甯注：「尸，主也。主為女往爾，以觀社為辭」。鍾氏補注：「經著『無事之辭』者，以是為尸女故也。意主於女謂之尸女。《莊子》曰：『是其言也，猶時女也。』處女為時所求謂之時女。古人語如此，《六經奧論》說以《墨子》曰：燕有祖，齊有社，宋有桑林，楚有雲夢。此男女之所屬而觀也〔註100〕」。鍾氏注導讀者思向男女之會，甚或含奔而野合之事。

任曉鋒據范甯注以為，齊國以女為尸社祭，逢春秋尸祭禮儀漸湮沒，此舉使人覺新鮮。魯莊公好奇，故前往察看〔註101〕。

我檢鍾氏說乏考，任氏說草率。乏考者，經文未考而徑取注者言，又不辨范甯說潛藏兩可之義。鍾氏補注《逍遙遊》一言，旨在導出男女逢春而奔。此念源自司馬彪、成玄英釋「是其言也，猶時女也」之「時女」以「處女」。郭慶藩則從焦竑《莊子翼》一說，以「是」、「時」等同，換位而訓。檢三釋俱不可靠。司馬、成氏俱不察，「時」乃動作，「女」乃「母」字之訛。兩字讀「尋母」，訓「司母」，如商鼎「司母」名，其作為一如前考狄宛系瓴疇女於狄宛第二期作為。尋字本金文▨，隸定字孁（《集成》，第5冊，1985年，器拓第2708），字來自殷。此字後變為《大盂鼎》▨字。商以典冊傳世。典冊皆本瓴疇女治志，或勒記、或畫記、或堆記、或雕記，而後並傳於男宗。故甲骨文頻見「母戊」、「母己」等宗女命。此皆係娖宗施教之果。

「尋母」兩字合謂：依婦孕產曆日而宣曆法。宣節令者係宗胥（婦）。此

〔註99〕　在中國大陸南方，譬如雲南省寧蒗薒彝族自治縣女宗為治存續迄1949年。李
　　　　玉潔：《論周代的尸祭及其源流》，《河南大學學報》（社會科學版）1992年第
　　　　1期。
〔註100〕　鍾文烝：《穀梁補注（七）》，《清人注疏十三經附經義述聞》（四），中華書局，
　　　　1998年，第72頁～第73頁。
〔註101〕　任曉鋒：《周代宗廟尸祭禮儀考倫》，《科學經濟社會》2014年第1期。

正曆之能本乎生殖醫學之曆日之能。事本狄宛宗女在第二期能精巧預產。前考宗女掌紀命嗣基於曆日算法，此處不贅言。倘求「時」字，得中山王某壺銘文&字，此字產生甚遲（前註，第 15 冊，1993 年，第 297 頁，器拓第 9735）。此念亦產生甚遲，但不可以為含時念頭之人倫之念也產生甚遲，或命嗣也產生甚遲，由此得光陰次第之念也產生甚遲，乃至曆法產生甚遲。否則，必逆發掘既得之商、殷甲骨史志，遠古教化綿延之繩隨之斷絕。

晚近，張青松以宋人從司馬、成氏謬釋未入辭書而為附會之言，並進言辭書宜納此等新名〔註102〕。其舉動不合經學之道。

經文記莊公如齊觀社，則齊國某地行社祭。社祭必貴報地德。此事之要決非野合之類。鍾氏補注最大不足在於乏考「夏」時節於認知莊公行止之義。

「常事曰視，非常曰觀」含二疑難：常事謂何，觀謂何。不考此二疑，無以知「無事之辭也，以是為尸女」合句之義。檢「常」字金文來自尚字孳乳，或作尙、或作尙、或作尙（《金文編》，第 48 頁），前字上從「八」，央從一，下從口。「八」來自狄宛勒記，謂夜曆法豫日鬱曆夜用八，於後世謂正朔日用舊曆法。一者，覆也。口：言、食也。言謂號令。食別二義：日每之食以養生。社祭之食乃報土之俗。土生萬物，谷為上。非時播土不能夏生谷，不能秋生谷。後字上從二分平，餘者無別。央丗以「丨」，為省文，第三字同義，唯其上部本乎半坡勒記。

總之，「常」謂從狄宛夜曆法豫日鬱而正朔日，得曆法以導農事。依此訓，社祭凡合當時既正朔曆法，必謂之「尚」（常）。或祭儀無殊，又合當時既正曆法。但魯史記莊公於夏「觀社」。此時節含義重大。但依魯史「非常曰觀」之記，考得此番社祭殊儀。其殊在於魯史自釋「觀，無事之辭」，「以是為尸女」。「觀，無事之辭」者，非祀非戎謂之無事。辭，別也，別齊魯也。雖魯無祀無戎，但以齊於夏社祭，而且魯莊公「是為尸女」。夏即周曆法之夏，於幾月社祭，不詳。周曆法孟夏即夏曆春二月。周曆法歲初建子，夏曆法歲初建寅。魯用周曆法。依此推算，倘社祭行於夏末月，則在夏曆四月。總之在二月迄四月間。「以是為尸女」者，魯莊公以為，齊社祭立尸或坐尸者係女子之俗無誤。「是」謂「以為是」，即不非之。《春秋左傳》記，曹劌以為，莊公觀此社祭非禮，曹劌言「夫禮，」「朝以正班爵之義」。曹劌之言謂：今社祭乃會，尸為尊

〔註102〕張青松：《「時女」釋義與例證芻議——兼說由「文義訓釋」義演變而來的新詞的意義》，《辭書研究》2011 年第 3 期。

者。魯君朝尸女子，不合朝尸男之儀程。曹劌非莊公之行。我以為，春秋社祭儀程尸男不尸女，來自男權興盛之風，齊不用此，而尸女子，堪視為齊國或復古，或存古俗。

圖四二八虎妝宗胥社祭嘗新圖珍貴無匹。此圖告社祭饋食源於日鬱之教，亦告用木以兆正曆必合草木時義，也告宗嗣繁茂之義。此社祭圖亦饋證，宗胥主社祭係古俗。

前考瓦器外蔟瓿疇圖之嘉生圖若干。兩器圖尤須珍視。其一，西水坡瓦灶 H221：5 壁外面嘉生圖，此圖係諸器嘉生圖之源。其二，靜寧器樣 JNXM：21 祝盛圖固含其局部。此圖宜別嘉禾（苗）圖與嘉木圖。倘將此嘉木圖析出，存一木之圖，譬如柏樹或松樹，即得圖四二八宗胥背後木社圖。而西水坡瓦灶 H221：5 喻食之義匯入尸進食儀程。此乃宗胥掌社祭之源。

（5）男宗立尸祭祖嘗新源自左徹刻木象黃帝而朝祭附考

曹劌於魯莊公二十三年夏議魯君宜尊尸男子社祭。男宗主立尸祭祖嘗新之源係經學一大疑問。既往檢者未考得男主祭、女主祭之敵對儀程，致此疑問湮沒。今題檢此疑，旨在澄清女邑首之治如何漸次隱沒，男邑首之治如何興起。順道饋給諸夏文明之君治自宗女向宗男嬗變之軌。

題涉宗女為治變為男宗之治，可檢文獻皆屬禮史、經說。今舉疑，而後依檢禮源以及器物與遺跡考證而釋。

文獻第一條，古本《竹書紀年》：「黃帝既仙去，其臣有左徹者，削木為黃帝之像，帥諸侯朝奉之」。「黃帝死七年，其臣左徹乃立顓頊」。黃帝「仙去」謂何？

第二條：今本《竹書紀年》記黃帝「元年，帝即位」。「二十年，景雲見。以云紀官」。「一百年，地裂。帝陟」。「黃帝一百年陟」可否依曆法證實？倘以此數為然，則必支持彼時君能營養而長壽之論，但此說屬無稽。

第三條：《禮器》「周坐尸，……；夏立尸而卒祭；殷坐尸」。倘言殷坐尸，周沿襲坐尸。但問，坐尸何本？坐尸何以別於立尸？夏立尸何本？

第四條：《禮記・祭統》君「及入舞，君執干戚就舞位。君為東上，冕而總干，率其群臣，以樂皇尸」。男君「冕而總干」舞樂，以娛「皇尸」。但問「干戚」之舞為何舞？

第五條：《周禮・春官・宗伯》記「以肆獻祼享先王」。祭祖肆獻祼享用鬱鬯。為何命以祼？又為何以鬱鬯？

第六條：《郊特牲》：「古者，尸無事則立，有事而後坐也。尸，神象也」。
又云：「尸，陳也」。「尸」如何能並謂「神象」、「陳」？

考第一條，黃帝「仙去」事同前考女宗胥屠肆，黃帝亦被屠肆。詳前考
許慎釋「真」，及仙字蘊藏之屠肆舊事。黃帝如黿戲，為男宗之嗣，被屠肆。
命嗣者係宗胥，此女即商名「孚母」。黃帝於何年被屠肆，不詳，其葬闕之所
迄今未知。對照今本《紀年》「景雲見」之年，黃帝以二十歲被屠肆，詳後考。
屠肆左徹削木為黃帝像，以何木，不詳。削木為像之記可信，證在圖四〇七，
2，儺覆面瓦似人臉。兼顧狄宛、半坡等地埏埴捏形生物，可證此事非虛構。
左徹「帥諸侯朝奉之」，則須先立木像。既言「朝」，則言旦後。如此，立木像
即陳尸。左徹等於黃帝死七年，立顓頊。此「七」乃喪期之期。今喪期以七日
計，其本乃夜曆法、日曆法並存所致。夜曆法增益，計日冥於晝次第以第七，
此致日曆法。夜陰晝陽以此而別。故左徹等以七年為數而立顓頊。此七年係
回歸年 7 年，抑或交點年數，無證，不跡考。依《五帝德》孔子言，顓頊係
黃帝孫。

第二條，黃帝為男君，諸夏自古無疑。唯斯坦福大學倪德衛（David S.
Nivison）以為，黃帝系虛構之君〔註 103〕。倘認可倪德衛說，必宜附問：何人
曾虛構黃帝？我否認此說。如前考，我以景雲瓬疇圖成解其辭。但黃帝即位、
在位年數仍存宏疑。

依前考宗女屠肆事體，今本《紀年》黃帝元年即位，謂當年曾見日鬱輪
返。男宗某人被屠肆，黃帝被命為嗣子。當年，某宗女產黃帝，《紀年》附注
以「附寶」為黃帝母。不詳此說何本，亦未見文獻述「附寶」、華胥所際。

於黃帝「二十年」，「景雲見」。此記本於何處，不詳。但此記不誤。此「二
十年」謂交點年第二十。「景雲見」謂察見月芟日，即日鬱。徐文靖援《石氏
星經》「攝提六星夾大角星。東向三三而居，形似鼎足」，援附注「有景雲之
瑞」。徐氏以為此說來自誤讀〔註 104〕《天官書》。我檢星經言左右攝提格夾大
角星不誤，而舊注連此星圖於「雲」不搞。雲乃漂浮之物，能遮蔽任一星宿。
其本相必是，「雲」乃後人增補，此補來自讀釋。而「景」乃本字，謂殊日影，
即日鬱時日影。前考狄宛第二期瓬疇圖影日圖即景雲之號本源。以此為氏，

〔註 103〕〔美國〕倪德衛著，解芳譯，邵東方校：《竹書紀年解謎》，《北京師範大學
　　　　學報（社會科學版）》2015 年第 1 期。
〔註 104〕徐文靖：《竹書紀年統箋》（第 1 卷），浙江書局，1877 年，第 1 頁。

指黃帝。依此考，黃帝二十年，曾察夏至日鬱輪返，而黿戲昔睹星圖重現。自黿戲王事迄黃帝被屠肆，期間 600 年許。今試推算。

　　天文學之交點年長來自日過同交點間隔。月繞地球旋轉，地球環繞太陽旋轉。前者軌道曰白道，後者軌道曰黃道。兩軌道面差 5°。黃道、白道交點在黃道上徐徐移動，太陽兩次過同交點間隔以年計，即交點年。其長 346.62 日（《中國歷史日食典》，第 6 頁～第 11 頁）。日鬱輪返值 223 個朔望月，用日 6585.32 日，當 19 個交點年，約等於 6585.78 日。

　　設黃帝元年起算於孟春，如夏曆，第十九年孟春發生日鬱，此謂第十九年年內。倘在孟春之後日鬱，譬如夏至日鬱，即算第二十年。依此推算，黃帝二十年「景雲見」，必謂黃帝二十年，發生日鬱。今本《紀年》此記無誤，此記未必出自汲冢竹簡，能出自它文獻。畢竟，商「孥母」掌宗女紀年。如何入《紀年》，我無證據。依曆法參數，算黃帝歲數交點年百歲折算回歸年數。算法：

　　　　100＊346.62＝34662

　　　　以回歸年長折算：

　　　　34662÷365.24＝94.9

　　依此算，黃帝壽數 95 歲，毛算百歲。《五帝德》記孔子言黃帝「生而民得其利百年」之義。我疑心此年數宜減去 20 年，自黃帝被屠肆起算，某人曾承襲黃帝號 74.9 年。何人承襲此號，宜向古本《紀年》左徹立顓頊之前覓索。郭璞注《山海經・海內經》援《竹書》曰：「昌意降居若水，產帝乾荒。乾荒即韓流也。生帝顓頊」（光緒本《山海經》第十八，第 2 頁）。依此記，黃帝子昌意未立。其子乾荒得名「帝」，故曾即位。昌意不上算，而乾荒上算。乾荒塙係第三代。倘淨算 2 代，自黃帝被屠肆，約略 67 年後，顓頊得立。顓頊之前，倘言黃帝為號，乾荒亦得用黃帝之號。如此，自黃帝即位，滿算訖顓頊即位，87 年許。此年數去今本《紀年》黃帝陟年差 7 年許。此七年，顓頊用何號？值得嫌疑。依前考，我推測此黃帝宗嗣名號在奉男宗或行男宗之紀諸地域不一：在齊魯、豫中、關中用小昊，在冀南、豫北用蚩尤，在隴南、川蜀、丹江用昌意。

　　依此考，黃帝生年二十，百年之計來自後嗣承襲其號為男宗之治期間與黃帝生年二十之和。總之，男宗祭祖立尸事本左徹削木為黃帝像。此黃帝當係乾荒。黃帝雖也曾目睹夏至日鬱輪返，去黿戲 600 年許。初黃帝生年距今

非 5500 年，而是 5780 年許。倘言距今 5500 年為黃帝時代，晚算 200 年許。在男宗為治之域，此期間係黃帝後嗣為治時段。《紀年》言「立顓頊」，此言可訓「使顓頊莅黃帝之像」。此黃帝肉身是乾荒。如此，承襲黃帝號之乾荒像、顓頊肉身二者並在，而左徹依故老之傳而祭祖。以帝號承襲論，顓頊為黃帝孫。此蓋男宗立尸之源。

第三條，男宗立尸祭祖之源既清，夏為曆法名，以時節論，則謂貴重夏季新穀出產。以嗣承論，承襲舜治域。堯舜之治，承襲父宗之治，祭祖之俗承襲黃帝宗立尸。故此，夏立尸乃簡直之舉，可謂從男宗之教。此蓋《祭統》「祭者，所以追養繼孝也」所謂。

劉源援《禮記・禮器》「夏立尸而卒祭，殷坐尸」，以為周人祭祖立尸，透過尸聯絡祖先，祭祖之尸乃尊貴者。劉氏又援《禮記・內則》言宗子為貴〔註105〕。今對照圖四二八宗胥虎妝祭祖嘗新儀程，劉氏說最多可視為男宗祭祖禮局部。

而殷坐尸之俗亦可清言：坐尸之源在白家村葬闕 M22，骨殖 E 坐姿，骨殖本宗女之姊妹。此地宗女後嗣即後世媧宗東支。其東傳過華縣，南傳過藍田縣，北傳而過陝北神木縣而及東北。在中原媧宗傳承未絕，以迄商、殷（武丁期），乃至東周。

宗女掌屠肆而使尸坐而嘗新，尸此後被殺戮。尸所以堪以「陳」訓，其故之一在於，陳者，骨殖之陳也。坐尸乃宗女之姊。此儀程本乎「佚鬱」之念變而為「噬磕」之念。噬磕者，吞噬也。宗女告天象之月吞日類人噬食。至於以日食二字記日月交會之月掩日，其事發生於文字系統生成之後。秦以降，經生言禮學，決不關聯此節。而諸夏政治檢討，未曾將天文曆日納入質檢，甚可哀也。

第四條，男君「冕而總干」舞樂，以娛「皇尸」。推此舞在西周係「象舞」。《竹書紀年統箋前編》援王嘉《拾遺記》曰「庖羲氏」造「干戈」。干者，盾牌也。依前考，蚩尤造此物。男君主祭祖嘗新，以「冕」而告其掌新穀生長依曆法。《周禮・弁師》謂「元冕朱裏延紐，五彩繅十有二就」。元者，黑色也，義取日環鬱央影冥色。朱者，赤色。黑、朱二色合為褐色，朱不鮮亮，冥不盡黑，兆日鬱光線不強。但為紀元朔日。天子冕乃戴方圖別樣。平板料在上，板下連短筒子狀布料，後端齊整如線，前端似弧線。係「前圓後方」之減略。此

〔註105〕劉源：《商周祭祖禮研究》，商務印書館，2004 年，第 308 頁～第 343 頁。

狀來自狄宛月要圖。前弧狀下垂十二斿。每斿（旒）十二玉珠。歐陽氏以為，
旒義取「蔽明」〔註106〕。

我檢玉珠及串數謂乾坤冊之坤冊數兆，十二串十二玉義取坤冊144，冕旒
謂男君掌坤冊，由此而掌曆法。男君以此物既掌屠肆宗胥宣告嗣承宗女之曆
為，又宣告，宗女不必再操心曆為之事。諸夏北方不少區域男君替代女君為
治，此新治之俗鞏固於西周。依此察，男君掌祭祖嘗新，掌屠肆宗女主社祭
之俗被黜，胥冠隨之被黜。

附此，男君掌祭祖，並貴重婦從夫祭祖，君掌命嗣，替代古俗宗胥命某
男子之嗣。此替代之證在《祭統》記男君取婦，別於宗胥婚配之俗：「既內自
備，又外求助，昏禮是也，故國君取婦人之辭曰：『請君之玉女與寡人共有敝
邑，事宗廟社稷』」。「內」「外」為人倫之線，男宗、女宗掌事之界。此界限以
「內」「外」二字得清畫。「共有」者，恭以備未來日鬱也。共，恭也。有，今
從日鬱正朔為君，又備未來日鬱。事宗廟社稷者，祭祖、社稷嘗新教邑眾也。
此蓋西周男君掌祭祖嘗新別證，宗胥不再與大邦祭祖事。

倘溯跡男宗興起之跡，宜溯向顓頊前後。男宗興盛，欲擺脫宗胥原罪及
屠肆之罰，又承蚩尤之教，在北方以武力壓迫娲宗。娲宗女宗撤出誘導力。
女宗之治局部變為男宗之治。轉變之際，陝北、山西北部曾見殺戮宗女及其
姊妹或晚輩。陝西神木縣石峁遺址見女顱骨可為塙證。掘理者言，此遺跡門
道內石牆附築石牆。此石牆於修補於夏朝。石牆根地面發現壁畫，地色為白
灰面，以赤、黃、黑、橙等繪出幾何圖案。下層地面下見兩所埋藏顱骨，各納
24具。一處位於外甕城南北向長牆外側。一處位於門道入口處，近北墩臺。
依鑒定，顱骨多來自年輕女子。顱骨或受火，或受刃。掘理者以為與奠基、或
祭祀相關〔註107〕。我檢此壁畫〔註108〕乃狄宛地畫孑遺，內涵即瓴疇圖，細察
殘部頗似赤峰林西水泉遺址起出器樣F9②：5外面壓印圖局部。推斷諸顱骨
所自生者乃宗女姊妹。此遺跡佐證，夏朝初或此前，北方某一男宗興盛，男
子為庇邑者，與此地宗女為盟約，宗女棄庇，約以男宗邑庇。

推測此盟約係景雲宗、申戎宗之約。申戎後嗣一脈係姜氏。魯哀公之世，

〔註106〕張惠言：《儀禮圖‧衣服》（第1卷），崇文書局，1871年，第2頁。
〔註107〕王煒林等：《2012年神木石峁遺址考古工作主要收穫》，《中國文物報》2012
　　　　年12月21日，第8版。
〔註108〕陝西省考古研究院等：《陝西神木縣石峁遺址》，《考古》2013年第7期，圖
　　　　一二。

敬姜言「聖王擇瘠土處民」、「大采朝日」、「日中考政」、「少采夕月」、「日入監九御」等（《魯語下》）。諸言蘊藏故約。聖王喻申戎、黃帝。瘠土謂產出不豐之地。陝北、內蒙、雁北較之關中貧瘠。「日中考政」謂曆法正朔從夏至日環鬱為朔日，午時為晝央，為晝夜一番（日）之央，陰生於午時，非昏刻，揭前。「日中」本謂日環鬱以日在月央為正。黿戲王事肇創之。少采者，自日鬱朔日起算夜次，孨歲授時，頒刑禁。日入監者，禘事、郊祭嘗新之備須在昏刻後，故在禘事享先王，先王既喪，骨殖入地中，恒屬陰，類夜。郊祭事涉既往宗女使男子為宗掗主察日鬱，郊謂日月合會。魯君不從聖王之教，故敬姜哀歎並預言魯將亡。「亡」通望，芒也。日鬱見滿月於晝是也，雖似狄宛舊曆法朔夜之月，但月以東歸而去。依狄宛夜曆法，月鬱日後，夜次絕，新紀起，故敬姜曰「魯其亡」。敬姜之言，狄宛宗女嫡傳者預言也。

第五條，鄭玄注《周禮》「鬱人」曰：「鬱，鬱金香草，宜以和鬯」。孫詒讓援後漢朱穆《南陽宛人鬱金賦》「歲朱明之首月，步南園以迴眺。覽草木之紛葩，美斯花之英妙」。又援韋曜《雲陽賦》「草則鬱金、芍藥」。孫氏認定，南方古代自有此草。此說不誤。狄宛第二期，北方濕潤，溫暖，推鬱金草亦長於彼時北方。

《春官·鬱人》：「鬱人掌祼器。凡祭祀、賓客之祼事，和鬱鬯以實彝而陳之」。鄭注「祼器」云：「祼器謂彝及舟與瓚」。賈公彥、孫詒讓言及彝、瓚，但俱不及舟。依此知東漢迄乾嘉期，「舟」並於彝器之故不為人知，晚近亦未見學人索覓。

鄭玄注「凡祭祀」句云：「築鬱金，煮之以和鬯酒。鄭司農云：『鬱，草名，十葉為貫，百二十貫為築以煮之鑊中，停於祭前。郁為草若蘭。』」孫詒讓於「鬱為草若蘭」無異議〔註109〕。

何駑以為，《周禮·春官》「鬱人」、「鬯人」係不同職官。這表明「鬱鬯、秬鬯是兩種不同的酒」。秬鬯是一種用黑黍釀成的酒，已有了香味。鬯即黑黍釀成的香酒。末了，何氏認為，將本是芬芳濃鬱之秬鬯香酒煮以鬱金香，或屬錦上添花，或是畫蛇添足，能使人嫌疑其不必要。何氏設擬：倘加入鬱金香處理，目的可能不是加重酒味芳香，而是提高酒的興奮與致幻功效，「芬芳攸服以降神」。如此，鬱鬯是秬鬯的一種升級產品。

〔註109〕 孫詒讓：《周禮正義》，《清人注疏十三經附經義述聞》（二），中華書局，1998年，第330頁；第393頁。

　　何氏推測，鬱壘之鬱係麻黃草。他舉此植物藥用能緩解呼吸道疾病、止痛。又以新疆小河墓地 47 座葬闕骨殖旁俱擱置 1 束麻黃草為證，論古俗。又以銅器宜於造香酒而舉銅盉等為造酒器〔註110〕。

　　我檢何氏說用植物時代合宜，但不毌通諸夏女宗宗胥以迄男宗興起之文明歷程。自距今 4000 年前新疆遺跡起出麻黃草，似此能旁證致幻鬱壘產生時代較早。但此說存宏疑：南疆彼時葬俗全異於河西走廊及其以東葬俗。何以見得單將麻黃草入葬闕之俗移向黃河流域？倘使欲為麻黃壘，不必求助於西域。內地陝西、山西、河南等地俱生長麻黃草。麻黃草貌決不似蘭花：麻黃草無蘭花葉，其莖單股為節，若干股或扭聚而伴長，或散於地表以鬚而長。筆者幼年曾用鐮刀割過麻黃草，家豬喜食之。我承認煮麻黃草能得麻黃鹼，但決然否認何氏論基。倘依何氏說，諸夏族類無條件同於西域族類。倘如此，何氏之說以不能「降神」之故自解，《左傳‧僖公十年》：「神不歆非類，民不祀非族」。

　　今檢鬱金香係百合目，百合科，鬱金香屬。係多年生草本植物。鱗莖有膜，葉基生〔註111〕。含生物鹼、蒽醌類、甾體類、多糖類化合物，可藥用〔註112〕。又依強勝述，百合科、蘭科俱屬百合亞綱。百合屬植物能潤肺止咳〔註113〕。鄭司農鬱金香似蘭科之言被證實。此外，鬱金香冬季休眠，孟春生長，開花在夏曆孟夏。前檢狄宛第一期以降宗女於春佚鬱，於邑外而睹此植物，其嫩葉芬芳，使抑鬱宗女歡愉。而古韻「鬱」、「魚」、「佚」三者難別，以「佚」韻讀「鬱」，聞者能知此草之功。此乃鬱金香之鬱名之源。此草之花或金或黃，二色固別，於佚鬱宗女之功無別。而佚鬱于古乃以瓠為舟濟水舊事，其源在狄宛。

　　降神云云，謂飲壘酒而輕微中毒，惝然而自覺某儺面狀先輩降臨。鬱金香莖葉和酒後，姑且不論含氨基酸與否，黃色鬱金香之黃色素、黑黍燒鍋發酵酒之色暗淡兩色混合即得褐色，此色如既往瓦器之色，用於追記既往社祭用瓦器古俗。男宗雖為新貴，但不得遺忘宗女傳古昔器物之色。此蓋鬱壘釀造之必。祼者，灌也。灌連罐祭事，本乎爟宿認知與夏季星曆認知，前著已

〔註110〕何駑：《鬱壘瑣考》，《考古學研究》（十），科學出版社，2013 年，第 263 頁～第 267 頁。

〔註111〕葉創興等：《植物學》，中山大學出版社，2000 年，第 342 頁～第 344 頁。

〔註112〕祝崢：《藥用植物學》，上海科學技術出版社，2017 年，第 219 頁。

〔註113〕強勝：《植物學》，高等教育出版社，2006 年，第 348 頁～第 349 頁。

考，不贅言。祼儀程納二義：第一表層義。言灌者，馨香酒漿灑下，兆水下，謂日鬱之後天氣驟變而落雨。天降雨乃吉祥之兆，穀物將得水分。第二層潛義。宗女佚鬱必野合，野合以體液下而成。而此儀程又納男女交合之體姿：男在上，女在下之事。宗廟之祭，必喻男君源自祖母、祖父交合。

第六條，《郊特牲》二言堪通釋，故在「尸，陳也」之陳容許溯跡狄宛第二期屠肆事。葬闋納骨殖來自理骨。聯考前圖四二八，得知「尸」「陳」謂社祭坐尸設諸物，宣教者從舊俗乙教，示日鬱為正朔之基，正曆法而祐穀熟，從而嘗新。「神」義來自乙事，「象」則來自命嗣：某一被屠肆男子之紀被宗女命少年為繼。

3）媧祖為乙虎胥事暨造父星名源考

（1）商虎妝銅器舊說不塙

古器舊學無「虎妝」名，我以此器名告遠古乙教，從前考星曆跡考。青銅器藏所之盜掘頻繁，盜者販售致若干銅器流落海外。其名下某青銅卣造型為虎口含人頭。此器或名「虎食人卣」，或名「虎卣」，計兩件。此二器被考證出土於湖南懷化一帶。其一存於法國巴黎賽努施基亞洲藝術博物館，另一器存日本泉屋博古館。此器義先被域外人檢討，後引發域內熱議。

美國學者艾蘭以為，虎口乃通向死亡之途之通道〔註114〕。張光直以為，「虎食人卣」乃巫覡通天之器，巫覡恃動物之力溝通天地〔註115〕。李學勤檢此器述人及神性的虎合一〔註116〕。

饒宗頤以為，虎意象是一種星宿，是商人祭祀對象，用禘祭〔註117〕。熊建華察考「虎卣」後以為，銅器款識含龍、虎、鳳相鬥，又含人戲虎之義。人者，珥蛇踐蛇之神。又以為其納御龍、狩獵、治兵、敬奉山川、溝通天帝萬物主題。推測二「虎卣」代表「重」、「黎」〔註118〕。

林河察見，虎妝器之虎無兇惡貌相，狀摹摟抱年輕女子，有滿足情狀，不似虎吃人之狀。人足踐於虎爪背上。林氏聯想民歌男女合歡景象，認定此器圖告人虎交歡，虎乃氏族保護神，林氏辨識：神虎張大口，非欲食人，（器

〔註114〕〔美〕艾蘭著，汪濤譯：《龜之謎》，商務印書館，2010年，第164頁。
〔註115〕張光直：《考古學專題六講》，文物出版社，1986年，第103頁。
〔註116〕李學勤：《試論虎食人卣》，《南方民族考古》1987年1期。
〔註117〕饒宗頤：《殷卜辭所見星象與參商、龍虎、二十八宿諸問題》，《胡厚宣先生紀念文集》，科學出版社，1998年，第39頁。
〔註118〕熊建華：《虎卣新論》，《東南文化》1999年第4期。

狀）在表現神虎與女巫交歡達到了頂峰，將神精射入女巫坤宮時必然出現之
情景〔註119〕。

　　王震中以為人虎組合乃商王室以奉祀虎方神靈之方式維持與虎方友善
〔註120〕。葉舒憲欲以神話學統帥殷周青銅器研究，援日本學者林巳奈夫以青
銅器虎形象為至上神即帝、而「虎食人卣」口中之人有泰然自若的表情。倘
使虎不欲食人，那麼人被視為被許可昇天陪伴虎（天帝）之有德行祖先（第
四冊註第2）。練春海《「虎噬人」母題研究》發揚虎崇拜之南方說，推測中原
本無虎崇拜文化〔註121〕。孫曉彤以為，「虎卣」之人宜視為鬼魅〔註122〕。

　　檢前各說，艾蘭言虎口乃通向死亡之途說惟於「禮虎尾不真人」為然。
張氏「通天」說粗疏。李氏人、神性合於虎說不塙。饒氏說虎意象乃星宿，熊
氏言「珥蛇」說不誤。但熊氏「重黎」以二器代表說難通。林氏言塙含新見。
可採者僅在「交歡」二字，但神不能與人交，除非此人為男而夢遺。王氏說人
虎組合乃商王室奉祀虎方神靈，維持與虎方友善。此說不能獲得地理支持。
林巳奈夫以為，虎乃帝之象，而人乃祖先。二者何以相與，乏證。葉氏說與見
此缺。練春海說顯置濮陽西水坡葬闕M45於不顧。孫說於古不通，鬼以歸而
得所（子產說），豈能與虎並存？安特生曾在臨洮起出人頭虎妝器蓋，可證人、
虎與存。人頭著虎妝，即宗女戴虎妝。宗女以虎兆參宿，固無疑。

　　（2）虎妝青銅器菁姿訓

　　檢商朝「虎妝卣」告菁姿變革。菁者體姿於古乃從教者體姿，非虎妝施
教外野人體姿。而且，此際見變遷。虎妝舊教菁姿從爬跨而覆，如仲冬虎菁。
林氏言「交合」宜限於人、乙教者。乙教者即虎妝者。虎妝者、乙教者俱為
人，非神。後世久傳其事而聞者不諳其要，以為超越人能，強使乙教者為超
人能者，神義由是而產。此處言人謂男子，而乙教者為女子。此器虎妝存狄
宛舊教殘跡，此謂舊俗堅韌難改。我以為，此器宜名虎妝乙教者噬男子。噬
含二義：第一，菁而收納其精，事後男子喪體力。第二，男子從教，將被虎妝
宗胥屠肆。屠肆以宗教，宗教恃虎妝，虎妝獲得殺者之象。故以虎口納男子。

〔註119〕林河：《「虎食人卣」是「人虎交歡」的誤讀》，《尋根》2001年第2期。
〔註120〕王震中：《試論商代「虎食人卣」類銅器題材的含義》，《商承祚教授百年誕
　　　　辰紀念文集》，文物出版社，2003年，第113頁～第124頁。
〔註121〕中國社會科學院歷史研究所文化史研究室：《形象史學研究》，人民出版社，
　　　　2015下半年，第57頁。
〔註122〕孫曉彤：《「虎食人」之「人」應為鬼魅》，《大眾考古》2016年第1期。

此釋之證在婦好葬闕起出青銅大鉞，器樣 799，鉞面二虎妝夾一男人頭顱，無冠，器樣 799，詳後〔註 123〕。

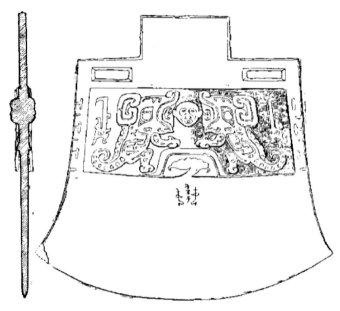

圖四二九　婦好虎妝宗胥噬男鉞

婦好施禮教，此於既往未知。今附釋之。虎妝鉞銘文饋證，婦好曾以「母」施教。《歸藏》易為商《易》，此於古無疑。卦始於《坤》（詳前考《寡》）。《无妄》卦依馬氏《玉函山房輯佚書》為《母亡》。「母」謂宗胥布行禁忌，此即毋，通無。亡即妄。對照婦好用「母」，得知此母即媧宗之宗胥，於武丁庀殷之世，此人即婦好。亡者，日鬱以月茇日，月滿後去日。引申為月東歸而隱沒，謂亡。母者，月曆法執教者也。

又檢馬氏依《太平御覽》（卷七八）等舉逸文之一曰：「昔女媧筮張幕枚占之曰：吉，昭昭九州，日月代極，平均土地，和合四國」（第 484 頁；第 488 頁）。依「九州」得辨，此女媧非先夏女媧，乃夏之後女媧。此人即婦好。五年前我曾考知，婦好為女媧後嗣，今維持此說，讀者可檢《祖述之一》（第 500 頁），婦好世系考。

狄宛第二期以降，媧宗宗女掌教，男子從屬。虎妝者乃女人，如西王母。宗人俱受交合之教。而宗內男子乃交換之物，鄰邑宗女掌邑內男子。兩地交

〔註 123〕中國社會科學院考古研究所：《殷墟婦好墓》，文物出版社，1980 年，第 107頁，圖六六，1。

換男子。銅器虎妝卣於今人最大佐證力在於，華夏生殖醫學之媾和方式非男爬跨女之式而為女在上，爬跨於男子體表。女掌交媾而男從屬之證顯著。傳此教者乃狄宛虎事宗女。此宗女遠祖乃狄宛女媧，殷世此宗女即婦好。此器得鑄，功在紀念婦好遠祖。

聯此文推考，今告女媧初祖教爬跨之媾，此俗漸次革除於商朝早期。推測此改易出自忌男在上之俗，猶日鬱一般，月兆女，故以女覆男為媾姿。又即男子不得覆女體。此新媾姿何時產生，今不塙知，推此俗至遲起於狄宛第二期。於舊宗，更改爬跨媾姿絕非易事。巴地曾傳舊教，媾姿傳自遠古。其先祖或來自早期龍崗寺，或在來自早期狄宛。何時徙居徙懷化一帶，迄今不知。而婦好先輩掌乙教，改易懷化舊教，於殷世而鑄青銅重器宣告古俗。湖南又係炎帝徙居地之一。媧宗傳教，自不可怪。

（3）媧祖占星造父本胥星占跡考

聯前檢宗女占星造父，而造父星名乃周朝名，《史記・殷本紀》無此名。由此推此名曾歷變遷，初名宜探究。此等更名於星曆史不為怪異，似菁宿改名井宿一般。商朝晚期有一斝（《集成》，第15冊，1993年，第35頁，器拓第9221），銘文後錄。銘文之「父」已被辨識，其上一字 W 雖被于省吾先生認當「凸」（第四冊註第26，第369頁），但非塙勘，其訓文義不達。我檢此字可二讀：或讀「胥」，或讀烏瓦切。

圖四三〇　《胥父斝》銘文

推造父星本名從 h 得聲，從 u（烏）得韻，或讀胥、或讀虖，近虎韻而讀。讀「胥」，謂屠肆剔肉存骨，肉為醢料，存骨用以為曆正朔。讀虖喻號令或發情、發怒。造父星占事在狄宛第一期，傳於第二期，證在前舉白家村、北首嶺瓦器畫作。

此言旁證在於，殷墟婦好葬闕起出骨匕若干，器樣 63 骨匕（第四冊註第123，第 206 頁～第 208 頁，圖一零三，1）正反面俱有 W 徽志。此徽志乃媧宗之徽。發掘者以其橫頭內有三孔貌似堪懸而將此骨匕倒置，由此而論此「三角形紋」，此說無源。檢此骨匕右側圖下方見參宿圖，而參宿央三星不宜近於造父星圖，故遠去而下置近端。今欲顯宗志，縱向轉原圖 180°，得匕兩面拓印圖如後。

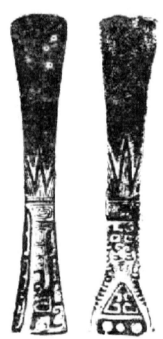

圖四三一　婦好骨匕媧宗胥志與參宿央三星圖拓

依前檢，參宿為虎宿，主昏菁。媧祖乃西方之主。若干傳說言媧祖為某地人，今考見僅狄宛能為此地。而造父星占於媧祖時代，乃胥星。

北首嶺胥星（造父）占被半坡瓬疇家嗣承，孳乳若干昔記勒刻，證在《西安半坡》圖一四一「陶器上的刻符」第 26 Ⅴ（第 197 頁）。此勒刻係北首嶺器 77M17：（1）面上今「造父」星圖變易，此半坡字堪訓「止」，謂住算，引申義為日鬱輪返日，或冬至，或謂踐。言時節而指冬至，事本冬至虎發情而

吼叫。倘言踐，喻狄宛第一期仲冬爬跨菁事。《詩經》言「履帝武敏」之「武」字從此。武字本從半坡第 26 勒刻，由狄宛第一期菁式又導出菁禁忌，由此禁忌由導出遍禁，謂違而致罰。

由北首嶺 W（胥）星圖導出《粹一三〇六》Ƨ字（前註第 199，第 198 頁），此字謂「別」，別宗係、別處所俱是。倘別媧祖一系諸宗，用此字。換言之，倘別母宗，用此字。于省吾訓此字為「凸」可從，故在別字能謂「所異」、「名異」、「聲異」、「時異」、「物異」。再依狄宛、北首嶺女宗掌屠肆，宜將宗別分兩等：女宗、男宗，或母宗、父宗。倘言別男宗，必加匕部，如《乙七六八》♭，依《新甲骨文編》此字謂「剮」（第 259 頁）。而剮乃媧音之本。別男宗者必為媧祖一脈，故必用此部。

但占字隸定歺，《乙八八二八》作♠（揭前注），異乎前字。後字上部乃星占之宗星圖，加下部殘骨字。宗人星占前已考釋，勒記本乎狄宛第二期瓦面勒刻。此字上部通「外」，證在《前一・九・一》古字家識見「外壬」作♪，《前一・五・二》「外丙」作♪（前註第 199，合文三，第 582 頁）。此二字來自前字上部變更，此變存證輩分信息。輩分者，輩數之別也。

瓬疇家用骨別二等：屠肆而拆骨節，勒刻於骨節或研磨骨節。前者用人骨，後者多用獸骨，但不排除偶而用人骨。占卜用獸骨。此乃二事，決異而不可混淆。許慎釋凸（Ƨ）字以「剔人肉置其骨」，無謬誤。段玉裁補釋歺字云，「殘當作歽。許殘訓賊，歽訓餘」（《說文解字注》第 161 頁）。前字韻讀從「烏阿」韻遷，而後字《唐韻》讀「五割切」，似寄韻於凸。此二字又以韻通之故借用。而且，於後人，宗別之事與「胥」星占事發時刻堪視為相同，故胥又能謂宗別。傳說華胥為雹戲母，此傳說已含輩分信息。於當時聞者，即能知曉此輩分差。

然而「胥」星圖減省而為Ƨ字，又有說焉。此字於數為十二，故在其狀含狄宛第一期值合晝。以此勒記言歲長即謂十二個月，或加閏月為十三個月。言女歲數，即謂女以十三歲性徵凸顯，發情而於冬至而吼叫。初識此情狀者，必非男子，而係媧祖或其先輩，年長之女。否則，不能截取胥星狀而為值合晝記，既告年歲又兆宗女掌管。男女婚配為後世教化一隅，而施此教者非宗女莫屬。此法於古不獨能紓解思春女之厄，亦能解宗女厄邑之困。

於言傳之力不發達之時，男子無由知此。於覓食行遊者，此字又喻跨越特別地貌，譬如用瓠渡川，及彼岸而言Ƨ。宗女倘不產子，將姊妹產子視為己

出，此又謂𠬝，謂過繼。俗言過年，其本在正朔得元日，渡十二個月困厄則謂之過。熱月過會之俗亦本此名之用。此俗今日罕存，但其本悠遠，今順道釋之。

於男宗從女宗之教而嘗新祭祖，依古俗言過會。男宗從女宗祭祖嘗新別二事：第一，如前圖四二八，嘗新穀物粟、稷、黍之類，時在秋分後。第二，嘗新穀物即夏收穀物，如小麥、青稞、大麥，皆五月熟，時在熱月。此時嘗新，乃女宗使男宗追紀黿戲正朔得夏令之正。

自狄宛舊俗拘束，男子以秋分前日鬱害嘗新被罪。自黿戲王事正朔，夏令以收穫穀物而得等同秋令。此乃諸夏曆法由貴秋進益為貴夏之踐。於施教宗女，日鬱發生於秋分前一、二日，此日鬱未礙秋收稷熟。依此推導，春分後熱輻射增益，夏至之前亦能獲成熟穀物。男宗依此得教，培育穀物。《周本紀》言棄「兒時遊戲，好種樹麻、菽」。此言於古，乃有邰氏為宗女，教子樹麻、菽之事。依此察，夏收穀物培育來自宗女指導，大麥、青稞、小麥皆本於此。

陝西長安少陵原古俗過會，必始於夏至後，而且一村逢一奇數日過會，綿延一月許。過會之日，招待來賓、親戚。此會別於廟會，係忙罷會。忙罷謂收麥畢了。諸村皆冠古名，曰井、寨、兆、陂、店、灣（宛）等。我幼時曾問父母，過會起於何時，父母答以不知。今檢「過」義，得知此俗必本狄宛「過鬱」之俗，而且此過必謂渡過日鬱。舊考狄宛第一期秋分前日鬱，前考黿戲氏王事夏至日鬱，俱為證。在陝西，少陵原村寨過會異乎興平縣過會〔註124〕，興平縣鄉間過會起於歲初。聯前考，杜陵村寨過會乃男宗興起古俗之孑遺。興平鄉間過會，本乎孟春歲首曆法初定之後，其俗或早於杜陵村寨熱月會。

如此，過會本於「過鬱」。過鬱者，遊月去日鬱是也。會者，日月會是也。俗名「過事」能指喪葬，初係日鬱屠肆事。推𠬝字韻讀從「烏阿」，事涉「果」、「火」、「熟」、「去患」或「去鬱」。倘以果言，木果初謂瓠。倘言人果，初謂誕子。

倘以此字言媧祖勒記占星，即謂媧祖占「胥」星。倘以此字言夏季月鬱

〔註124〕陝西咸陽興平縣有「過會」俗，但此俗以舊曆新春之月為會期，自新年首月迄末月。李欣：《關中「村會」小窺——陝西興平郭村「過會」民俗的田野調查及分析》，《新西部》2013 年第 12 期。

日（日食）不礙瓠瓜生長，但礙稷生長，宗首占瓠瓜，此字韻讀從瓜。倘言以月鬱日而屠肆，韻讀亦從瓜，但謂「儺」，儺者，難也，曆日之難也。欲言非屠肆不能度厄，此厄韻讀從阿。欲言屠肆剔骨理骨而奠，則非瓜（凸）不可。故得兩讀而指一事體之例。

郝懿行援郭璞注《大荒西經》「女媧之腸」，「媧」讀「瓜」（第三冊註第159，第16，第1頁）。依此訓，媧祖本名念瓜，或凸。而「有神十人，名曰女媧之腸」宜釋為「察月鬱日而乙教者十人，俱號曰女媧嫡子」。推「十人」是「七人」之訛，揭前考。「七」為少陽，少謂子嗣。此七人乃雹戲用七曆日正朔之數，此數後變為宗名，即胥宗（女）育男子別七脈。

「女媧之腸」者，媧祖孕產嬰也。腸，卵巢與輸卵管部器官。俗言豬花腸即輸卵管、卵巢部，劁豬即去雌豚花腸。以腸言嫡傳，言宗有本紀。經文版本之「腸」訛為腹，係古傳孳乳。

推測胥星名在商末變為造父星名，其證存二：第一，甲骨文無隸定「造」字。西周晚期《頌鼎》存🔲字（《集成》，第5冊，1985年，第228頁，器拓第2829），同前考西周早期《頌壺》字。郭忠恕《汗簡》（卷中之一）援古《爾雅》「造」作牕[註125]。黃錫全引此字，又據《羊子戈》、《淳于戟》等為說[註126]。檢此字堉從舟部，而舟本乎宗女佚鬱用瓠濟川，古字學者迄今未知此部源頭。

依此訓，《秦本紀》言舜賜大費嬴姓，嬴字如前考含舟部。周穆王時，衡父生造父。造父為穆王馭。此造父名必含佚遊之義。造父名來自穆王之命，抑或衡父命名，或他人定名，今無以考知。出自穆王之命幾率稍大，故在穆王出遊，類西土宗胥佚鬱。「造父」之「造」含「遊」義。依諸事考，造父為星名，能起於穆王之世。依《儀禮》，天子冕決非宗胥胥冠模樣，胥冠被黜，胥星誘導力式微。此又致商以降「父」字從母宗之義淪落，男宗承用此字。《春秋左傳》存證甚夥，此處減省援舉。

涉凸、牕二字之別，陳夢家辨字源不堉，于省吾曾指瑕。晚近，劉釗仍從陳說，使兩字混淆[註127]，不可附議。倘言媧祖功業，大者莫過於《淮南子・覽冥》言女媧「背方州，抱圓天，和春陽夏，殺秋約冬，……」。楊樹達、何寧

〔註125〕郭忠恕、夏竦：《汗簡古文四聲韻（含通檢）》，中華書局，1983年，第44頁。
〔註126〕黃錫全：《汗簡注釋》，武漢大學出版社，1990年，第308頁。
〔註127〕劉釗：《古文字構形學》，福建人民出版社，2006年，第188頁～第189頁。

不曾考釋諸言〔註128〕，不詳其故。晚近研究《淮南子》天文者，也不曾檢諸言所謂〔註129〕。照前聯考狄宛、白家村、西水坡、北首嶺等地舊事，《冥覽》諸言乃塙記，而非誇張。至於婦好，乃媧宗在東方傳人，亦係胥星占之嗣承者。

（4）狄宛媧宗初祖紀年暨胥星曾近北極初證堪為舊石器期星曆考初階

如《祖述之一》考，婦好歷第 343 代。此數又係輩數。依狄宛媧宗命嗣效日鬱輪返之數，兼顧前考黃帝以 20 交點年而被屠肆，每代當日鬱輪返一番，則 223 個朔望月當一代。以每 6585.32 日折算陽曆 18.0296235 年，則狄宛宗女初祖去婦好久達 6184 年。此乃我考狄宛文明初紀之年。

又依「夏商周斷代工程」論年，武丁在位約當西元前 1250 年～西元前 1192 年，倘準乎武丁在位年數下限〔註130〕，則西土媧宗初祖去婦好卒年 7376 年，距 1950 年計 9326 年，距 2020 年計 9396 年。倘依此考證而言諸夏文明，年數及萬，可謂久矣。此年在舊石器期末或新石器期門檻。婦好墓器樣 63 饋給宗祖傳遠祖胥星圖。此星圖實係胥星近北極圖。今繪圖如後。

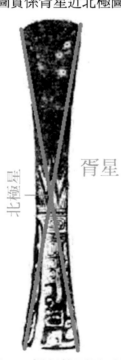

圖四三二　媧祖傳胥星近北極圖

〔註128〕何寧：《淮南子集釋》，中華書局，1998 年，第 480 頁。
〔註129〕陶磊：《淮南子天文與古代數術》，《徐州師範大學學報》2005 年第 2 期。
〔註130〕江林昌：《來自夏商周斷代工程的報告》，《中原文物》2001 年第 1 期。

　　此圖之央，乃胥星圖。將端點依日過地北極或天北極之念連屬，即得驚人新見：端扇面兆天球自北極向下（南）被截取如✕圖，自交點察，此圖係日過極圖。今聯此圖之央胥星圖 W，即得胥星曾近北極認知。娪祖於狄宛庀邑之際，胥星星宿某星曾為北極星。此考匹前考，與證伊世同、馮時等檢北極星失措。此釋足以告世人，奢耗氣力為此器之故。依此考釋，來者能得訓釋白家村碗內壁星圖之階。

　　讀者倘問：右側見參宿圖在下，而胥星圖在央。依左圖釋，自北極向南截瓜瓣狀天球，而且取對偶兩瓜瓣，參宿必不得在正南。此言是。我饋釋：如前考狄宛第一期曆闕 H363 平面圖與記氐宿、北斗七星，豈非與記相去兩星宿？狄宛娪祖既傳丸天術於嫡嗣，必能傳為星圖之術。而此術被婦好彰顯，豈非相宜？

　　昔傳黃帝三百年，不聞黿戲氏三百年，何哉？以黃帝為男宗孤治之初，張揚男宗，故宜張揚黃帝長壽乃至治道長久。此處，讀者能問，黿戲氏以高壽被屠肆，黃帝以交點年 20 被屠肆。於黿戲氏何其厚，於黃帝何薄也？今答曰：日鬱別日環鬱、全鬱、偏鬱，不待細談，而定所與遊徙乃二事參差之基。黿戲氏之世，自狄宛徙居關中之宗女東遊、南遊。而狄宛宗女後嗣東北遊，遊往濮陽一帶候俟日鬱發生。如前考，黿戲氏於此間往返於狄宛等地施教，為瓶疇畫。此施教非男宗之教，乃娪宗之教。此際，必宜容許黿戲氏仰觀俯察天象與星象。黿戲氏得高壽，出自宗胥許可。此許可背後，必是黿戲氏乃娪宗宣教者，即後世之覡。覡者，圖志巫者認知，宣教巫者認知之人也。此外，娪宗遊徙必臨定所艱難。遊徙之際，豈能不顧性命而行古俗？故此，黿戲得以交點年 20 之壽不死，決非偶然。

　　黃帝時代，男宗之紀與嗣承既成。恃某一男子為瓶疇圖施教，不再是宗女大事。男宗嗣承之命，固以宗女之令，但為紀可存二途：男宗之紀，娪宗之紀。此二途致古文明傳承二源。娪宗既不必恃黃帝高壽而冀圖其宣教，能以黃帝 20 交點年之壽數而為屠肆。

　　倘從此考證，以 20 交點年而為前狄宛時代史考之參數，或許能揭示舊石器期末諸夏曆算文明與新石器期曆算文明之聯繫。而且，將此檢識用於舊石器期末葬闕星曆義研究，並行此著作肇創之圖之道，可期待揭示舊石器期末星曆文明水準。

2. 后有是氏義異考暨狄宛瓬疇功業褒議

1）后有日鬱畫記義說

（1）「后」本媧祖用匕合朔豫日鬱屠肆

「后」甲骨文狀㔃（前註第 199，第 373 頁）。《金文編》錄㖄字（第 639 頁）。第一字上部從母、坐尸、及短橫三部。下部「少」字部上乃日環鬱畫記，其上檢斜線交短橫。上部、此部短橫俱兆「平」，即秋分或春分平。甲骨文上部從坐尸，兆宗女。屠肆畢，即命嗣承。故此字下部從少。北首嶺器樣 77M4：（7）外壁堆塑「少」為其證。

王國維以第一字為毓字，而且以此字為婦產子之象。此說確當。而于省吾先生以「后」為毓，起於春秋。為遲起字，此說值得深思。

倘察此字朝向，以北為上，母部面西。面西者，尚參宿也，謂出所。而右下部謂少者。聯兩部，得少者出所。故此，「后」含次輩分與宗屬西土之義。依此字斷，夏后非東部土著，其文明歸屬西部媧宗。

對照甲骨文「司」字，得知金文後字從骨匕得其義。骨匕上舉，兆直匕肜日或芟日。依此得知，后字兆宗女屠肆之治。屠肆依日鬱，而日環鬱為效。「后」字從「口」者，以口而命也。狄宛第二期器樣 T338④：25 為兆。

依此考，「后」謂受命於宗女，「夏后」氏之后，其本在此。而大禹男初祖雖未知，但受命於媧祖無疑。

（2）「有」為一號源自日鬱嘗新暨有夏反叛母宗庛邑考

《尚書》記瓬疇家功業以帝業為綱，種係以「有」為基。「有」本何，何指，舊不曾識。今考「有」乃一號。此號本冥君之命，又即媧宗之命。冥者，日鬱致日光被冥也。

隸定「有」字甲骨文似從反屠肆狀，含日鬱影日肜日畫。日影變而為下平橫，兆春秋分赤經黃道平。金文又見其似「前」字，似「前」字者，從舟部也。金文前字存古佚鬱用瓠之兆。

推「有」古韻讀從郁。謂日鬱、以日鬱流徙。初之「有」者，白家村昔聖、關桃園昔聖、西山坪昔聖等。白家村昔聖來自狄宛，於第一期被廢黜而流徙。此流徙即佚鬱事局部。

《湯誓》「有夏」之有字，歷代經生不訓。晚近學者亦不求解。我檢「有夏」係夏朝本號，成湯以宗子而得古傳，其言可信。此二字蘊藏媧宗向男宗轉變之跡，以及諸夏宗女原罪被男宗開脫之跡。

太初，狄宛嘗新之宗女以夏季日鬱害穀，聯夏季屬熱，聯男子體熱，謬以男子兆熱，而熱月日鬱害穀熟，由此而憎惡男子，如前考。男子被罪，此乃諸夏原罪。狄宛第二期初，宗女為男子命嗣。男子自覺之念萌發。謀求脫罪，男子或在北方戮力培育夏收穀物，講究秋播。或徙居南方培育穀物。及夏穀育種成，於宗女得嘗新穀物，此乃宗社祭祀必備之物。於男宗，自覺之念變為脫罪乃至解放之念，叛亂者取所於北方而舉動，故見石峁遺址年輕女子殺戮為奠之事。

此外，我疑心大禹庀邑以「有夏」為號，來自承襲，猶黃帝後嗣承襲黃帝號一般。古文經《大禹謨》記，初號「有」之宗脈乃「苗」宗，經文「有苗」係最古命以「有」號之例。得此號者，非舊說秦嶺－淮河以南邑人，而係北方狄宛、關中、晉南、冀南、豫中，乃至魯南人。狄宛第二期，粟浮法育種技巧成熟於半坡，推廣於宗女及其支脈庀邑。諸地曆法仍貴平春秋分，效秋分前數日日鬱正朔。社祭嘗新從媧宗之教。故謂「有」（鬱）。苗謂粟嫩株。段玉裁訓禾，不誤。如此，得「有苗」之名。

大禹於舜邦為司空，主施教。舜從堯而貴父宗之治，大禹從舜為父宗之治。依經籍記，大禹征「有苗」，而後出現「有夏」之號。大禹得此號來自襲取。人或問，「有」謂庀邑依日鬱，不能始於黃帝乎？我答以不可。《史記集解》援徐廣言，黃帝「號有熊」。《史記正義》援《輿地志》云：「涿鹿本名彭城，黃帝初都，遷有熊也」（第 1 頁～第 2 頁）。熊羆皆獸，馴化成於唐虞。彼時，黃帝被屠肆之後男宗之治興盛，襃美太初男宗，必被視為合宜。倘不拘於「有熊」二字模樣，而效其綴讀從韻，即得「雍」讀。晚近，高陵楊官寨遺存發掘與研究，饋證此地能為黃帝駐足之邑。此地屬《禹貢》雍地。

2）是氏本日環鬱曆算訓

（1）豫日環鬱正朔謂之是

《上博（二）・子羔》：「句（后）稷之母，又（有）邰是（氏）之女也，遊於串咎（澤）之內，冬（終）見芺芆而薦之，乃見人武，履吕（以）祈禱曰：帝之武尚吏」。（12 筒）整理者認為：「『人武』是人的足印」（第三冊註第 20，第 2 冊，第 198 頁）。「是」字源使人疑。

檢隸定「是」字金文作𤴡、𤴡、𤴡（第三冊註第 17，第 90 頁）。其變跡甚朗：上部係日環鬱。此部訛變多見，或減省，或更造，但日環鬱狀仍在。上下

間以似「十」部，謂曆算用七或交七。曆算用七者，更夜曆法之第「八」夜日鬱，改用第七日豫日鬱。「交七」者，七倍數也，所謂「七七四十九」《易》數。下部字從匕旋肜日之匕減省。肜日者，日鬱而睹影，食分大者使人憂懼日喪，故兆以曲匕旋而曳出也，前已訓釋。如此，上、間、下三部俱來自瓬疇圖或瓬疇畫記。

三部合謂日環鬱正朔，曆法起點不得更改。又謂毌喪元日。于省吾釋甲骨文「往」、「正」（第四冊註第 26，第 154 頁～第 158 頁），以證禳源。他未察二字字源涉「是」。「是」、「正」二字以瓬疇豫日鬱事而連。「正」字韻從井，涉夏至日鬱正朔。井宿、爟宿皆夏至亮星。蚩尤施教，用井宿。而「往」字形似「正」而韻讀從禳，謂往者曾正元朔，但由日鬱之未嘗察考者輪返，既往不知之，今以儀程圖其敗壞之氣消散。

（2）褒揚宗人之正朔者謂之氏

金文「氏」依《散盤》作、《頌鼎》作（第三冊註第 17，第 815 頁）。上部來自乙教畫記，下部來自正朔用七。

隸定字「氏」甲骨文依《鐵一四〇・一》作，林義光、郭沫若、陳獨秀、馬敘倫等、于省吾、戴家祥等各說字義，于省吾進言讀「厎」，訓「致」，依卜辭「氏十朋」為證（第三冊註第 44，第 9 冊，第 923 頁～第 932 頁）。

檢此甲骨文本乎二者：第一，前考堆記「神」字一部。第二，從幺。幺部本乎夏至日鬱正朔，前已考證。神字一部本乎乙畫記，謂夜曆法施教。二部合謂依日鬱正朔命紀。聯此紀於某人，則得某氏。黃帝氏、神農氏等皆係紀本。男宗初不命紀，亦不能命嗣，宗女為之。黃帝之後，男宗興盛，而後出現男宗命嗣。

「氏十朋」迄今未詁。依前考術算參數為基，依于省吾說，讀此字如厎，訓墊付之墊。氏十朋謂：豫夏至日環鬱正朔日，宜先算十朋。

十朋者，五十蚌是也。其算法基於二陽日夾一陰日，始於陽日。而正朔始於朔日為曆。陽日者，奇數也。陰數者，偶數也。起於元日，算訖第 150 日。此數合璇璣歲淨算五個月。此算出自狄宛賀羅曆算，非新造。殷商人用龜，則從蚩尤復興、增益用龜之道。依此考，得知昔聖命氏，本乎褒獎宗人之正朔日者。澄清以上四字之別，得檢「五帝」以降舊事，將免司馬遷諸夏史記之仄。《紀年》夏紀隱微之事，可俟來者釋矣。

3）狄宛文明於今世諸夏進益褒議

（1）星曆文明與光學式微故求

器藝之半丸瓦及寄畫於半丸瓦，與成丸天認知，合今日之天球認知。三角學認知在狄宛第二期鼎盛。格羅日烏曆算僅係一隅。倘非已知丸天之體，瓬疇家為羅畫於弧面瓦豈能交夾日烏與月丸？曆算、丸天體知，乃彼時聖賢「建極」之知。半坡瓬疇圖之日影細識使人驚愕。在後世，光直、光波傳播之知失傳。

倘檢諸夏狄宛第二期以降，黃帝之前文明失遺之跡，二題值得深究。第一，瓬疇畫記等納天文曆象信息如何喪失。前檢瓬疇家功業，無不基於察知天地物象之變與更替。日鬱、星象等無非依瓬疇家目睹與設擬於球被圖志。其減省則變為瓬疇勒記、畫記、雕記、堆記。此四者，諸夏文字之本也。往昔承用者不知。瓬疇畫納自然認知，饋還景雲氏前諸夏星曆文明基調。檢字而得本者與樂，無本者而檢求者困惑。不欲知其本而嫌疑繁瑣者厭棄猶恐不及。但諸夏古文字之科學性不以困惑者眾而隱匿，亦不以厭棄者革除之念決絕而淪喪。照顧商周秦之際文字變遷，檢者宜問：諸夏星曆文明存者幾何？狄宛第二期自然認知固無它途傳承乎？迄今，我僅覓得「遣」「奠」之存，能答第一問。於第二問，恐須俟來者解答。

第二，自典謨誓誥諸文垂範，倘不顧秦火等事殘賊，諸文納女宗之社、男宗之社文明何以嗣承。

檢讀先秦子說，皆貴男宗之社，輕忽女宗之社。言太初民不知父而知母者眾，貴母宗庇邑者寡。男宗至上之念縈繞於諸子心頭，此乃夏以降男宗傳承之慣性，抑或它故導致？倘能澄清，必能於檢讀經典文獻之際顯呈隱微。今呈此二題，以俟來者。倘能澄清諸夏文明本相與傳承軌跡，必功助認知西方文明生成之基，便於未來東西文明隔膜消融。

（2）蚩尤取地平龜咸羅春秋分間升降日鬱給丸天認知奠基

既往，蚩尤功業不聞，被誤以為亂治、貪欲。此事出自宗史掩蔽，也出自覓真非道。蚩尤之功，以二題而顯：第一，蚩尤於刑制史乃一亮兆。第二，蚩尤於諸夏自然科學史亦為亮兆。首題屬繫次題。於「虐體為法」檢者，首題為要而非源。次題下見四事：其一，曆算用龜，兆龜裙而為星曆以用黃道滿度。其二，為日鬱升降之說，使宗掜察日鬱不再憂懼未知日鬱。第三，嗣承姜寨昔聖冶金術，造刃械，亦兆天象。此乃器工之金工起源。《考工記》存其數

多寡，難以窺知。而鑄金屬兆天象之舉，又是「象硎」一源，典籍失記。第四，蚩尤以龜增益旐疇家設擬之力，天地之際盡可以實驗檢討。

洹水、渭水、丹江、淮水等域，雖存用龜之證，但較之大墩子 M44：13 龜鑽龜磨曆圖，表義單薄。蚩尤肇創丸天實驗檢討之道失傳，狄宛第一期以降丸天術隨之隱沒。此事間而導致諸夏自然科學踄步休止。細思此事，即見君不容忍宗人之肇創者革新，不遺餘力而戕之。為君宗女心胸固偏而狹，但猶可見使人釋然之故：宗女知丸天術，能主曆算，能為社祭，能以同宗或質同文明為治。諸夏文明於彼時猶能為某種嚮導文明，而非從行文明。但男宗掌治之後，蚩尤功業為何不被重視？此情狀阻塞諸夏文明進益，豈可一言而顯？

（3）狄宛名西傳與日耳曼廷食義通考

狄宛為曆教屠肆初所。屠肆為廷平之所。平者，曆日平春秋分之謂也。

廷平者，今之法庭也。諸夏之法以蚩尤顯，屠肆以酷烈而難忍。秦漢以降，醢食與享之所，化為朝廷。君勢莫高變為諸夏浪潮，決獄平訟之念難行。醢而分食之俗在諸夏變為男君令殺某罪人，眾人與求將被殺戮者血肉骨殖。此俗綿延以迄現代。其陋習背後，必存文人無知與孤勢無匹之君驚悚恐嚇邑眾之念。

廷平之念以狄宛韻讀而入突厥文言。突厥人西行，「狄宛」韻讀傳入阿拉伯文字。皇廷或王廷之名廣傳。今援 Deutsches Wörterbuch von Jacob Grimm und Wilhelm Grimm 釋文為證。檢 Divan 名下曰：

m. franz. divan, ital. divano, aus dem pers. arab. diwan. 1. gerichtshof, staatsrat des türkischen kaisers. 2. ein buch von mehreren blättern, sammlung von schriften, gedichten, daher Goethes westöstlicher divan. 3. ein gepolsterter sitz nach morgenländischer weise, sopha〔註131〕.

譯釋：法蘭西言 divan、意大利言 divano，出自波斯、阿拉伯 diwan。謂：其一，肴廷，突厥國皇之國謨之所。其二，頁眾而聚之撰文、密言（詩）之書，故此而見歌德《西東廷平（狄宛）書》。其三，某種依東方工成之軟包面座席。

〔註131〕Deutsches Wörterbuch von Jacob Grimm und Wilhelm Grimm. Bd. 2, Sp. 1197 bis 1199. Berlin -brandenburgische Akademie der Wissenschaften, Akademie der Wissenschaften zu Göttingen. Wörterbuchnetz © 2008 by Trier Center for Digital Humanities, Universität Trier.

格林兄弟不察，狄宛韻讀來自突厥言，突厥人西遷，傳播此俗於西亞。
而「肴廷」即與食之所，與食本乎屠肆與享。日耳曼人以「密言」謂縮朒文
言，較之散文義密而巧連，但不必含天文或星曆。舊譯「詩」，出自類比《毛
詩》。於諸夏，「詩」傳志。志乃史家之言。志亦係曆志。今傳《毛詩》富含瓝
疇家言，頻見尋跡，此處不細考釋。

（4）中西紀元融通證在日環鬱正朔與仙後星圖

我檢中西文明約在西元前 1000 年許略無隔閡。諸夏昔聖文明在於星曆文
明，西方文明也存星曆文明。證在中西星曆事為：第一，諸夏紀元貴日環鬱。
西方紀元亦貴日環鬱。檢外文者知拉丁文 annus 謂年〔註 132〕。此字本亞述人
紀元用日環鬱。希臘人紀元用字似本「後錄」或「後紀」〔註 133〕，即女君命
紀元。希臘神話之奧林匹斯山神女為其旁證。另依古希臘文字典，ΧΡΟΝΟΣ
謂壽數〔註 134〕，此義合諸夏宗女屠肆殺宗掤，宗掤以是日得嗣，其壽數盡於
此日。不列顛人、日耳曼人言己，俱從「乙」或「弋」起韻，韻本日環鬱光影
下垂，亦告紀年。今不列顛人言己，韻已遷矣！

第二，中西星曆文明之胥星為君星之證。在諸夏，此星於古為胥星，後
變名為造父星。西方用「後」名，以當地韻讀。以此星為仙後星。仙後星圖
者，諸夏女君冠狀是也，圖四二八為證。迄今，西方王冠上部承用此圖。在諸
夏，西周前，宗女冠兆胥星圖，此乃北天星占者掌號令之兆。如此，人類早期
社庇，在東方、西方不異。用兆印記其造物之力必相類。

倘使讀者設問，諸夏既存宗女胥治，作者能否饋證古人崇尊胥星之證。
我欣然答曰：其初證在圖二九三，臨潼白家村造父（胥）星圖，其嗣承在寶雞
北首嶺。其演變而為全天圖而獨彰顯胥星，其證在廟底溝圓曆闕之體，總計
七遺跡。至大曆闕西 H22。其南見 H25，此編次下見東西對偶兩曆闕，兩曆
闕俱圓。西圓闕納人骨架，但雙臂狀胥星。股骨呈坐姿，脛骨以交而兆止。東
圓闕納人骨架，但缺右臂肱骨、尺骨橈骨，以及左腕、掌骨。殘存左尺骨曲向
東南，兆目視西北。而胥星在西北方。此骨殖雙腿股骨交，足底向西北，兆
行。此行或可釋為步北極。此二曆闕各被右側兩圓曆闕 H40、H43 覆援。此

〔註 132〕 Hermann Menge. Langenscheidts Taschenwörterbuch Lateinisch - Deutsch,
　　　　　Berlin 1998,S.44.

〔註 133〕 Heinz F. Wendt. Langenscheidts Taschenwörterbuch Griechisch - Deutsch, Berlin
　　　　　2006, S. 531.

〔註 134〕 羅念生、水建馥：《古希臘語漢語詞典》，商務印書館，2004 年，第 1001 頁。

六遺跡之北，見同探方內埋豬狗骨殖之曆闕 H22，口徑程大至能超過兩曆闕 H25 徑程之和。此六遺跡含全天圖，也含以日鬱屠肆之義。H25 謂秋分屠肆。曆闕 22 兆夏至北天圖。H40、H43 兆兩歲冬至曆義。依《祖述之一》度當日算法察此圖各遺跡向程，能見其曆數（前註第 14，第 28 頁，圖七）。

末了，宜以三言質論人類之會：第一，自古無階級社會，僅有事宗之會，即社祭之會。物多寡依社祭與宗會而論，不以個體欲念論，也不以某人慾求均物以達均富而論。第二，社祭之會即嘗新之會。嘗新源於獵人在野分食獵物。其變革發生於邑內，此乃定居開端之兆。此乃諸夏文明之殊，不可強求城池之築。而邑內嘗新非以獵獸分食，以新獲穀物。此嘗新之會乃宗、族成長壯大之本。此等宗會即今社會前端。嘗新之俗與屠肆分食之俗乃後世社會活動前端。儒傳經典言禮本於食，至少清述古史局部。其喪佚者，乃日食（鬱）舊事與諸夏文言韻部之混，及同韻讀或近韻指的繁雜之事。考古界舊說不別宗會、社會，而擬物掌別階級，隱沒遠古星曆文明求索之跡。其言定居社會或農耕定居之居內涵不清。

第三卷終

格 名

依首字讀音拉丁字母次第

B

蚌陣龍虎

黿戲王事

敗瓠

敗氣弟

北斗七星近極

北方日宿

北方星占

北疆格羅圖

北極迄赤道格羅圖

別屬

壁宿

並肆

匕旋肜日圖

匕旋瓦

並葬闋

並肆

C

猜見

成器寄於形

陳證

赤染

重音

垂極

出推

轃證

磋見

長日

常陣一

嘗新

朝祭

超檢

超覺

崇罐

崇瓦

重碩丸

崇月

出推

羅日烏占女宿

羅日烏月丸

羅外

羅丸槽勒

M

瑂骨

瑂瓦

瑂影

苗龍

冥芯影逸

冥芯與錐影圖

牧夫座

木星紀年

謨是

N

男女匹佚日鬱

南半天丸

南河

內蒞格羅日烏月丸圖

內蒞格羅圖

念寄

念原

內蒞

儺面圖

女宿

P

判瓦

盤狀圖

盆沿曆算畫記

被懲

皮張狀日鬱影日圖

纏記

駢圖

片瓦

匹色

平面向程

平面協所系

Q

氣程

氣弟

親黨

七日豫日鬱曆算

器座瓦

穹窿

氣弟正甶

器寄

禽鳥

器樣

器藝寄於念

器置

器轉

器座瓦

曲帶

曲麵

R

繞極格羅圖

日躔

日環鬱

日環鬱匕旋肜日

効程

効度

効器

肖魚

肖魚肜日圖

効狀

協所系

西方日宿

楔瓦

星所

硎瓦

星占

心形

心宿

心鬱

璇璣歲月長

旋天丸

穴曆闕

須女

胥星

Y

厭男

要壺

要瓦

夜曆法雜晝曆法

曳行

宜弟

夷東

乙晝反旋

營北陸

影日肜日

影日肖魚圖

影日肖魚尾圖

迎日鬱

贏圖

影線

佚日鬱

佚鬱于男

抑止

義兆

月匕直芟日

月長晝記

月逆日道會

月芟日行向

月硎日

月要輚日環鬱

月要盆

月要肜日罐

月要肜日羅賀

月要瓦

月要瓦角器

月曳冥帶東行

與見

鬱女訟

與屬

與所

與繫

與葬闕

與占

與兆

運斗樞

參考文獻

壹、經史

1. 張惠言：《儀禮圖‧衣服》（第 1 卷），崇文書局，1871 年。

2. 徐文靖：《竹書紀年統箋》（第 1 卷），浙江書局，1877 年。

3. 郭璞注：《爾雅》，日本京都大學圖書館藏（陶士立臨字，彭萬程刻），1802。

4. 韋昭解：《國語》（卷五），中華書局，1936 年。

5. 郝懿行：《爾雅郭注義疏》，商務印書館，1936 年。

6. 李鼎祚：《周易集解》第 4 冊，商務印書館，1936 年。

7. 盧文弨：《重校方言》，叢書集成初編，商務印書館，1936 年。

8. 袁康：《越絕書》，涵芬樓藏版，1937 年。

9. 司馬遷撰，裴駰集解、司馬貞索隱、張守節正義：《史記》，中華書局，1959 年。

10. 王國維：《觀堂集林》（附別集），中華書局，1959 年。

11. 班固撰，顏師古注：《漢書》，中華書局，1963 年。

12. 高士奇：《左傳記事本末》，中華書局，1979 年。

13. 楊伯峻：《春秋左傳注》，中華書局，1981 年。

14. 于省吾：《澤螺居詩經新證》，中華書局，1982 年。

15. 陳新雄：《古音學發微》，文史哲出版社，1983 年。

16. 陸德明：《經典釋文》，中華書局，1983 年。

17. 屈萬里：《尚書集釋》，聯經出版事業公司，1983 年。

18. 李零:《長沙子彈庫戰國楚帛書研究》,中華書局,1985 年。

19. 孫星衍撰,陳抗等點校:《尚書今古文注疏》,中華書局,1986 年。

20. 王先謙撰,吳格點校:《詩三家義集疏》,中華書局,1987 年。

21. 常璩著,任乃強校注:《華陽國志校補》,上海古籍出版社,1987 年。

22. 丁山:《甲骨文所見民族及制度》,中華書局,1988 年。

23. 陳夢家:《殷虛卜辭綜述》,中華書局,1988 年。

24. 孫希旦撰,沈嘯寰、王星賢點校:《禮記集解》,中華書局,1989 年。

25. 王利器:《鹽鐵論校注》,中華書局,1992 年。

26. 袁珂:《山海經校注》,巴蜀書社,1992 年。

27. 李昉編,孫雍長、熊毓蘭校點:《太平御覽》,河北教育出版社,1994
年。

28. 顧頡剛、顧廷龍:《尚書文字合編》,上海古籍出版社,1996 年。

29. 朱彬:《禮記訓纂》,中華書局,1996 年。

30. 惠棟:《周易述》,《清人注疏十三經(附經義述聞)》,中華書局編輯部,
1998 年。

31. 胡佩翬:《儀禮正義》,《清人注十三經(附經義述聞)》(3),中華書局,
1998 年。

32. 何寧:《淮南子集釋》,中華書局,1998 年

33. 臧克和:《尚書文字校詁》,上海教育出版社,1999 年。

34. 彭浩:《郭店楚簡老子校讀》,湖北人民出版社,2000 年。

35. 皇甫謐撰,劉曉東等點校:《帝王世紀》(《二十五別史》之一),齊魯書
社,2000 年。

36. 周寶宏:《逸周書考釋》,社會科學文獻出版社,2001 年。

37. 孫詒讓撰,孫啟治點校:《墨子閒詁》,中華書局,2001 年。

38. 孫詒讓:《周書斠補》(卷 3),《續修四庫全書》第 301 冊,上海古籍出
版社,2002 年。

39. 馬國翰:《玉函山房輯佚書》,《續修四庫全書》第 1200 冊,上海古籍出
版社,2002 年。

40. 廖名春:《馬王堆帛書〈衷〉》,《續修四庫全書》第 1 冊,上海古籍出版
社,2002 年。

41. 孔穎達：《周易說卦第九》，《續修四庫全書》第 1 冊，上海古籍出版社，2002 年。

42. 王應麟輯，丁傑後定，張惠言訂正：《周易鄭注》（卷 10），《續修四庫全書》第 1 冊，4 上海古籍出版社，2002 年。

43. 熊禾：《易經訓解》（卷 3）《下繫》，《續修四庫全書》第 2 冊，上海古籍出版社，2002 年。

44. 張惠言：《周易虞氏消息》，《續修四庫全書》第 26 冊，上海古籍出版社，2002 年。

45. 張惠言：《虞氏易候》，《續修四庫全書》第 26 冊，上海古籍出版社，2002 年。

46. 李道平：《周易集解纂疏》，《續修四庫全書》第 30 冊，上海古籍出版社，2002 年。

47. 楊履泰：《〈周易〉倚數錄》，《續修四庫全書》第 34 冊，上海古籍出版社，2002 年。

48. 王筠：《毛詩雙聲迭韻說》，《續修四庫全書》第 69 冊，上海古籍出版社，2002 年。

49. 黃度撰，陳金鑒輯：《周禮說》（卷 1），《續修四庫全書》第 78 冊，上海古籍出版社，2002 年。

50. 姜兆錫：《周禮輯義》（卷 1），《續修四庫全書》第 78 冊，上海古籍出版社，2002 年。

51. 劉青芝：《周禮質疑》（卷 1），《續修四庫全書》第 79 冊，上海古籍出版社，2002 年。

52. 莘元玠：《畏齋周禮客難》（卷 1），《續修四庫全書》第 79 冊，上海古籍出版社，2002 年。

53. 段玉裁：《周禮漢讀考》（卷 1），《續修四庫全書》第 80 冊，上海古籍出版社，2002 年。

54. 孫詒讓：《周禮正義》，《續修四庫全書》第 82 冊、第 84 冊，上海古籍出版社，2002 年。

55. 姚培謙：《春秋左傳杜注三十卷首一卷》（卷 25），《續修四庫全書》第 121 冊，上海古籍出版社，2002 年。

56. 孔廣森：《公羊春秋經傳通義十一卷敍一卷》），《續修四庫全書》第 129 冊，上海古籍出版社，2002 年。

57. 邵晉涵：《爾雅正義》（卷 9），《續修四庫全書》第 187 冊，上海古籍出版社，2002 年。

58. 戴震：《方言疏證》（卷 1），《續修四庫全書》第 193 冊，上海古籍出版社，2002 年。

59. 宋衷注，張澍輯補：《世本》，《續修四庫全書》第 301 冊，上海古籍出版社，2002 年。

60. 朱右曾：《周書集訓校釋十卷》，《續修四庫全書》第 301 冊，上海古籍出版社，2002 年。

61. 董增齡：《國語正義》（卷 4），《續修四庫全書》第 422 冊，上海古籍出版社，2002 年。

62. 談泰：《疇人解》，《續修四庫全書》第 516 冊，上海古籍出版社，2002 年。

63. 朱琰：《陶說》（卷 4），《續修四庫全書》第 1111 冊，上海古籍出版社，2002 年。

64. 王謨輯：《魏晉遺書鈔·歸藏附錄連山易》，《續修四庫全書》第 1199 冊，上海古籍出版社，2002 年。

65. 陳奇猷：《呂氏春秋新校釋》，上海古籍出版社，2002 年。

66. 馬承源：《戰國楚竹書》，上海古籍出版社，2002 年。

67. 郭慶藩撰，王孝魚點校：《莊子集釋》，中華書局，2004 年。

68. 韓自強編著：《阜陽漢簡〈周易〉研究》，上海古籍出版社，2004 年。

69. 馮華：《爾雅新證》，首都師範大學博士論文，2006 年。

70. 陳鼓應譯注：《黃帝四經今注今譯——馬王堆漢墓出土帛書》，商務印書館，2007 年。

71. 趙生群：《春秋左傳新注》陝西人民出版社，2008 年。

72. 許維遹撰，梁運華整理：《呂氏春秋集釋》，中華書局，2009 年。

73. 于省吾：《雙劍誃尚書·詩經·易經新證》，中華書局，2009 年。

74. 李學勤主編：《清華大學藏戰國竹簡（一）》，中西書局，2010 年。

75. 宋志英選編：《國語研究文獻輯刊》，國家圖書館出版社，2012 年。

76. 程黌初：《戰國策集注》，上海古籍出版社，2013 年。

77. 鄭玄注，張爾岐句讀，朗文行校點：《儀禮》，上海古籍出版社，2016 年。

78. 王聰潘：《阜陽漢簡周易校釋》，吉林人民出版社，2019 年。

貳、字書與韻書

（一）域內

1. 許慎：《說文解字》，中華書局，1963 年。

2. 中國科學院考古研究所：《甲骨文編》，中華書局，1965 年。

3. 郭忠恕、夏竦：《汗簡古文四聲韻（含通檢）》，中華書局，1983 年。

4. 容庚編，張振林、馬國權摹補：《金文編》，中華書局，1985 年

5. 段玉裁：《說文解字注》，上海古籍出版社，1988 年。

6. 丁福保：《說文解字詁林》，中華書局，1988 年。

7. 黃錫全：《汗簡注釋》，武漢大學出版社，1990 年。

8. 中國社會科學院考古研究所：《殷周金文集成》第 3 冊（1989 年）、第 5 冊（1985 年）、第 8 冊（1987 年）、15 冊（1993 年），中華書局。

9. 于省吾：《甲骨文字釋林》，中華書局，1999 年。

10. 于省吾主編：《甲骨文字詁林》，中華書局，1999 年。

11. 胡厚宣等：《甲骨文合集釋文》（1），中國社會科學出版社，1999 年。

12. 古文字詁林編纂委員會：《古文字詁林》第 1 冊～第 10 冊，上海教育出版社，1999 年～2004 年。

13. 中國社會科學院考古研究所：《殷周金文集成釋文》第 1 卷，香港中文大學中國文化研究所，2001 年。

14. 季旭升：《說文新證》（下），藝文印書館，2004 年。

15. 高明編：《古文字類編》，中華書局，1980 年。

16. 陳彭年等：《宋本廣韻・永祿本韻鏡》，江蘇教育出版社，2005 年。

17. 劉釗：《古文字構形學》，福建人民出版社，2006 年。

18. 高明、涂白奎：《古文字類編》（增訂本），上海古籍出版社，2008 年。

19. 劉釗等：《新甲骨文編》，福建人民出版社，2009 年。

20. 黃侃：《文字聲韻訓詁筆記》，武漢大學出版社，2013 年。

21. 羅念生、水建馥：《古希臘語漢語詞典》，商務印書館，2004 年。

（二）域外

1. P. G. W. Glare. Oxford Latin Dictionary, At The Clarendon Press, 1968.

2. Merriam Webster's Collegiate Dictionary, Eleventh Edition, Merriam Webster, Incorporated, Springfield, Massachusetts, 2003.

3. Deutsches Wörterbuch von Jacob Grimm und Wilhelm Grimm. Bd. 2, Berlin-brandenburgische Akademie der Wissenschaften, Akademie der Wissenschaften zu Göttingen. Wörterbuchnetz © 2008 by Trier Center for Digital Humanities, Universität Trier.

4. Heinz F. Wendt. Langenscheid Taschenwörterbuch Griechisch-Deutsch, Berlin 2006.

5. Hermann Menge. Langenscheid Taschenwörterbuch Lateinisch-Deutsch, Berlin 1998.

參、天文與占書

1. 苗永寬：《球面天文學》，科學出版社，1983 年。
2. 伊世同：《全天星圖》，地圖出版社，1984 年。
3. 瞿曇悉達：《開元占經》，嶽麓書社，1994 年，中央編譯出版社，2006 年。
4. 劉次沅、馬莉萍：《中國歷史日食典》，世界圖書出版公司，2005 年。
5. 陳遵媯：《中國天文學史》（上冊），上海人民出版社，2006 年。
6. 陳久金：《帝王的星占：中國星占揭秘》，群言出版社，2007 年。
7. Sir Patrick Moore: Philip's Astronomy Encyclopedia, Oxford University Press, 2002.

肆、掘錄

（一）散掘錄

1. J. G. Anderssen. An Early Chinese Culture, Ministry of Agriculture and Commerce, the Geological Survey of China, 1923.
2. 李濟：《西陰村史前的遺存》，《三晉考古》（二），山西人民出版社，1996 年。
3. 夏鼐：《臨洮寺窪山發掘記》，《中國考古學報》（第四冊），1949 年。
4. 夏鼐、吳良才：《蘭州附近的史前遺存》，《中國考古學報》，1951 年。

5. 石興邦：《豐鎬一帶考古調查簡報》，《考古通訊》（創刊號），1955 年第 1 期。

6. 趙印堂、楊劍豪：《曲陽縣附近新發現的古文化遺址》，《考古通訊》1955 年第 1 期。

7. 石興邦：《新石器時代村落遺址的發現——西安半坡》，《考古通訊》1955 年第 3 期。

8. 楊富斗、趙岐：《山西祁縣梁村仰韶文化遺址調查簡報》，《考古通訊》1956 年第 2 期。

9. 李逸友：《清水河縣和郡王旗等地發現的新石器時代文化遺址》，《文物》1957 年第 4 期。

10. 中國科學院考古所寶雞發掘隊：《陝西寶雞新石器時代遺址發掘記要》，《考古》1959 年第 5 期。

11. 陝西考古所涇水隊：《陝西邠縣下孟村遺址發覺簡報》，《考古》1960 年第 1 期。

12. 陝西考古所渭水隊：《陝西鳳翔、興平兩縣考古調查簡報》，《考古》1960 年第 3 期。

13. 中國科學院考古研究所安陽發掘隊：《1958～1959 年殷墟發掘報告》，《考古》1961 年第 2 期。

14. 北京大學考古實習隊：《洛陽王灣遺址發掘簡報》，《考古》1961 年第 4 期。

15. 汪宇平：《內蒙古清水河縣白泥窯子村的新石器時代遺址》，《文物》1961 年第 9 期。

16. 汪宇平：《清水河縣檯子梁的仰韶文化遺址》，《文物》1961 年第 9 期。

17. 張彥煌：《滻灞兩河沿岸的古文化遺址》，《考古》1961 年第 11 期。

18. 四川長江流域文物保護委員會文物考古隊：《四川巫山大溪新石器時代遺址發掘記略》，《文物》1961 年第 11 期。

19. 江蘇省文物工作隊：《江蘇邳縣劉林新石器時代遺址第一次發掘》，《考古學報》1962 年第 1 期。

20. 南京博物院：《江蘇邳縣四戶鎮大墩子遺址探掘報告》，《考古學報》1964 年第 2 期。

21. 河南省文化局文物工作隊:《河南唐河茅草寺新石器時代遺址》,《考古》1965 年第 1 期。

22. 南京博物院:《江蘇邳縣劉林新石器時代遺址第二次發掘》,《考古》1965 年第 2 期。

23. 江蘇省文物管理委員會、南京博物院:《江蘇六合程橋東周墓》,《考古》1965 年第 3 期。

24. 中國科學院考古研究所山西工作隊:《山西芮城東莊村和西王村遺址的發掘》,《考古學報》1973 年第 1 期。

25. 河北省文物管理處:《磁縣下潘汪遺址發掘報告》,《考古學報》1975 年第 1 期。

26. 西安半坡博物館、武功縣文化館:《陝西武功發現新石器時代遺址》,《考古》1975 年第 2 期。

27. 昌濰地區藝術館,考古研究所山東隊:《山東膠縣三里河遺址發掘簡報》,《考古》1977 年第 4 期。

28. 開封地區文管會等:《河南新鄭裴李崗新石器時代遺址》,《考古》1978 年第 2 期。

29. 王建、王向前、陳哲英:《下川文化——山西下川遺址調查報告》,《考古學報》1978 年第 3 期。

30. 中國社會科學院考古研究所:《一九七七年寶雞北首嶺遺址發掘報告》,《考古》1979 年第 2 期。

31. 中國社會科學院考古研究所內蒙古工作隊:《赤峰蜘蛛山遺址的發掘》,《考古學報》1979 年第 2 期。

32. 北京大學考古教研室華縣報告編寫組:《華縣、渭南古代遺址調查與試掘》,《考古學報》1980 年第 3 期。

33. 臨汾縣文化館:《臨汾閻村新石器時代遺址調查》,《中原文物》1981 年第 1 期。

34. 河北省文物管理處:《河北武安磁山遺址》,《考古學報》1981 年第 3 期。

35. 甘肅省博物館、秦安縣文化館、大地灣發掘小組:《甘肅秦安大地灣新石器時代早期遺存》,《文物》1981 年第 4 期。

36. 范桂傑、胡昌鈺：《巫山大溪遺址第三次發掘》，《考古學報》1981 年第 4 期。

37. 中國社會科學院考古研究所內蒙古工作隊：《赤峰西水泉紅山文化遺存》，《考古學報》1982 年第 2 期。

38. 銅川市耀州窯博物館：《陝西銅川呂家崖新石器時代遺址調查》，《考古學集刊》第 2 集，中國社會科學出版社，1982 年。

39. 河北省文物管理處：《河北遷安安新莊新石器遺址調查和試掘》，《考古學集刊》第 4 集，中國社會科學出版社，1984 年。

40. 中國社會科學院考古所陝西工作隊：《陝西華陰橫陣遺址發掘報告》，《考古學集刊》第 4 集，中國社會科學出版社，1984 年。

41. 中國社會科學院考古研究所河南一隊：《1979 年裴李崗遺址發掘報告》，《考古學報》1984 年第 1 期。

42. 甘肅省博物館大地灣發掘小組：《甘肅秦安王家陰窪仰韶文化遺址的發掘》，《考古與文物》1984 年第 2 期。

43. 西安半坡博物館：《陝西岐山王家嘴遺址的調查與試掘》，《史前研究》1984 年第 3 期。

44. 方殿春、劉葆華：《遼寧阜新縣胡頭溝紅山文化玉器墓的發現》，《文物》1984 年第 6 期。

45. 山東省文物考古研究所：《茌平尚莊新石器時代遺址》，《考古學報》1985 年第 4 期。

46. 裴文中：《甘肅史前考古報告》，《裴文中史前考古論文集》，文物出版社，1987 年。

47. 鄭州市文物工作隊：《青臺仰韶文化遺址 1981 年上半年發掘簡報》，《中原文物》1987 年第 1 期。

48. 西北大學歷史系考古專業 77 級、82 級實習隊：《陝西華縣、扶風和寶雞古遺址調查簡報》，《文博》1987 年第 2 期。

49. 王世和、張宏彥：《1982 年商縣紫荊新石器時代遺址的發掘》，《文博》1987 年第 3 期。

50. 巴林右旗博物館：《內蒙古巴林右旗那斯臺遺址調查》，《考古》1987 年第 6 期。

51. 河南省文物研究所:《鄭州後莊王遺址的發掘》,《華夏考古》,1988 年第
1 期。

52. 中國社會科學院考古研究所安陽隊:《安陽鮑家堂仰韶文化遺址》,《考古
學報》1988 年第 2 期。

53. 中國社會科學院考古研究所甘肅工作隊:《甘肅省天水市西山坪早期新
石器時代遺址發掘簡報》,《考古》1988 年第 5 期。

54. 濮陽市文物管理委員會等:《河南濮陽西水坡遺址發掘簡報》,《文物》
1988 年第 3 期。

55. 中國社會科學院考古研究所陝西工作隊:《陝西華陰西關堡新石器時代
遺址發掘》,《考古學集刊》第 6 集,中國社會科學出版社,1989 年。

56. 中國社會科學院考古研究所山西工作隊:《晉南考古調查報告》,《考古學
集刊》第 6 集,中國社會科學出版社,1989 年。

57. 原長辦考古隊河南分隊:《淅川下集新石器時代遺址發掘報告》,《中原文
物》1989 年第 1 期。

58. 濮陽西水坡遺址考古隊:《1988 年河南濮陽西水坡遺址發掘簡報》,《考
古》1989 年第 12 期。

59. 中國社會科學院考古所河南一隊:《河南汝州中山寨遺址》,《考古學報》
1991 年第 1 期。

60. 山東省文物考古研究所、莒縣博物館:《莒縣大朱家村大汶口文化墓葬》,
《考古學報》1991 年第 2 期。

61. 中國社會科學院考古研究所陝西六隊:《陝西藍田泄湖遺址》,《考古學
報》1991 年第 4 期。

62. 河北省文物研究所、河北文化學院:《武安趙窯遺址發掘報告》,《考古學
報》1992 年第 3 期。

63. 山西省考古研究所:《山西翼城北橄遺址發掘報告》,《文物季刊》1993 年
第 4 期。

64. 內蒙古社會科學院歷釋研究所,包頭市文物管理處:《內蒙古包頭市西園
遺址 1985 年的發掘》,《考古學集刊》第 8 集,科學出版社,1994 年。

65. 河南省社會科學院河洛文化研究所,鞏義市文物保護管理所:《河南鞏義
市洛汭地帶古代遺址調查》《考古學集刊》第 9 集,科學出版社,1995 年。

66. 中國社會科學院考古研究所河南一隊：《河南郟縣水泉裴李崗文化遺址》，《考古學報》1995 年第 1 期。

67. 中國社會科學院考古研究所甘青工作隊：《甘肅武山傅家門史前文化遺址發掘簡報》，《考古》1995 年第 4 期。

68. 山西省考古研究所：《西陰村史前遺存第二次發掘》，《三晉考古》第 2 輯，山西人民出版社，1996 年。

69. 陝西省考古研究所：《陝西眉縣白家遺址發掘簡報》，《考古與文物》1996 年第 6 期。

70. 洛陽市文物工作隊、新安縣文物保護管理所：《河南新安縣太澗遺址發掘簡報——黃河小浪底水庫湮沒區考古發掘簡報之一》，《考古與文物》1998 年第 1 期。

71. 北京大學考古系、甘肅省文物考古研究所：《甘肅武都縣大李家坪新石器時代遺址發掘報告》，《考古學集刊》第 13 集，中國大百科全書出版社，2000 年。

72. 中國社會科學院考古研究所山西工作隊：《山西垣曲小趙遺址 1996 年發掘報告》，《考古學報》2001 年第 2 期。

73. 河南省文物考古研究所：《河南新安縣槐林遺址仰韶文化陶窯的清理》，《考古》2002 年第 5 期。

74. 寶雞市考古工作隊：《陝西扶風案板遺址（下河區）發掘簡報》，《考古與文物》2003 年第 5 期。

75. 陝西省考古研究所：《陝西臨潼零口遺址 M21 發掘簡報》，《考古與文物》2005 年第 3 期。

76. 陝西省考古研究所、西安市臨潼區文化局：《陝西臨潼零口北牛遺址發掘簡報》，《考古與文物》2006 年第 3 期。

77. 陝西省考古研究院、咸陽市文物考古研究所：《陝西邠縣水北遺址發掘報告》，《考古學報》2009 年第 3 期。

78. 王煒林等：《陝西高陵縣楊官寨新石器時代遺址》，《考古》2009 年第 7 期。

79. 陝西省考古研究院、咸陽市文物考古研究所：《陝西乾縣河里範遺址發掘簡報》，《考古與文物》2010 年第 1 期。

80. 鄭州市文物考古研究院等：《河南新鄭市唐戶遺址裴李崗文化遺存 2007年發掘簡報》,《考古》2010 年第 5 期。

81. 西北大學考古學專業 77 級華縣梓里實習隊：《陝西華縣梓里遺址發掘紀要》,《文物》2010 年第 10 期。

82. 中國國家博物館、山西省考古研究所：《晉東南地區早期文化的考古調查與初步認識》,《文博》2011 年第 2 期。

83. 陝西省考古研究院：《陝西高陵楊官寨遺址發掘簡報》,《考古與文物》2011 年第 6 期。

84. 陝西省考古研究院、渭南市文物保護考古研究所：《陝西華陰興樂坊遺址發掘簡報》,《考古與文物》2011 年第 6 期。

85. 河南省文物考古研究所、南陽市文物考古研究所：《河南西峽老墳崗仰韶文化遺址發掘報告》,《考古學報》2012 年第 2 期。

86. 陝西省考古研究院等：《陝西神木縣石峁遺址》,《考古》2013 年第 7 期。

87. 武漢大學歷釋學院考古系,湖北省文物局南水北調辦公：《湖北鄖縣三明寺遺址新石器時代遺存發掘簡報》,《江漢考古》2016 年第 1 期。

88. 內蒙古自治區文物考古研究所、浙江大學文化遺產學院：《內蒙古赤峰林西水泉遺址》,《考古學報》2017 年第 4 期。

89. 陝西省考古研究院等：《陝西高陵楊官寨遺址廟底溝文化墓地發掘簡報》,《考古與文物》2018 年第 4 期。

（二）體掘錄

1. 中國科學院考古研究所：《廟底溝與三里橋》,科學出版社,1959 年。

2. 西安半坡博物館：《西安半坡——原始氏族公社聚落遺址》,文物出版社,1963 年。

3. 湖北省博物館：《隨縣曾侯乙墓》,文物出版社,1980 年。

4. 中國社會科學院考古研究所：《殷墟婦好墓》,文物出版社,1980 年。

5. 北京大學歷史系考古教研室：《元君廟仰韶墓地》,文物出版社,1983 年。

6. 中國社會科學院考古研究所：《寶雞北首嶺》,文物出版社,1983 年。

7. 山東省博物館等：《鄒縣野店》,文物出版社,1985 年。

8. 半坡博物館等：《姜寨——新石器時代遺址發掘報告》,文物出版社,1988 年。

9. 中國社會科學院考古研究所：《膠縣三里河》，文物出版社，1988 年。

10. 河南省文物研究所等：《淅川下王岡》，文物出版社，1989 年。

11. 陝西省考古研究所：《龍崗寺——新石器時代遺址發掘報告》，文物出版社，1990 年。

12. 傅舉有、陳松長：《馬王堆漢墓文物》，湖南出版社，1992 年。

13. 寶雞市考古工作隊等：《寶雞福臨堡——新石器時代遺址發掘報告》，文物出版社，1993 年。

14. 中國社會科學院考古研究所：《臨潼白家村》，巴蜀書社，1994 年。

15. 陝西省考古研究所：《大荔－蒲城舊石器》，文物出版社，1996 年。

16. 山東省文物考古研究所：《大汶口續集——大汶口遺址第二、三次發掘報告》，科學出版社，1997 年。

17. 河南省文物考古研究所：《舞陽賈湖》，科學出版社，1999 年。

18. 中國社會科學院考古研究所：《師趙村與西山坪》，中國大百科全書出版社，1999 年。

19. 中國社會科學院考古研究所：《山東王因——新石器時代遺址發掘報告》，科學出版社，2000 年。

20. 西北大學文博學院考古專業：《扶風案板遺址發掘報告》，科學出版社，2000 年。

21. 鄭州市文物考古研究所：《鄭州大河村》，科學出版社，2001 年。

22. 浙江省考古研究所：《河姆渡——新石器時代遺址發掘報告》，文物出版社，2003 年。

23. 北京大學考古系：《華縣泉護村》，科學出版社，2003 年。

24. 寶雞市考古工作隊等：《隴縣原子頭》，文物出版社，2005 年。

25. 甘肅省文物考古研究所：《秦安大地灣——新石器時代遺址發掘報告》（《發掘報告》），文物出版社，2006 年。

26. 陝西省考古研究院、寶雞市考古工作隊：《寶雞關桃園》，文物出版社，2007 年。

27. 安徽省文物考古研究所等：《阜陽雙墩——新石器時代遺址發掘報告》，科學出版社，2008 年。

28. 中國社會科學院考古研究所等：《靈寶西坡墓》，文物出版社，2010 年。

29. 辛岩：《查海——新石器時代聚落遺址發掘報告》，文物出版社，2012 年。

30. 南海森：《濮陽西水坡》，中州古籍出版社，文物出版社，2012 年。

31. 陝西省考古研究院等：《華縣泉護村——1997 年考古發掘報告》，文物出版社，2014 年。

伍、散題格題檢論

（一）散題

1. 楊成志：《羅羅太上清淨消災經對譯》，《國立中央研究院歷史語言研究所集刊》第四本第二分，中央研究院歷史語言研究所，1932 年。

2. 陳夢家：《高禖郊社祖廟通考》，《清華學報》1937 年第 3 期。

3. 聞一多：《跋·高禖郊社祖廟通考》，《清華學報》1937 年第 3 期。

4. 于省吾：《穆天子傳新證》，《考古社刊》1937 年第 6 期。

5. 安志敏：《仰韶文化的彩陶》，《彩陶》，朝花美術出版社，1955 年。

6. 陳夢家：《長甶盉·西周銅器斷代》，《考古學報》1956 年第 3 期。

7. 老武：《關於西安半坡人面形彩陶花紋形象的商榷》，《考古通訊》1956 年第 6 期。

8. 石興邦：《〈關於西安半坡人面形彩陶花紋形象的商榷〉讀後》，《考古通訊》1956 年第 6 期。

9. 郭沫若：《彝器形象學試探》，《青銅時代》，科學出版社，1957 年。

10. 劉敦願：《再論半坡人面形彩陶花紋》，《考古通訊》1957 年第 5 期。

11. 梁思永：《山西西陰村史前遺址的新石器時代的陶器》，《梁思永考古論文集》，科學出版社，1959 年。

12. 安志敏：《試論黃河流域新石器時代文化》，《考古》1959 年第 10 期。

13. 石興邦：《黃河流域原始社會考古研究上的若干問題》，《考古》1959 年第 10 期。

14. 于省吾：《關於「天亡簋」銘文的幾點論證》，《考古》1960 年第 8 期。

15. 楊建芳：《廟底溝仰韶遺址彩陶紋飾的分析》，《考古》1961 年第 5 期。

16. 楊建芳：《略論仰韶文化和馬家窯文化的分期》，《考古學報》1962 年第 1 期。

17. 吳澤：《女媧傳說史實探源》，《學術月刊》1962 年第 4 期。

18. 石興邦：《有關馬家窯文化的一些問題》，《考古》1962 年第 6 期。

19. 方殷：《從廟底溝彩陶的分析談仰韶文化的分期問題》，《考古》1963 年
    第 3 期。

20. 蘇秉琦：《關於仰韶文化的若干問題》，《考古學報》1965 年第 1 年。

21. 吳力：《略論廟底溝仰韶文化彩陶紋飾的分析與分期》，《考古》1973 年
    第 5 期。

22. 谷聞：《漫談新石器時代彩陶圖案花紋帶裝飾部位》，《文物》1977 年第
    6 期。

23. 嚴文明：《甘肅彩陶的源流》，《文物》1978 年第 10 期。

24. 肖兵：《西安半坡魚紋人面畫新解》，《陝西師範大學學報》(哲社版) 1979
    年第 4 期。

25. 張力華：《甘肅彩陶之路》，《甘肅彩陶》，文物出版社，1979 年。

26. 于省吾：《壽縣蔡侯墓銅器銘文考釋》，《古文字研究》第一輯，1979 年，
    中華書局。

27. 劉堯漢：《彝族社會歷史調查研究文集》，民族出版社，1980 年。

28. 王志俊：《關中地區仰韶文化刻畫符號綜述》，《考古與文物》1980 年第
    3 期。

29. 蕭兵：《略論西安半坡等地發現的「割體葬儀」》，《考古與文物》，1980 年
    第 4 期。

30. 張忠培：《關於老官臺文化的幾個問題》，《社會科學戰線》1981 年第 2
    期。

31. 郭德維：《曾侯乙墓中漆簋上日月和伏羲女媧圖像試釋》，《江漢考古》1981
    年 S1 期。

32. 張紹文：《原始藝術的瑰寶——記仰韶文化彩陶上的〈鸛魚石斧圖〉》，《中
    原文物》1981 年第 1 期。

33. 嚴文明：《鸛魚石斧圖》，《文物》1981 年第 12 期。

34. 吳山：《中國新石器時代陶器裝飾藝術》，文物出版社，1982 年。

35. 鄭安志敏：《廟底溝與三里橋文化性質及年代》，《中國新石器時代論集》，
    文物出版社，1982 年。

36. 傑祥：《〈鸛魚石斧圖〉新論》，《中原文物》1982 年第 2 期。

37. 湯池：《黃河流域的原始彩陶藝術》，《美術研究》1982 年第 3 期。

38. 李昌韜：《大河村新石器時代彩陶上的天文圖像》，《文物》1983 年第 8 期。

39. 張朋川、周廣濟：《試談大地灣一期和其他類型文化的關係》，《文物》1981 年第 4 期。

40. 張鵬川：《彩陶藝術縱橫談》，《美術》1983 年第 8 期。

41. 錢志強：《原始彩陶紋飾中的數學觀》，《美術》1986 年第 2 期。

42. 劉夫德：《仰韶文化「魚紋」和「人面魚紋」含義的再探討》，《青海社會科學》1986 年第 5 期。

43. 李學勤：《試論虎食人卣》，《南方民族考古》1987 年 1 期。

44. 馬寶光：《關於幾幅彩陶圖案的管見》，《中原文物》1987 年第 1 期。

45. 辛夷：《說半坡「人面網文」彩陶盆》，《史學月刊》1987 年第 4 期。

46. 熊寥：《中國陶器裝飾藝術的起源——與李澤厚先生商榷》，《新美術》1987 年第 2 期。

47. 吳耀利：《略論我國新石器時代彩陶的起源》，《史前研究》，西安半坡博物館，1987 年。

48. 王仁湘：《甘青地區新石器時代彩陶圖案母題研究》，《中國考古學研究——夏鼐先生考古五十年紀念論文集》，文物出版社，1988 年。

49. 錢志強：《半坡人面魚紋新探》，《美術》1988 年第 2 期。

50. 馬寶光、馬自強：《廟底溝類型彩陶紋飾新探》，《中原文物》1988 年第 3 期。

51. 趙國華：《生殖崇拜文化略論》，《中國社會科學》1988 年第 1 期。

52. 巴家雲、胡昌鈺：《仰韶文化的魚紋和鳥紋不是圖騰崇拜》，《西南師範大學學報》（哲學社會科學版）1988 年第 4 期。

53. 蔣書慶：《太陽神崇拜的最早圖像——半坡人面紋新釋》，《美術》1988 年第 12 期。

54. 李荊林：《半坡姜寨遺址「人面魚紋」新考》，《江漢考古》1989 年第 3 期。

55. 李璠等：《甘肅民樂縣東灰山新石器遺址古農業遺存新發現》，《農業考古》1989 年 1 期。

56. 張洲：《華縣梓里仰韶人葬俗的意義》，《西北大學學報》1989 年第 4 期。

57. 王仁湘：《論我國新石器時代彩繪花瓣紋圖案》，《考古與文物》1989 年第 7 期。

58. 馮時：《河南濮陽西水坡 45 號墓的天文學研究》，《文物》1990 年第 3 期。

59. 劉雲輝：《仰韶文化「魚紋」「人面魚紋」內含二十說述評——兼論「人面魚紋」為巫師面具形象說》，《文博》1990 年第 4 期。

60. 陸思賢：《半坡「人面魚紋」為月相圖說》，《文藝理論研究》1990 年第 5 期。

61. 楊建華：《大地灣遺址仰韶文化彩陶紋飾試析》，《中原文物》1991 年第 2 期。

62. 劉宗彬：《釋早及其他》，《吉安師專學報》（哲學社會科學）1991 年第 2 期。

63. 李仰松：《仰韶文化嬰首、魚蛙紋陶盆考釋》，《北京大學學報》（哲學社會科學版）1991 年第 2 期。

64. 王育成：《仰韶人面魚紋與史前人頭崇拜》，《江漢考古》1992 年第 2 期。

65. 安立華：《漢畫像「金烏負日」圖像探源》，《東南文化》1992 年 Z1 期。

66. 連劭明：《中國古代神話與易經》，《周易研究》1993 年第 1 期。

67. 李璠：《中國栽培植物起源與發展簡論》，《農業考古》1993 年第 1 期。

68. 陸思賢：《紅山文化裸體女神為女媧考》，《北方文物》1993 年第 3 期。

69. 陳雍：《半坡文化彩陶魚紋的分類系統》，《華夏考古》1993 年第 3 期。

70. 朱鳳瀚：《商周時期的天神崇拜》，《中國社會科學》1993 年第 4 期。

71. 段邦寧：《從伏羲星圖研究到十三萬三千年前天球的考古證實》，《中華易學》，1993 年，第 161 期至第 164 期。

72. 王魯昌：《論彩陶紋「X」和「米」的生殖崇拜內涵——兼析生殖崇拜與太陽崇拜的複合現象》，《中原文物》1994 年第 1 期。

73. 李申：《中國上帝的起源》，《尋根》1994 年第 1 期。

74. 裘錫圭：《殺首子解》，《中國文化》1994 年第 2 期。

75. 任繼昉：《「伏羲」考源》，《傳統文化與現代化》1994 年第 3 期。

76. 吳詩池：《刻符彩符非文字說——兼談文字的起源》，《南方文物》1994 年第 4 期。

77. 張行：《永昌鴛鴦池墓地割體葬儀》，《絲綢之路》1994 年第 4 期。

78. 朱乃誠：《元君廟仰韶墓地的研究》，《考古學集刊》第 9 集，文物出版社，1995 年。

79. 袁廣闊：《試析姜寨出土的一幅彩陶圖案——兼談半坡類型魚紋消失的原因》，《中原文物》1995 年第 2 期。

80. 劉釗：《〈金文編〉附錄存疑字考釋（十篇）》，《人文雜誌》1995 年，第 2 期。

81. 王宜濤：《半坡仰韶人面魚紋含義新識》，《文博》1995 年第 3 期。

82. 游修齡：《稻與嘗新節及新年（上）》，《中國稻米》1995 年第 4 期。

83. 石興邦：《白家聚落文化的彩陶——並探討中國彩陶的起源問題》，《文博》1995 年第 4 期。

84. 錢志強：《半坡人面魚紋盆上的十字符號與中國古代的宇宙觀》，《西北美術》1995 年第 4 期。

85. 伊世同：《北斗祭——對濮陽西水坡 45 號墓貝塑天文圖的再思考》，《中原文物》1996 年第 2 期。

86. 何周德：《葫蘆形器與生育崇拜》，《考古與文物》1996 年第 3 期。

87. 曹定云：《夒為殷契考——兼說少昊、太昊》，《中原文物》1997 年第 1 期。

88. 祁慶富：《彩陶蛙紋之謎》，《中國民族博覽》1997 年第 2 期。

89. 何努：《鳥銜魚圖案的轉生巫術含意探討》，《江漢考古》1997 年第 3 期。

90. 田凱：《中國彩陶與原始思維》，《中原文物》1997 年第 3 期。

91. 饒宗頤：《殷卜辭所見星象與參商、龍虎、二十八宿諸問題》，《胡厚宣先生紀念文集》，科學出版社，1998 年。

92. 李學勤：《釋郊》，《綴古集》，上海古籍出版社，1998 年。

93. 祝恒富：《人面魚紋是一幅嬰兒出生圖》，《四川文物》1998 年第 1 期。

94. 謝端琚、葉萬松：《簡論我國中西部地區彩陶》，《考古與文物》1998 年第 1 期。

95. 戶曉輝：《彩陶藝術與圓形思維》，《民族藝術》1998 年第 4 期。

96. 張希玲：《試論姜寨二期的魚鳥圖騰及其演變》，《史前研究》1998 年。

97. 周春茂：《西水坡 45 號墓·古天球·大荔人》，《文博》1999 年第 1 期。

98. 烏恩溥：《〈周易〉星象通考》（一），《周易研究》1999 年第 2 期。

99. 劉志一：《7400 年前的船圖》，《尋根》1999 年第 3 期。

100. 熊建華：《虎卣新論》，《東南文化》1999 年第 4 期。

101. 王仁湘：《關於史前中國一個認知體系的猜想——彩陶解讀之一》，《華夏考古》1999 年第 4 期。

102. 程微：《直線、弧線、S 線——黃河彩陶圖式演進三步曲》，《中國藝術》1999 年第 4 期。

103. 趙宗福：《西王母的神格功能》，《尋根》1999 年第 5 期。

104. 蔣書慶：《象數相生符號相從——從彩陶花紋看數字符號的起源》，《蘭州鐵道學院學報》（社會科學版）2000 年第 2 期。

105. 趙春青：《從魚鳥相戰到魚鳥相融——仰韶文化魚鳥彩陶圖試析》，《中原文物》2000 年第 2 期。

106. 欒豐實：《太昊和少昊傳說的考古學研究》，《中國史研究》2000 年第 2 期。

107. 陳竟：《人面魚紋：炎帝神農氏族徽》，《尋根》2000 年第 2 期。

108. 龐永臣：《大宗伯與姬蜀郊祭——三星堆大銅人造型寓意及其他》，《文史雜誌》2000 年第 3 期。

109. 王仁湘：《中國史前「旋目」神面圖像認讀》，《文物》2000 年第 3 期。

110. 王祖棟：《彩陶中的原始意象空間》，《華東交通大學學報》2000 年第 4 期。

111. 林向：《三星堆假面考》，《尋根》2000 年第 6 期。

112. 江林昌：《來自夏商周斷代工程的報告》，《中原文物》2001 年第 1 期。

113. 廖名春：《王家臺秦簡〈歸藏〉管窺》，《周易研究》2001 年第 2 期。

114. 林河：《「虎食人卣」是「人虎交歡」的誤讀》，《尋根》2001 年第 2 期。

115. 李暉：《掩扇‧卻扇‧蓋頭——婚儀民俗文化研究之二》，《民俗研究》2001 年第 4 期。

116. 袁廣闊：《仰韶文化的一幅「金烏負日」圖賞析》，《中原文物》2001 年第 6 期。

117. 蔣書慶：《中國彩陶花紋之謎》，《文藝研究》2001 年第 6 期。

118. 戶曉輝：《中國彩陶紋飾的人類學破譯》，《文藝研究》2001 年第 6 期。

119. 馬清林、胡之德、李最雄、梁寶鎏：《甘肅秦安大地灣遺址出土彩陶（彩繪陶）顏料以及塊狀顏料分析研究》，《文物》2001 年第 8 期。

120. 詹鄞鑫：《魚鼎匕考釋》，《中國文字研究》，大象出版社，2001 年。

121. 楊亞長：《彩陶紋飾含義研究中值得注意的幾個問題》，《史前研究》，2002 年。

122. 劉龐生：《少昊考疑》，《司馬遷與〈史記〉論集》，陝西人民出版社，2002 年。

123. 黃文傑：《說朋》，《古文字研究》第 22 輯，中華書局，2002 年。

124. 劉龐生：《少昊考疑》，《司馬遷與史記國際學術研討會論文集》，陝西人民出版社，2002 年。

125. 連劭名：《再論馬王堆帛書〈繫辭〉中的「馬」》，《周易研究》2002 年第 3 期。

126. 蔣南華：《河南濮陽西水坡 45 號墓天文圖像及墓主身份考釋》，《黔南民族師範學院學報》2002 年第 5 期。

127. 楊青云：《中國人「上帝」觀念的演變》，《史學月刊》2002 年第 6 期。

128. 王仁湘：《彩陶反轉來看又何妨》，《文物天地》2002 年第 6 期。

129. 王仁湘：《白家村遺址與白家村文化》，《中國史前考古論文集》，科學出版社，2003 年。

130. 王仁湘：《中國史前彩陶地紋辨識》，《中國史前考古論集》，科學出版社，2003 年。

131. 王震中：《試論商代「虎食人卣」類銅器題材的含義》，《商承祚教授百年誕辰紀念文集》，文物出版社，2003 年。

132. 王輝：《王家臺秦簡歸藏校釋（28 則）》，《江漢考古》2003 年第 1 期。

133. 龐光華：《〈左傳〉「日有食之」新解》，《貴州文史叢刊》2003 年第 3 期。

134. 李志超：《物字及「萬物」》，《尋根》2003 年第 4 期。

135. 馬清林等：《甘肅秦安大地灣遺址出土陶器成分分析》，《考古》2004 年第 2 期。

136. 葉林生：《濮陽西水坡 M45 的釋讀問題》，《蘇州大學學報》2004 年第 2 期。

137. 戰國棟：《作為器具的研究——關於彩陶研究方法的斷想》，《設計藝術》2005 年第 1 期。

138. 陶磊：《淮南子天文與古代數術》，《徐州師範大學學報》2005 年第 2 期。

139. 羅新慧：《從上博簡子羔和榮成氏看古史傳說中的后稷》，《史學月刊》2005 年第 2 期。

140. 顧問、黃俊：《中國早期有翼神獸問題研究四則》，《殷都學刊》2005 年第 3 期。

141. 何英德：《三星堆出土青銅面具考》，《史前研究》2006 年。

142. 謝端琚、歐燕：《黃河上游史前陶器符號與圖像研究》，《考古學集刊》第 16 集，科學出版社，2006 年。

143. 史忠平：《中國彩陶中線的心理蘊涵》，《社科縱橫》2006 年第 1 期。

144. 葉舒憲：《第四重證據：比較圖像學的視覺說服力——以貓頭鷹象徵的跨文化解讀為例》，《文學評論》，2006 年第 5 期。

145. 徐日輝：《太皞伏羲氏與中原文明》，《河南科技大學學報（社會科學版）》2006 年第 6 期。

146. 王先勝：《關於建立考古紋飾學的思考》，《社會科學評論》2007 年第 1 期。

147. 葉玉梅：《甘青彩陶紋飾及其精神內質透視》，《青海社會科學》2007 年第 2 期。

148. 朱延平：《紅山文化彩陶紋樣探源》，《邊疆考古研究》，科學出版社，2007 年。

149. 王仁湘：《彩陶「西陰紋」細說》，《古代文明》第 7 卷，文物出版社，2008 年。

150. 王先勝：《大汶口文化遺存與遠古天文曆法試探》，《齊魯文化研究》2008 年。

151. 廖名春：《帛書〈周易繫辭傳〉異文初考》，《帛書〈周易〉論集》，上海古籍出版社，2008 年。

152. 張懷通：《〈嘗麥〉新研》，《社會科學戰線》2008 年第 3 期。

153. 高世華：《伏羲傳說材料研究的理性思考》，《天水師範學院學報》，2008 年第 6 期。

154. 周豔濤：《陝西仰韶文化遺址考古發現神秘「大眼睛」》，《今日科苑》2008 年第 9 期。

155. 子仁：《中國古陶瓷紋飾發展史導論（上）》，《美術觀察》2009 年第 3
期。

156. 曹定云：《寶雞北首嶺仰韶文化「人面魚紋」圖騰與炎帝彤魚氏——兼論
炎帝名號的由來》，《炎帝・姜炎文化與民生》（霍彥儒主編），三秦出版
社，2009 年。

157. 王仁湘：《廟底溝文化彩陶向南方兩湖地區的傳播》，《江漢考古》2009 年
第 2 期。

158. 王仁湘：《廟底溝文化魚紋彩陶論》（上），《四川文物》2009 年第 2 期。

159. 王仁湘：《廟底溝文化魚紋彩陶論》（下），《四川文物》2009 年第 3 期。

160. 王政：《論中國史前彩陶紋的「右旋律」及其演衍》，《古代文明》2009 年
第 4 期。

161. 張潮：《仰韶文化人面魚紋與良渚文化「神徽」釋讀》，《中國歷史文物》
2009 年第 6 期。

162. 張玉光等：《陝西華縣泉護村遺址發現的全新世猛禽類及其意義》，《地質
通報》2009 年第 6 期。

163. 楊亞長：《天亡簋與太公望》，《文博》2010 年第 1 期。

164. 葉舒憲：《虎食人卣與婦好圈足觥的圖像敘事——殷周青銅器的神話學
解讀》，《民族藝術》2010 年第 2 期。

165. 杜迺松：《論西周金文父祖宗親輩分稱謂》，《故宮博物院院刊》2010 年
第 3 期。

166. 王仁湘：《中國史前的藝術浪潮——廟底溝文化彩陶藝術的解讀》，《文
物》，2010 年第 3 期。

167. 劉彬：《帛書〈衷〉篇新釋八則》，《周易研究》2010 年第 5 期。

168. 田君：《炎帝、黃帝關係考辨》，《尋根》2010 年第 6 期。

169. 冀曼：《仰韶彩陶文化中的『日與鳥』紋飾》，《三門峽職業技術學院學報》
2011 年第 2 期。

170. 王暉：《中國文字起源時代研究》，《陝西師範大學學報（哲學社會科學
版）》2011 年第 3 期。

171. 王可：《彩陶人面魚紋新解》，《美術觀察》2011 年第 3 期。

172. 張小雷：《簡論中國古代的靴形鹿角器》，《中原文物》2011 年第 4 期。

173. 葛志毅：《東夷考論》，《古代文明》2012 年第 1 期。

174. 馮時：《見龍在田天下文明——從西水坡宗教遺存論到上古時代的天文與人文》，《濮陽職業技術學院學報》2012 年第 3 期。

175. 張宏彥：《從仰韶文化魚紋的時空演變看廟底溝類型彩陶的來源》，《考古與文物》2012 年第 5 期。

176. 楊玉藩：《白族嘗新節》，《今日民族》2012 年第 11 期。

177. 李零：《卜書》，《戰國楚竹書》（9），2012 年。

178. 陳久金：《濮陽西水坡龍虎蚌塑的天文價值》，《濮陽職業技術學院學報》2013 年第 2 期。

179. 李實宗：《仰韶文化發現九十年來的又一個重要發現——關於「鳥龍」紋彩陶盆學術認識的綜述》，《重慶文理學院學報》（社會科學版），2013 年第 6 期。

180. 李欣：《關中「村會」小窺——陝西興平郭村「過會」民俗的田野調查及分析》，《新西部》2013 年第 12 期。

181. 伍弱文：《首次破解半坡人面魚紋之謎》，《文史月刊》2013 年第 12 期。

182. 何鴛：《鬱邑瑣考》，《考古學研究》（十），科學出版社，2013 年。

183. 付維鴿：《半坡「人面魚紋」的內涵再探討》，《十院校美術考古研究文集》（羅宏才主編），上海大學出版社，2014 年。

184. 楊效雷：《遼寧博物館藏魚鼎匕銘文與易經震卦》，《東北史地》2014 年第 1 期。

185. 孫立濤：《「伏羲」名號考析》，《民族藝術》2014 年第 1 期。

186. 馬治國、周興生：《從「觀厥」「釐降」卦變大義看堯邦父宗法的傳播——堯典父宗法之周易新解》，《西安交通大學學報》（社科版），2014 年，第 3 期。

187. 周興生、馬治國：《〈周易·履〉卦禮法系統考源——「虎」的星象數術說新論》，《西安交通大學學報（社會科學版）》2014 年第 6 期。

188. 代欽：《中國彩陶上的數學文化——以幾何圖案的解析為中心》，《數學通報》2014 年第 6 期。

189. 〔美國〕倪德衛著，解芳譯，邵東方校：《竹書紀年解謎》，《北京師範大學學報（社會科學版）》2015 年第 1 期。

190. 錢志強:《「觀象制器」與中國史前器物符號文化傳統》,《西北美術》2015年第 1 期。

191. 伊世同:《龍齡索——龍騰東方的萌始年代與其天文學求解》,《濮陽職業技術學院學報》2015 年第 1 期。

192. 王大有:《濮陽西水坡「中華第一龍」暨蚩尤真身帝王陵在中國文明史上的劃時代地位與意義(一)》,《濮陽職業技術學院學報》2015 年第 2 期。

193. 中國社會科學院歷史研究所文化史研究室:《形象史學研究》,人民出版社,2015 下半年。

194. 王永波《炎皞族系與兩代少皞》,《海岱考古》,科學出版社,2016 年。

195. 孫曉彤:《「虎食人」之「人」應為鬼魅》,《大眾考古》2016 年第 1 期。

196. 趙婧、袁廣闊:《大汶口文化彩陶圖案淺議》,《華夏文明》2016 年第 2 期。

197. 朱乃誠:《仰韶文化廟底溝類型彩陶鳥紋研究》,《南方文物》2016 年第 4 期。

198. 段邦瓊:《嘗新節:新打的穀子先敬狗》,《文史博覽》2016 年第 7 期。

199. 邵耀峰:《淺析大地灣二期彩陶魚紋的演變》,《絲綢之路》2016 年第 8 期。

200. 王仁湘:《中國彩陶文化起源新論》,《四川文物》2017 年第 3 期。

201. 張凌千、蔣燁:《原始彩陶紋飾中游戲精神的闡釋——對藝術創作自由與自律的反思》,《藝海》2017 年 8 期。

202. 邵國田:《趙寶溝文化蚌虎異樣紋飾分析——從玉源博物館孤藏的一件蚌虎說起》,《吉林師範大學學報(人文社會科學版)》2018 年第 1 期。

203. 李永勃、蔡英傑:《釋「威」》,《漢字文化》2018 年第 3 期。

204. 田小冬、孫永剛:《紅山文化彩陶勾旋紋初步研究》,《赤峰學院學報》(漢文哲社版)2018 年第 3 期。

205. 胡義成:《黃帝鑄鼎之「荊山」考——關於「黃帝都邑」西安楊官寨遺址的神話研究之一》,《地方文化研究》2018 年第 5 期。

206. 陳思源等:《陝西旬邑棗林河灘遺址炭化植物遺存研究》,《南方文物》2019 年第 1 期。

207. 董恬:《高唐神女原型考釋——再議「高禖說」》,《新國學》2019 年第 1 期。

208. 深川真樹：《試探〈春秋繁露〉的郊祀論》，《中州學刊》2019 年 6 月。

209. 牛海茹、孔德超：《甲骨文有關「帝」的新材料——兼論卜辭中的「帝若 爻」、「帝弗若爻」》，《故宮博物院院刊》2019 年第 12 期。

210. 胡義成：《西安楊官寨遺址中心廣場蓄水池解讀——兼議河南靈寶西坡 遺址為黃帝族「副都邑」》，《浙江樹人大學學報》2019 年第 5 期。

211. 柴克東：《仰韶「彩陶魚紋」的神話內涵新解——兼論中國古代的女神崇 拜》，《文化遺產》2019 年第 5 期。

212. 李新偉：《庫庫特尼—特里波利文化彩陶與中國史前彩陶的相似性》，《中 原文物》2019 年第 5 期。

213. 李華倫：《上博九卜書與出土甲骨實態比勘研究》，《出土文獻》2020 年 第 4 期。

214. 蘆珊：《從「點」元素出發——試析中國彩陶圖式對圖像形式的「抽提」》， 《中國包裝》2020 年第 5 期。

215. 李林賢：《日影是仰韶文化彩陶紋飾的構建本原》，《西部學刊》2020 年 5 月（上半月）。

（二）格題

1. 阿爾納：《河南石器時代之著色陶器》，《古生物志》丁種第一號第二冊， 地質調查所，1925 年。

2. （蘇）貼爾·格里哥良撰，佟樹基譯：《旋轉鑽井用鑽頭》，石油工業出 版社，1957 年。

3. 中國社會科學院考古研究所編：《新中國的考古收穫》，文物出版社，1961 年。

4. 石興邦：《半坡氏族公社》，陝西人民出版社，1979 年。

5. 沈永嘉等：《世界動物百科·兩棲類·爬蟲類》，廣達出版有限公司，1984 年。

6. 蘇秉琦：《蘇秉琦考古學論述選集》，文物出版社，1984 年。

7. 張光直：《考古學專題六講》，文物出版社，1986 年。

8. 陳鵬：《中國婚姻史稿》，中華書局，1990 年。

9. 張鵬川：《中國彩陶圖譜》（《圖譜》），文物出版社，1990 年。

10. 馬鴻藻：《考古繪圖》，北京大學出版社，1993 年。

11. 聞一多：《聞一多全集》，湖北人民出版社，1993 年。

12. 賈榮建、劉鳳琴：《中國彩陶圖案的藝術形式探尋》，河北美術出版社，1994 年。

13. 蘇秉琦：《晉文化問題》，《華人、龍的傳人、中國人——考古尋根記》，遼寧大學出版社，1994 年。

14. 陸思賢：《神話考古》，文物出版社，1995 年。

15. 吳詩池：《中國原始藝術》，紫禁城出版社，1996 年。

16. 張光直：《考古人類學隨筆》，三聯書店，1999 年。

17. 張光直撰，郭淨譯：《美術、神話與祭祀》，民族出版社，1999 年。

18. 楊利慧：《女媧溯源——女媧信仰起源地的再推測》，北京師範大學出版社，1999 年。

19. 葉創興等：《植物學》，中山大學出版社，2000 年。

20. 蔣書慶：《破譯天書——遠古彩陶花紋揭秘》，上海文化出版社，2001 年。

21. 孫作雲：《孫作雲文集》，河南大學出版社，2002 年。

22. 馬建章、金昆：《虎研究》，上海科技教育出版社，2003 年。

23. 欒豐實：《大汶口文化——從原始到文明》，山東文藝出版社，2004 年。

24. 劉源：《商周祭祖禮研究》，商務印書館，2004 年。

25. 李淞、顧森：《中國繪畫斷代史》，人民美術出版社，2004 年。

26. 郎樹德、賈建威：《彩陶》，敦煌文藝出版社，2004 年。

27. 許順湛：《五帝時代研究》，中州古籍出版社，2005 年。

28. 強勝：《植物學》，高等教育出版社，2006 年。

29. 程金城：《中國彩陶藝術論》，甘肅人民美術出版社，2008 年。

30. 張道一：《畫像石鑒賞》，重慶大學出版社，2009 年。

31. 馮時：《中國天文考古學》，中國社會科學出版社，2010 年。

32. 俞為潔：《中國史前植物考古——史前人文植物散論》，社會科學文獻出版社，2010 年。

33. 王仁湘：《史前中國的藝術浪潮——廟底溝文化彩陶研究》，文物出版社，2011 年。

34. 郎樹德：《甘肅彩陶研究與鑒賞》，甘肅人民美術出版社，2012 年。

35. 羅瑩：《線形象——中國繪畫的起源與形成》，武漢大學出版社，2013 年。

36. 汪玢玲：《中國婚姻史》，武漢大學出版社，2013 年。

37. 徐紹銀等：《中國陶瓷辭典》，中國文史出版社，2013 年。

38. 祝崢：《藥用植物學》，上海科學技術出版社，2017 年。

陸、域外論譯

1. 〔英〕湯因比著，曹未風等譯：《歷史研究》，上海人民出版社，1966 年。

2. 〔法國〕克洛德‧列維‧列維斯特勞斯撰，李幼燕譯：《野性的思維》，商務印書館，1987 年。

3. 〔美〕班大為撰，徐鳳先譯：《中國上古史實揭秘》，上海古籍出版社，2008 年。

4. 〔美〕艾蘭著，汪濤譯：《龜之謎》，商務印書館，2010 年。

柒、報紙與網路

1. 蘇秉琦：《華人、龍的傳人、中國人——考古尋根記》，《今日中國》（中文版），1987 年第 9 期。

2. 辛岩：《查海遺址發掘再獲重大成果》，《中國文物報》，1995 年 3 月 19 日。

3. 趙叢蒼：《城固寶山發現新石器時代陶窯群》，《中國文物報》2001 年 5 月 23 日，第 1 版。

4. 程金城：《中國彩陶研究的宏觀、中觀與微觀之辨》，《中國社會科學報》2012 年 11 月 21 日。

5. 儀明潔、張東菊：《甘肅大地灣遺址發掘再獲豐碩成果》，《中國考古網》2015 年 2 月 6 日。

6. 芳華：《「中國最早的城市」楊官寨遺址》，《西安日報》2018 年 11 月 4 日，第 8 版。